U0535967

积极谈判

POSSIBLE

How We Survive (and Thrive) in an Age of Conflict

［美］威廉·尤里（William Ury） 著

刘语珊 译

图书在版编目（CIP）数据

积极谈判 /（美）威廉·尤里著；刘语珊译.
北京：中信出版社，2025. 6. -- ISBN 978-7-5217
-7539-6
Ⅰ. C912.35-49
中国国家版本馆 CIP 数据核字第 2025ST2812 号

POSSIBLE by William Ury
Copyright © 2024 by William Ury
Simplified Chinese translation copyright © 2025 by CITIC Press Corporation
Published by arrangement with Side 3 Inc. c/o Levine Greenberg Rostan Literary Agency
through Bardon-Chinese Media Agency
ALL RIGHTS RESERVED
本书仅限中国大陆地区发行销售

积极谈判
著者： ［美］威廉·尤里
译者： 刘语珊
出版发行：中信出版集团股份有限公司
（北京市朝阳区东三环北路 27 号嘉铭中心　邮编　100020）
承印者： 北京联兴盛业印刷股份有限公司

开本：880mm×1230mm 1/32　　印张：10　　　　字数：240 千字
版次：2025 年 6 月第 1 版　　　　印次：2025 年 6 月第 1 次印刷
京权图字：01-2024-5108　　　　　书号：ISBN 978-7-5217-7539-6
定价：58.00 元

版权所有·侵权必究
如有印刷、装订问题，本公司负责调换。
服务热线：400-600-8099
投稿邮箱：author@citicpub.com

献给加比
以及所有未来的可能主义者

希望是对可能发生之事的热爱。
——索伦·克尔恺郭尔(1813—1855)

目录 ◦ ◦ •

序　尤里——"谈判之书"的最佳作者　吉姆·柯林斯 / 01

第一章　谈判：从可能性开始 / 001

实践谈判的艺术 / 004

冲突加剧的世界 / 006

直面冲突 / 009

成为可能主义者 / 011

化解由我们创造的冲突 / 015

一场转化冲突的谈判之旅 / 016

第二章　有效谈判：构建可能性循环 / 021

从可能开始 / 024

通往可能之路的三场胜利 / 026

我，你，我们 / 029

始于一场胜利演讲 / 032

化解冲突的可能性循环 / 035

第一场胜利　　走向看台

第三章　暂停：成功的谈判需要冷静 / 047

停下来做选择 / 050

暂停并保持好奇 / 055

呼吸并观察 / 058

停在最佳区域 / 059

环境的力量 / 063

转化冲突始于暂停 / 066

第四章　拉近：挖掘各方核心利益诉求 / 069

关注真正重要的事情 / 073

聚焦根本利益诉求 / 075

持续问为什么 / 078

找到基础的人类需求 / 080

关注情绪与感觉 / 085

以更有创意的方式化解最难应对的冲突 / 086

第五章　推远：从全局洞悉更多可能性 / 089

聚焦全局 / 095

三张谈判桌 / 096

定位你的 BATNA / 098

直面你的 WATNA / 101

思想实验 / 105

非零和游戏 / 107

看见可能性 / 110

第二场胜利　　构建金色之桥

第六章　聆听：积极谈判的重要环节 / 127

聆听的勇气 / 130

聆听并挖掘故事的内核 / 132

聆听以建立联结 / 136

放下成见 / 141

聆听以示尊重 / 145

从聆听自己开始 / 147

第七章　创造：颠覆零和博弈思维 / 149

创造力 / 153

应用集体的创造力 / 155

积极影响冲突 / 160

让创造力迸发 / 161

派出幕僚 / 164

使用唯一无限的资源 / 168

第八章　吸引：信任让谈判各方建立联系 / 169

吸引力 / 174

信任能产生吸引力 / 176

建立信任菜单 / 178

编排一场戏剧 / 181

构建一个引人入胜的故事 / 185

设计一张标志性的照片 / 187

通往最后一场胜利 / 189

第三场胜利　引入第三方

第九章　主持：用包容回应排斥 / 207

让第三方的声音被听到 / 211

以包容回应排斥 / 214

以人为本 / 216

欢迎 / 217

见证 / 221

编织 / 224

主持一场你身边的冲突 / 227

第十章　帮助：促进开展真正对话 / 231

帮助是人类的天性 / 236

提出明确事实的问题 / 237

促进真正的对话 / 240

调解以达成令人满意的协议 / 244

提供帮助 / 246

第十一章　群聚：应对冲突的关键力量 / 249

群聚以转化冲突 / 252

带着想法群聚 / 253

建立行动策略 / 257

群聚是人类的本能 / 259

组建团队 / 264

建立制胜联盟 / 268

群聚以化解危机 / 271

群聚是下一个前沿 / 273

结　　论　积极谈判：令一切成为可能 / 275

致　　谢 / 285

注　　释 / 289

序

尤里——"谈判之书"的最佳作者

2018年11月28日,我和威廉·尤里一起在我们的家乡——科罗拉多州博尔德西边的狮巢小径徒步。正如许多非常美丽的秋日午后一样,那天有着低柔的光线、长长的日影,以及冬日来临前季末晴暖天气发出的金色光芒。随着我们逐渐打开话匣子,我意识到,我完全被尤里努力化解美朝纷争中持续加剧的紧张局势的幕后故事吸引了。在我们漫步的时间里,我和尤里陷入了漫无边际的话题——从古巴导弹危机带给我们的教训,到中东危机的未来,再到因继承人的争吵不断而分崩离析的家族生意,甚至到我们每个人与催人衰弱的内在冲突搏斗所带来的终极挑战。

这一路上,我尤其为尤里罕见的、给看起来复杂难解的冲突带去平静与乐观,以及他将清晰的思维与实用的智慧融合的能力所打动。因此我问了他一个问题:"如果你必须将你终身的工作精炼成一句话,以留后世,你会说什么?"尤里安静地爬了一段蜿蜒的上坡路,然后回答道:"好问题。我应该有个答案。"然后,当夕阳落下山坡,我们终于走完了最后一段盘山小道时,尤里终于开始与我分享他脑海中关于这句话的思绪,并最终围绕这句话写了这本书。

唯一值得你写的书,就是你不得不写的那本书。

无论何时有人向我寻求写书的建议,我首先告诉他们的都是,他们应该做一切事情,来保证自己可以不写。对于你刚刚萌发的写书冲动,你的第一反应应该是:"不!我不会写的。"而当这个冲动再次出现时,你的反应应该是:"我拒绝向写一本书所带来的痛苦臣服。我不会把自己投入于将想法、词汇、书页、结构整合成连贯著作的可怕挣扎中。我不会这么干的!"但是,如果写书的想法反反复复地回到你的脑海中,扼住你的喉咙,并且准确无误地向你传递一个信息"你必须写";如果你竭尽全力都无法将写书的想法清除出你的大脑,这个想法就是不愿意离开,或许你就真的找到了一本值得写的书。而这种情况在你就是写那本书的最佳人选时尤为真切:如果你不创造那本书,没有其他人能做到,也没有其他人会去做。

尤里的这本书就通过了以上的测试。我的"一句话"挑战在尤里的脑海中扎根了,并且无法被驱逐。而且正如他在书中所描述的那样,他完成了他的那句话——那个从他经年累月的经验,以及入木三分的洞察中诞生的句子。手握这句话,他将自己投入了创作这本书的使命。在一定程度上,尤里也确实有无可比拟的责任,去整合他迄今为止的工作,不仅是为了长期的知识贡献,还因为于充满纷争的时代思潮而言,这恰恰是一个完美时刻。

有三个原因让尤里成了写这本书的最佳人选。

首先,他在此领域有深厚的知识基础和丰富的著作可以依凭。尤里在这本书中再次讨论的宏大命题缘起于他与罗杰·费希尔合著的开拓性著作《谈判力》。40多年来,《谈判力》持续指引人们如何应对大压力、高风险的谈判工作,是一本真正的经典之作。然后,在这些想法的基础上，他继续延展，完成了《突破型谈判——如何搞定难缠的人》和《内向谈判力》（我个人最喜欢的一本书）。但实际上，在与罗杰·费希尔相遇并共事的10多年之前，他就已经燃起了投身于争端解决事业的决心。有一次，我们在博尔德徒步，我问他："你是什么时候第一次发现你对自己终身事业的兴趣和直觉的？"尤里的回答是："在我10岁以前，那时我在瑞士一所有防空洞的学校念书。当时正值古巴导弹危机，在那个时间点我仿佛突然觉醒了。"换言之，尤里已经为构成这本书基本结构的那句话酝酿了整整60年。

其次，他的洞察早已不仅限于思维范畴，还极为务实。在我眼中，尤里是一个接地气的研究者，世界是他的实验室。相较于在某些常春藤院校奢华而舒适的教职工办公室里做研究以打磨自己的认知与洞见，尤里很早就决定了"先到最艰苦的地方去"，然后就义无反顾地投身于中东的政治谈判。基于数十年来的实践经验，他学到了在复杂和有争议的谈判中什么才是真正有效的，如何做准备，如何将自己抽离出来以看清局势（当我需要冷静下来，并且从更宏观、更不一样的角度看待冲突时，我经常会想起尤里"走向看台"的比喻），如何创造对各方都更有效的解决方案（我也很欣赏他"构建金色之桥"的比喻——这个概念的意思是为各方构建一座坚固的、可以跨越争议鸿沟的桥梁），如何激发更广泛的人群的动力，以帮助各方构建这座金色之桥，如何坚持不可妥协之事，同时找到一个成功的折中方案，如何通过给出对你自己甚至是对整个社群更好的选择来表达拒绝，如何在你的情绪成为你个人利益的阻碍时，让你自己接受对你和对他人而言最好的选择。而且，在所有这些"如何做到"的技巧背后，尤里都拥有一套认知框架，这套框架对什么方法能见效，以及为什么这些方法能见效，都有其深层理解。

最后，威廉·尤里属于那种罕见的思想领袖，这些思想领袖已经完成了从聪慧的学者到睿智的哲人的转化。在这本书中，尤里已经进入了完全的哲人模式。这个世界总是在向战争与暴力倾斜；我们希望人类社会的发展轨迹走向和平与协作，但历史的判词从未能支持这一点。尤里知道对于争端的倾向性深埋于我们的 DNA（脱氧核糖核酸）。在他的教学、写作以及实践工作中，他一直带着对人类行为，对我们对于权力的渴望，以及对现实政治清醒而实际的认知。但同时，他也是一个实际的理想主义者，坚信对和平与合作的追求也是人类本性和社会自身利益不可分割的一部分。他拥护一个简单、有力的理论：即便在难以解决的争端中，我们对和平解决方案的追求，仍旧是力量与智慧的标志，而非软弱的标志。最重要的是，他向我们证明了，这种追求是可能实现的。

吉姆·柯林斯

于科罗拉多州博尔德

2023 年 4 月

第一章

谈判：从可能性开始

我们不断面临伟大的机会,而这些机会被巧妙地伪装成无法解决的难题。

——玛格丽特·米德[1]

那是一通改变了我人生的电话。

1977年1月初，天气寒冷，有天晚上10点，电话突然响了。当时，我正住在马萨诸塞州剑桥市一栋老木屋阁楼上一间租来的小房间里。那栋老木屋就坐落在哈佛大学人类学博物馆的街道上。我当时23岁，正在写学期论文，阅读我所教学生的作业，并且努力准备我的社会人类学研究生考试。

当我拿起电话时，电话另一端的声音响亮而清晰："我是罗杰·费希尔教授。谢谢你把你的论文寄给我。我喜欢你以人类学的视角看待中东和谈的方式。我冒昧把其中主要的图表发给了负责中东事务的助理国务卿。我一直在为他做顾问，我想他可能会觉得你的想法对中东和谈很有价值。"

我一时无言。我是在做梦吗？我从来没有想过我会接到一位教授的电话，更不用说在这样的一个周末了。当然，我也从来没有想过，我在写学生论文时脑海中突然冒出来的一个想法，会对华盛顿的一名高级政府官员有实际用处，而他正在处理世界上公认的最有挑战的国际冲突。

和许多处于我当时那个年纪的年轻人一样，我试图弄清楚我希望为什么事业奉献终身。人类学作为一门研究人类文化和社会的学科是迷人的，但对我来说缺少了一些东西。我渴望将我的时间和精力投入一个能更直接和更实际地帮助人们的项目。我想知道：我能否将我的所学应用于目前没有解决方案的一个重大人类难题——冲突和战争的长期问题？

费希尔教授继续说道："我邀请你和我一起工作。你觉得怎么样？"

"当然，"我结结巴巴地说道，"我很愿意。"

那么，费希尔教授喜欢的是我论文中的什么想法呢？这个想法源于一个简单的思想实验。看着我那间小小的普通阁楼房间的墙壁，我想象自己是一位人类学家，作为不引人注目的旁观者，隐秘地出现在日内瓦的联合国总部大楼一间华丽的房间里，中东和平谈判即将在这里展开。我问了自己一个问题：我能从谈判各方的谈话方式中观察到什么，以确定谈判进行得是否顺利？

我猜想，如果谈判进展不顺利，我会听到谈判者相互指责，他们将深陷过去的泥潭，关注出问题的地方。

如果会谈进展顺利，我会听到一些非常不一样的内容。相较于停留在过去，会谈将更关注现在和未来。谈判者将不再喋喋不休地谈论哪里出了问题，而会讨论他们可以做些什么。他们不会互相攻击，而是会共同解决问题。

换句话说，我只是在猜想，冲突各方之间的对话方式要么会削弱沟通的可能性，要么可以为达成一致增加新的可能性。

来自罗杰·费希尔的那通深夜电话是我接触在看似棘手的冲突中创造可能性艺术的起点，研究这门艺术将成为我一生的追求。

实践谈判的艺术

罗杰·费希尔的慷慨邀请与我几乎从记事起就感知到的召唤不谋而合。我童年的大部分时间在欧洲度过。当时欧洲正从两次世界大战中恢复，那两次无法言说的恐怖的世界大战夺走了数千万人的生命。从被摧毁成废墟的建筑，以及内心满是创伤的幸存者所分享的故事中，你仍然可以感受到那种痛苦，甚至对一个没有直接经历过的孩子来说也是如此。

而在此之外，第三次世界大战仿佛迫在眉睫，而且这次由于原子弹的存在，它甚至可能是世界末日式的大战。我们对它避而不谈，因为它太可怕了，甚至让我们不敢想象，而且似乎没有人能做什么来阻止它。但有令人印象深刻的提醒物警示着我们。我所在的瑞士学校有一个强制建造的核弹防空洞。到了冬天，它又成了我们的滑雪仓库，所以我经常去。而当我在铰接于入口处的巨大钢质防爆门前停下来时，我时不时会感到一阵寒意。

"我不明白。"随着年龄的增长，我会对朋友们说，"每次我们和俄罗斯人之间发生危机，领导人就能决定发动一场核战争，将整个世界炸得粉碎。这怎么能行？一定有更好的办法可以解决我们之间的问题！"

我的学校里有来自不同国家、文化和拥有不同信仰的孩子就读，但我们基本上相处得很好。而且，我们之间发生的纠纷确实是人与人之间的，而不是群体之间的。因此，即使是在我还是个孩子的时候，我也可以想象一个人们可以相对和平共存的世界。

每当我看到我的父母在餐桌边争吵时，我就会意识到冲突不仅存在于世界上，也存在于家里。听着他们争吵不休我很痛苦，如果可以的话，我会试着分散他们的注意力。有天我突然意识到，冲突影响着我们生活中的一切——从我们家庭的幸福到我们作为一个物种的最终生存。

作为一个好奇的少年，我一直被一个基本问题困扰：我们应该如何处理我们最深层的差异，而又不破坏我们所珍视的一切？我们能否找到一种方法来共同生活和工作，即使冲突的发生不可避免？

我在大学学习人类学，是希望找到这个问题的答案，了解更多关于人类本性和文化的知识。人类学家经常研究面临外部威胁的小型濒危族群。我担心的濒危族群正是人类，以及我们对自己构成的存在性威胁。为什么每当人与人之间、群体之间或国家之间出现严重差异时，我们总是会陷入破坏性的冲突？

但我不想只研究，还想动手实践。我喜欢人类学的一点是，要真正理解另一种文化，你需要成为参与者和观察者。我想参与冲突，而不仅仅是从旁观察。我想深入其中，在那些最难解决的地方实践谈判的艺术。

那通来电开启了我近50年的旅程，让我作为一名人类学家和谈判者在世界各地漫游，利用现实生活中的冲突来激发我对一个基本问题的探寻：如何将艰难的冲突从破坏性的对抗转化为合作性的谈判？

我在许多传统文化族群中提出过这个问题，从卡拉哈迪的夸族（音译）社区到新几内亚岛的氏族战士。当我在最棘手的冲突中尝试不同的解决方法时，我也在问自己这个问题。这些冲突包括：从激烈的煤炭业罢工到美苏核对峙，从董事会的斗争到家庭纠纷，从党派政治纷争到中东战争。我寻找着最艰难、最高风险的冲突，因为我认为在这些冲突上奏效的方法，可能在任何地方都能奏效。

我还在与我的家人和我所爱的人发生的冲突中问过这个问题。我从挫折中学到了经验，也从成功中学到了经验。

通过所有这些实验，我孩童时就有的直觉得到了证实：要处理严重的分歧，我们绝对还有更好的方法。作为人类，我们有选择的余地。

冲突加剧的世界

当我回顾我们今天面临的冲突时，我发现我在一生中学到的一些简单但有效的功课从未如此必要过。

冲突无处不在，而且每时每刻都在加剧。每一天，在家庭、工作场所、国家及世界中，我们都面临令人头痛和心痛的争议。

与我记忆中的以往任何时期相比，破坏性冲突从未像现在这样使我们的社区极化，侵害我们的关系，并且使我们解决最关键问题的能力消耗殆尽。由于没有更好的处理分歧的方式，我们牺牲了多少需求，失去了多少机会？

讽刺的是，在过去几十年里，我一直在解决世界其他地方的棘手政治冲突，而现在我发现一场棘手的冲突正在撕裂我的国家。这种前景似乎难以想象，但根据民意调查，2/5以上的美国人担心国家可能会陷入内战。[2] 我从未见过如此程度的恐惧、愤怒和对对方的蔑视。我也从未见过程度如此之深的屈从、麻木和绝望——如此多的人无奈地摆摆手，表示他们对改善局势无能为力。

极化现象不仅限于美国，它还是一个全球趋势，正在分裂世界各地的家庭、社区和社会。我的一位关系十分亲近的巴西朋友悲叹道："因为政治分歧，我哥哥不参加我们传统的家庭聚会了。我母亲伤心透了。情况太糟糕了。"

如果一千年后的人类学家回顾这一时刻，他们可能会称这个时代为人类大家庭团聚的时代。在人类历史上，由于通信革命的推动，几乎所有的15 000个语言社区都能相互联系。[3] 然而，就像在许多家庭聚会中一样，并不是所有事情都是和平与和谐的。冲突几乎处处可见。

人类在进化的过程中从未面临与数十亿人共同生活在一个单一社会的挑战。聚会远未能减少冲突，反而加剧了敌意，因为人们被迫直面彼此的差异，对不公平的怨恨使得憎恶升级，身份认同遭受着迥异的习俗和信仰的威胁。人类的聚首催生了更多的摩擦而非光明，更多的矛盾而非理解，因为人与人之间的差异就此凸显。

由于新的交流方式，我们比以往任何时候都更加了解世界其他地区的冲突。我们日夜被战乱和战争的消息淹没。而且，如果说有什么区别的话，新的媒介形式从设计上就更聚焦于冲突，并倾向于加剧冲突，因为冲突可以吸引我们的注意力，而注意力将会带来利益。

冲突不会消失。我们生活在一个有着各种各样宏大又急剧变化的时代：人工智能等新技术出现、经济动荡、环境破坏、人口结构变化，这些仅仅是其中随手可列的几个重要因素。这种变化的速度看起来没有放缓的迹象，反而似乎在加快。更多的变化自然意味着更多的冲突。

而且关键在于：这个世界需要更多的冲突，而不是减少冲突。

我知道这可能听起来很奇怪，但请听我解释。

冲突是什么？它可以被定义为由于可感知的利益和观点分歧而产生的对立立场之间的摩擦。

在我的工作中，我经常遇到一个普遍的假设，那就是冲突是一件坏事。我自己以前也支持这种假设。但作为一名人类学家和调解员，我逐渐认可冲突是自然的。它就是生活的一部分。仅仅因为我们是人，我们就会有不同的观点和利益。当我们展现我们的差异时，冲突就会出现，甚至有的时候即便我们不主动展现我们的差异，冲突也会出现。

实际上，冲突完全可以是健康的。最好的决策并非来自肤浅的共识，而是来自不同观点的浮现和对创造性解决方案的探索。冲突是民主过程以及现代经济的核心，而且它可以以商业竞争的形式帮助人们创造繁荣。

让我们想象一个完全没有任何冲突的世界。不公正将如何被纠偏？权力的滥用将如何被矫正？我们的家庭、职场和社区又如何才能发生建设性的变化？

面对挑战是我们作为个人和群体学习、成长及改变的方式。冲突提供了应有的挑战，以此激励我们和我们的社会进化。正如我的朋友和调解员同事克莱尔·哈贾吉对我所说："建设性的冲突是人类成长的基础。"

那么我们如何以建设性的方式处理我们的分歧呢？

直面冲突

在写这本书的时候，我有幸参加了一次为期两周的大峡谷"激流勇进"探险。当我们坚毅的船长带领我们绕过巨石，冲过科罗拉多河的湍流时，我获得了一些关于动荡时期如何穿越冲突的新观点。当我仰望着那些高达数千英尺[①]、有着数十亿年历史的巨大的峡谷峭壁时，我反而更容易看清人类的那些戏剧性冲突了。与这峭壁相比，整个人类历史简直微不足道。

在峡谷峭壁的深处，远离新闻和社交媒体的疯狂旋涡，我问了同行的激流旅行者——来自威斯康星州的70岁的乳品农场主乔治·西蒙一个问题："乔治，为什么我们的国家在任何事情上都难以达成一致？你在和农民的交谈中听到了什么？"

"威廉，"他回答道，"每个人都感到被困住了。人们不是在解决问题，而是在相互指责，或者彻底放弃对方。问题只会变得更糟。"

"我现在告诉年轻人的是：'我们有解决方案，甚至有钱，只是不知道如何携手并进。这就是现在的挑战！'"

我对乔治眼中的挑战产生了共鸣。我们生活在一个充满可能性，即我们自己、我们的家庭和我们所在社区的未来充满可能性的世界里。

[①] 1英尺=0.304 8米。——编者注

这些可能性很多都是充满希望的，但其中有些确实令人害怕。最终，这取决于我们。我们有很大的机会让每个人的生活都变得更好，只要我们能够携手行动。

我们无法消除冲突，也不应该消除冲突。

真正的问题不是冲突，而是我们处理冲突的破坏性方式。

如果我们尝试一种不同的或者说反传统的方法呢？如果我们不选择升级冲突，或者规避冲突，而是做相反的事情呢？如果我们直面冲突，并且以好奇心和合作精神来迎接它呢？

这就是我在大峡谷漂流时学到的。一旦我们进入了河道，接下来的许多天里都没有出路。强劲的湍流和冰冷的巨浪扑面而来，无论我们是否喜欢。我们别无选择，只能尝试驾驭它们。最好的方式不是抗拒变得又冷又湿的经历，而是躬身入局，迎接高浪，然后疯狂地一起划桨。

简而言之，唯一的出路是"激流勇进"。

这可能感觉像是我们最不想做的事情，但如果我们真正拥抱冲突会怎么样呢？如果我们真的用双臂环抱它呢？如果我们将全部的人类潜力——天生的好奇心、创造力和协作能力——应用到冲突中呢？

在我的工作中，我发现人们天然会认为冲突需要被解决。但真的是这样吗？我自己以前也是这么认为的。毕竟，我从事的是冲突解决领域的工作。但多年来，我开始认识到，解决冲突通常是不可能的，至少现在是不可能的。在某些情况下，解决冲突甚至不是可取的，因为它会剥夺我们通过冲突持续学习和成长的机会。事实是，我们并不总是需要达成一致。

比起解决冲突和达成协议，我们能否寻求更现实、更可持续的目标？如果我们专注于改变冲突会怎么样呢？

改变仅仅意味着改变冲突的形式——从破坏性的争吵转化为富有成效的冲突和建设性的谈判。

比起破坏我们珍视的东西，我们能否通过为彼此的共同生活开拓新的可能性，创造我们珍视的东西？

改变冲突比达成协议的概念更宽泛。[4] 它意味着转化我们相处的方式，以及我们的差异。它意味着转化我们的关系。协议只在有限时间内有效，且通常是交易性的；它们出现又消亡。转化是关系性的，且可以在未来持续很长的时间。协议是结果，而转化是一个过程。与某些可能需要很长时间才能达成的协议不同，改变冲突可以立即开始。

当罗杰·费希尔、布鲁斯·巴顿和我40多年前一起撰写《谈判力》时，"是"意味着一项双方都满意的协议。今天，我相信"是"的含义必须被扩展。新的"是"意味着要倾身向前，拥抱冲突为我们提供的一切。新的"是"是一种转化了的"是"。

如果能拥抱并转化冲突，我们就可以学会一起生活和工作。如果能做到这一点，正如我的朋友乔治在激流中所说，那无论问题大小，我们都能解决。

成为可能主义者

在多年处理看似不可能的冲突后，人们经常问我："你是乐观主义者还是悲观主义者？"

"实际上，"我回答，"我是一个可能主义者。"

我对可能性充满热情。

我相信人类具有达成共识的潜力，我们有能力以建设性的方式处理我们的差异。

我相信人类天生就有合作的能力，无论我们之间有多大的鸿沟。

我相信，无论一种冲突多么具有挑战性，我们都可以学会解决它。

简而言之，我相信我们可以在这个充满冲突的时代生存，并且繁荣发展。

可能并不意味着容易。没有任何事情有快速解法。处理冲突可能是我们能做的最艰难的工作。这需要耐心和持之以恒。然而，困难并不意味着不可能。这项工作虽困难，但可能做成。

可能并不意味着冲突的结束。它不意味着"胜利并结束"。在我曾处理的大多数情况中，紧张关系仍然存在，冲突仍在继续，但是破坏、暴力、战争可以结束。

可能并不意味着一个干净利落的解决方案。更多时候，它意味着关系的渐进式改善，这些关系随着时间的推移可以产生关键的变化。关系或许会很混乱。可能意味着在看似没有出路的地方寻找前进的方式。它意味着创造小的突破，这些突破随着时间的推移可以构成更大的突破。可能意味着渐进的转化过程。

可能意味着将我们全部的人类潜力应用于我们周围的冲突，意味着利用我们天生的好奇心、创造力和合作能力，开启我们以前未曾想象的新可能性。

在束缚我们、困住我们和令我们沮丧的冲突中，可能意味着自由、选择和机会。

可能是新的"是"。

我为什么是一个可能主义者？因为我亲眼见证了人类能做的事情。我看到了看似不可能之事变得可能。

在20世纪80年代，我花了10年的时间努力避免意外的核战争，频繁地往返于华盛顿和莫斯科。我见证了美苏关系的显著转变，见证了柏林墙倒塌，见证了冷战结束，这一切事件都违背了所有的概率和预期。

当我在 20 世纪 80 年代末首次访问南非，亲自了解冲突并提供谈判培训时，经验丰富的政治观察家认为，结束种族隔离制度可能需要几十年，甚至可能只有通过一场血腥的全面内战才能解决。然而，几乎与所有的预测相反，几年后，这场破坏性的冲突就发生了转变，被囚禁了 27 年的纳尔逊·曼德拉还被选为总统。

又过了数年，我有幸成了哥伦比亚总统的顾问，陪伴他做大多数人认为绝对不可能的事情：结束持续了近半个世纪的内战。这场内战使数十万人死亡，受害者超过 800 万。[5] 经过 6 年的艰苦谈判，我们最终打造了历史性的和平格局，而且令所有人惊讶的是，主要的游击队力量都选择放下了武器。

我的经历不仅限于战争。我也看到家庭弥合了它们的裂痕。我见证了竞争激烈的商业对手再次成为朋友。我看到美国各个政治倾向的领导人学会了一起工作。我看到了来自各行各业的人开始选择直面将破坏性对抗转化为产出性谈判的挑战。

如果这一切曾经发生，那么我相信它们可以再次发生。

我对人性的黑暗面并不抱有天真的幻想。经过近 50 年，时不时在感觉像是黑暗中心的环境下工作，我不会低估人类的无知和残忍。我也见证过冲突的负面可能性。

40 多年前，我曾有机会在波兰特雷布林卡纳粹集中营遗址独自度过一个下午。我穿行在高高的草丛中、长长的隆起的土堆之间，土堆上散布着白色的骨头碎片。我怀疑我的许多远亲都埋葬在那些土堆中。我觉得那里的每一个灵魂都是某个家庭的一员，因此对我们所有人来说都算是家人。我经受了浪潮般的悲伤的侵袭，对我们施加给人类同胞的非人性行为无言以对。我默默地对自己发誓，我不会坐以待毙，而是要竭尽所能，避免威胁我们所有人的核浩劫的发生。

13年后，当我在南斯拉夫研究战争时，我和儿时就认识的老朋友彼得·加尔布雷恩一起拜访了一群波斯尼亚穆斯林难民。彼得当时是美国驻克罗地亚大使。这些难民被困在1千米宽的区域内，一边是一排塞尔维亚坦克，另一边是一排克罗地亚坦克，所有的大炮都指向中间的无人地带。在穿着防弹衣、装备着自动武器的加拿大联合国维和部队士兵的护送下，我和彼得步行经过坦克和士兵，进入一个村庄的废墟。这里的房屋大多被摧毁。一枚误入的导弹卡在了一棵树的树干里。

成千上万的妇女、男人和儿童在单薄的帐篷里安营扎寨，随着寒冷的冬天临近，这些帐篷几乎不能提供任何保护。他们茫然四顾，然而无处可去。地雷从四面八方包围着他们，每隔几天就有人不小心踩到一个地雷，失去一只脚或一条腿。令人痛心的是，当我们到达时，恰好有一名女子在学校体育馆的一个临时病房里分娩。我不禁反思起这些无辜者所象征的人类困境——我们被随时准备释放灾难性破坏的核超级大国夹在中间。这是冲突的负面可能性的又一个活生生的提醒。

在写这本书的时候，我的主要争端解决工作集中在乌克兰可怕的、悲惨的战争上。在柏林墙倒塌35年后，世界再次处于俄罗斯和西方之间的一场危险的新冲突中，负面可能性此时展露无遗。就像20世纪上半叶一样，欧洲再次成为激烈战争和暴行的现场。核武器的达摩克利斯之剑悬在人们头上，岌岌可危。这几乎让人觉得又一次进入了历史的轮回。

过去这些年，我原本打算只专注于写作，但我发现自己无法坐视不管。在我写这些文字的时候，我正认真地参与到频繁的对话当中，与乌克兰人和俄罗斯人、美国人和中国人、英国人、法国人及其他许多人一起，努力寻找可以平息恐怖事态并帮助结束战争的实际措施。我刚刚打完一个电话。在这通电话中，我们的乌克兰同事回顾道，仅仅在这个寒冷冬日的某条 10 千米长的战争前线上，战争各方每天都各有 100 名士兵被杀，而这仅仅是其中一条战线。人类的损失与日俱增。

成为一个可能主义者意味着要直面负面可能性，并将其作为持续寻找正面可能性的动力。这项工作永远是待完成状态。可能并不意味着必然，甚至并不意味着大概率。可能仅仅意味着可能。

可能能否成为现实，取决于我们。

化解由我们创造的冲突

30 年前，我深入马来西亚的雨林，探访了许多人类学家眼中地球上最和平的部落之一——闪迈人（音译）。[6] 我想了解他们如何处理冲突。

他们在丛林中的一座大型竹屋（建在高桩子上）以传统的好客之道接待了我。大约十几个家庭共享同一个空间，一起吃饭和睡觉。第二天早上，在竹制平台上安睡一夜后，我终于抓住机会，问了一位长者我长久以来一直想知道的问题："你们为什么不打仗？"

"打仗？"他显得有些困惑，思考了一会儿这个问题。然后他盯着我回答了这个问题，我的同事帮我做了翻译："台风、地震和海啸是我们无法控制的自然力量，但战争是我们制造的。因此，它可以由我们阻止。"

他说这话的时候，仿佛答案不言自明。看到他的部落如何成功地处理最艰难的冲突后，我想对他来说确实如此。他提供的这个解释传递了该部落人民的实用智慧，我的心中对此产生了深深的共鸣。这几乎是我所能想象的最接近可能主义者信条的理念了。

我们面临的挑战不在外部世界，而在我们内部。这不是一个技术问题，而是一个人性问题。由我们创造的东西可以由我们来改变。这是可能的。

正如闪迈人长者所说，我们人类拥有与生俱来的能力，能够以建设性的方式管理我们的分歧。作为一名人类学家，我一直都惊叹于我们是如何作为社会性强、互动性强、求知欲强和创造力强的灵长类动物进化的。协作解决问题是我们伟大的人类力量，我们借此生存和繁荣。

虽然暴力是我们的一种天生能力，但阻止暴力的工具也是如此。它们是我们从祖先那里作为礼物收到的进化遗产。它们是我们与生俱来的权利，我们可以在这些充满挑战的时代中巧妙地利用和部署这些权利。我们的任务不是开发出全新的事物，而是记住我们已经知道如何做的事情，并将其应用于今天的挑战。

一场转化冲突的谈判之旅

几年前，我和我的邻居兼朋友吉姆·柯林斯一起在我家附近的落基山脉中长途徒步，他是《从优秀到卓越》等领导力经典图书的作者。[7]当我们正攀登一座陡峭的斜坡时，吉姆转身问我："在这个世界如此黑暗的时期，你是如何保持对可能性的信念的？"

我望着耸立在我们面前的壮丽山峰和蜿蜒的山谷，回答道："吉姆，我们确实成长于国家乃至全世界都变得越发两极分化的时期，这些时期看起来比其他任何时候都更加黑暗。但在看起来更好的时期，我总是在最黑暗、最困难的情况下工作。我看到的可能性让我继续前进。还有什么更好的选择吗？"

"那么，"吉姆说，"你为什么不写一本书，总结你学到的所有知识，帮助其他人在这些动荡时期实现那些可能性呢？"

于是，我写了这本书。

我喜欢在大自然中散步。散步让我思路清晰、视野开阔，给了我灵感和创意。它也给了我应对挑战性冲突所需的能量和支持。

我想邀请你和我一起进行一次想象中的散步。在解决一些最难解的冲突时，我一直试图打开可能性之窗，发现其中的精华所在，我希望通过这次散步向你传达我发现的这些精华。虽然我希望这本书是一本切实可行的书，但它不是一本操作手册。它更多地关注心态而不是方法。可能主义者的思维模式是好奇的、有想象力的和倾向于协作的，我们可以以此在这个分裂的时代有效应对我们的差异。

也许传递经验和教训最有力的方式是讲故事，这自史前时代以来就深深植根于我们的本性。故事是我们最记得住的东西，也是我们最好的学习方式。所以，我将自由地讲述我的一些故事，从职业的到个人的，希望它们能够体现我学到的精髓。在我的其他书中，我主要分享了其他人的故事。但在这本书中，我将主要讲述我自己的经历，因为我从中学到了最多。我将这些故事加以组织，以使它们凸显我在通往可能之路上发现的关键切入点。

在许多故事中，我所记录的对话是基于我事后立即做的笔记，或者在一些特殊场合下，我仅能凭借我个人的记忆——我承认这样的记录方式可能会出错。在一些故事中，由于涉及的人物不是公众人物，我已经更改了名字以保护他们的隐私。

一些读者可能会认出已经出现在我其他书中的一些故事。我再次讲述这些故事，是因为它们对我来说是重要的学习经历，而且在重新审视它们时，我希望能有新的洞见。我试图在这里以更细致和更具体的方式讲述这些故事，也希望你能在其中找到一些新东西，就像我已经找到的一样。

由于我工作的性质是寻找世界上最困难、最有影响力的冲突，我从激烈的政治场合即所谓的权力大厅中，汲取了许多案例。但我向你保证，这些冲突本质上与我们所有人都熟悉的日常的家庭和工作冲突有许多相似之处。案例中的冲突规模可能更大，但其中的动向是相似的。冲突就是冲突，人就是人，更深层的经验和教训可以被广泛地应用。

我意识到我在大规模冲突中的经历主要涉及男性，无论他们是当事方还是第三方。幸运的是，这种巨大的不平衡开始趋于平衡。众人时常忽视的一点是，女性一直是我们周围冲突中有影响力的第三方和平缔造者——在工作中、在家里和在全世界都是如此。在这个星球上的许多地方，女性越来越多地突破了阻止她们充分参与的障碍。我非常高兴地看到，现在我主持的研讨会中的大多数参与者是女性。虽然我们还有很多工作要做，但这给了我对未来的巨大希望。

当我们一起散步时，当我描述我的可能之路时，请你看看正在给你带来挑战的冲突，无论你是直接参与者还是仅仅作为一名相关人士。你的可能之路是什么？

当我写这些文字的时候，我刚刚成为祖父。我的孙子迭戈刚出生的第一天，我抱了他足足一个小时，我难以形容当时我内心的激动与喜悦。我感受到了他的纯粹潜力，十分洁净和完全开放。当我抱着他，看着他无辜的睡脸时，我想知道我们将留给他和他这一代人什么样的世界。如果他和他所有的同龄人在未来可以与我们对话，他们会要求我们现在去做点儿什么？

我最大的希望是，这本书可以激励你释放你所有的人类潜力，以转化你周围的冲突。如果我们能转化冲突，我们就可以转化世界。

选择在我们手中。

第二章

有效谈判：构建可能性循环

可能的"慢性子"引线是由想象力点燃的。
　　　　　　　　——艾米莉·狄金森[1]

"渴望：一份艰难的工作。"这是我的祖父埃迪于一个多世纪前所创建的公司的格言。

1906年，埃迪只有13岁，住在华沙，当时那儿还是俄罗斯帝国的一部分。那天，他的母亲突然将他哥哥的蒸汽船船票递给他，告诉他，他必须立刻逃往美国。那天，他15岁的哥哥沃尔夫因为在街角和两个朋友交谈而被警察逮捕并被关进监狱。他的罪名是违反了俄罗斯帝国当局为了遏制革命活动而发布的聚集限制令。

在埃迪和他的家人所居住楼房的院子里，国家安全警察让有嫌疑的革命者靠墙列成一队，处决了他们。我只能想象当时埃迪的心情：恐惧和困惑，悲伤和愤怒。我只知道无论发生了什么，都足以让他从此不愿谈论他的童年。

第二天，13岁的埃迪独自逃跑，加入一个难民小团队，偷渡进入了德国边境。旅途并非风平浪静：难民们必须在夜间行进，以躲避俄罗斯帝国边境的警卫，被凶残的公路团伙袭击的事件也屡见不鲜。从汉堡，他登上了"比勒陀利亚号"轮船，在闷热的统舱里航行。

在他14岁生日后的第二天，埃迪抵达埃利斯岛，由于船票上写着他哥哥的名字，他被移民局当成了他哥哥来对待。埃迪随即进入缅因州的一家羊毛纺织厂工作，加入了他父亲马克斯和他大哥乔——他们已经在那里工作了——的行列。

工厂的空气中满是羊毛纤维灰尘，工人们不断地咳嗽和喘息，很容易患肺病。即使年纪轻轻，埃迪也很有创业心，于是他转而开启了擦窗户的生意。他和另一个少年在罗得岛经营起一项小生意。在那个燃煤的年代，多的是脏兮兮的窗户和楼宇，因此他们生意兴隆。他和他的父亲及兄弟们开始能够寄钱回华沙，将他的母亲和剩下的兄弟姐妹接过来。

在随后 20 年的时间里，我的祖父不只清洁窗户和楼宇，他和他的团队还承担起了芝加哥附近各种各样巨型钢铁厂的清洁工作。

"我不明白，"我在写这本书时对我 90 岁的叔叔梅尔说，"一个从洗窗户开始白手起家，从来没有机会接受正规教育的男孩，是如何被世界上最大的钢铁公司雇用来清理高炉的？"

我的叔叔之前曾是这家公司的负责人，他看着我说了一句话，带着一种见多识广的语气和一丝少年般的钦佩："这确实让人难以置信。当时，钢铁公司必须关闭高炉 6 个月，以巨大的成本清理掉钢铁冶炼后余下的重矿渣。我父亲想出了一种方法，在高炉内使用炸药来完成这项工作。当然，这需要极高的精确性，以避免引爆高炉。但这个方法只需要 3 天，而不是 6 个月！"

"埃迪成功的秘诀是什么？"我问道。

我叔叔停顿了一会儿，思考这个问题，然后回答道："很简单。别人看到障碍时，他看到了机会。"

换句话说，我的祖父是一个可能主义者。

从可能开始

"渴望：一份艰难的工作"可以作为可能主义者的座右铭。

转化冲突是我们人类能做的最艰难的工作之一。这要求我们在想要攻击或回避时选择积极应对，在想要保持旁观时选择对我们周围的冲突负责。这也需要勇气、耐心和毅力。

如果让我们赋予可能主义者一个核心原则，这个原则就应该是谦逊的大胆。我们大胆的目标需要与我们谦逊的手段保持平衡。应对看似不可能的挑战需要大胆。我们需要足够大胆，才能得到不仅对一方有利，还对其他所有人都有利的结果。我们也需要谦逊，才能在挑衅面前保持耐心、冷静并学会聆听。我们还需要谦逊的态度，来面对困难的现实，以及持之以恒地学习。

可能主义者并不是天真乐观的，他们能够预料到在前进的道路上会遇到的挫折。北爱尔兰问题曾被广泛认为不可能解决，作为北爱尔兰问题的调解员，美国前参议员乔治·米切尔曾反思道："我们经历了七百天的失败，才迎来一天的成功。"[2]

在那七百天里，米切尔谦逊地坐下来，聆听双方的声音。而那一天的成功，即《贝尔法斯特协议》，带来了冲突的转变。尽管冲突没有结束，但战争结束了，这就让事情变得不再与之前一样。

与此同时，尽管可能主义者完全承认障碍并对挫折有预期，但他们对冲突抱有非常不同的思维模式。正如我从我的祖父那里学到的，即使是最艰难的工作也可以在正确的思维模式下变得更容易，这取决于我们如何看待这件事。

在我的冲突解决工作中，我注意到如果我只是从问题开始，我很容易陷入其中的细节和困难。因此，我喜欢先围绕冲突画一个想象中的可能之圈。这个圈包含了冲突可能展开的所有潜在的积极方式。我发现，如果我能把问题放在更大的可能性的背景下，解决问题就会变得更容易。

在不忽视困难的情况下，我为可能性留出空间，保留出路。我喜欢问："这里可能发生什么——不是大概率会发生的，而仅仅是有可能发生的？"

然后，我们可以运用我们内在的好奇心、创造力和协作力。运用天生的好奇心，我们可以试图理解冲突中的各方。依靠天生的创造力，我们可以开拓新的可能性。通过超强的协作力，我们可以克服艰难的挑战。就像优秀的运动员或音乐家一样一起协作，我们可以利用合作的惊人力量将我们的集体潜力最大化。

我发现，我的祖父埃迪拥有的可能主义思维模式正是转化艰难冲突的关键。不要忽视障碍，反而应当寻找开放的机会。

可能之路始于可能。

通往可能之路的三场胜利

"你认为你能只用一句话就总结出你在处理困难冲突方面学到的一切，以便我们应用在这个烦乱纷扰的时期吗？"我们在落基山脉的家附近徒步和登山的那天是一个凉爽的晴天，当时我的朋友吉姆·柯林斯这么问我。

"这是一个很高的要求，吉姆。"

"达尔文做到了。在《物种起源》中，他用一句话概括了他整个进化理论。"

吉姆提出的挑战触动了我。我碰巧也喜欢精简。

"我不知道我能否回答你的问题，但我会考虑一下的。"

在接下来的几个月里，我回顾了我 50 年来在冲突中寻求开辟新的可能性的所有经历。我翻来覆去思考各种方式，试图以概念和隐喻来总结我的经验。我想，如果我能回答吉姆的问题，如果我能用一句话来总结我所学到的一切，那么将这个经验传授给他人就会更容易，即使我们可能需要一整本书来充分解释这句话的含义。

对我来说，"三"向来是用以记住重要事情的魔法数字。人类大脑会对"模式"有所反应，而"三"正是我们可以用来创建"模式"的最小数字。古罗马人有一句话，"凡事到三就完美"，意思是所有由三个部分组成的事物都是完美的。"三"的存在极简又完整。

当我独自散步并思考吉姆的问题时，我的思绪反复被牵引到我在冲突解决工作中发现的三个关键概念上，这些概念也正是最有力量和价值的概念。在我的内心深处，我开始构想一条路，一条通向可能的路，这条路需要三场中途的胜利才能最终通行。

几个月后，当我们又一次散步时，我对吉姆说："你还记得你问过我这些年来我学到了什么，以及我能否用一句话概括吗？"

"当然记得。"

"我好好想了一下。"

"所以呢？"吉姆问。

"问题在于：我们不可能摆脱冲突，也不应该消除冲突。但我们可以改变我们看待冲突的方式以及我们选择与之共存的方式。冲突可能让我们的思维变得狭隘。我们会把整件事情缩小到我们和他们之间的胜负之争。在通常情况下，冲突越大，我们的思考范围就越小。"

"那我们应该怎么做？"

"秘诀在于彻底地反向操作。与其思维狭隘、着眼于小处，我们需要想得更宽、更广。我们需要一种完全不同的处理方式。我们不应该从问题开始，而应该从可能性开始。"

"继续说。"

"如果我们想要处理和我们今天所面对的那些棘手冲突一样的问题，我们就必须开拓一些对我们来说并不那么明显的新可能性。想象一下，具有挑战性的冲突就像我们正在攀登的山一样。我们必须找到一条路——一条通向可能的路。那条路会由三场胜利组成。每一场胜利都会改变我们对冲突的看法。"

"是吗？"吉姆满怀期待地问道。

"我们面临的第一个也是最大的挑战并不是我们通常认为的那些困难。它并不是那些问题。它就在这里。"我一边说，一边用手指着自己。

"在破坏性冲突中，我们会基于恐惧和愤怒做出反应，结果是我们自己反倒阻碍了自己。我们需要做相反的事情。我们需要离开掩体，走向看台——一个平静的、能看到远景的地方，一个让我们可以把目光投向战利品的地方。"

我伸出手臂，用手指向我们下面广阔的平原，说道："现在，我们就像站在看台上，可以看到更大的画面，就像能看到我们面前的这个辽阔世界一样。走向看台是我们要实现的第一场胜利——面对自我的胜利。"

"好的，"吉姆说，"第二场胜利是什么？"

"在破坏性冲突中，我们会深入自身立场并筑起壁垒。同样，我们也需要做截然相反的事情。想象一下我站在这里，而你站在遥远的那儿。"我说完，指了指山谷对面的峰顶。

"我和你的位置之间有一条巨大的鸿沟，其中充满所有让我们难以达成协议的理由，包括怀疑、焦虑和害怕显得软弱的恐惧。如果我希望我们见面，我需要架设一座金色之桥——一个邀请双方跨越冲突鸿沟的方式。我需要让我们更容易地相向而行。这座桥梁就是要实现的第二场胜利——与他人的胜利。"

"这听起来并不容易。"吉姆评论道。

"这是一项艰苦的工作。"我回答道，想起了埃迪及其公司的格言。"我们需要帮助。"

"我们可以从哪里得到帮助？"

"这是拼图的第三个部分。在破坏性冲突中，我们只看到双方，我们反对他们互相为了单方面的胜利而战斗。我们需要摆脱这个陷阱。因为事实是，总会有第三方——整体的一方。具体来说，第三方就是周围可以帮助我们的人——我们的家人、朋友、邻居、同事。他们就是我们身边关心这场冲突的社群。"

"他们能做什么？"吉姆问道。

"他们可以介入并制止争端。他们可以帮助我们冷静下来并走向看台。他们可以帮助我们搭建一座金色之桥。第三方就是我们要实现的第三场胜利——与整体的胜利。"

"看台帮助我们看到新的可能性。桥梁帮助我们创造新的可能性。第三方帮助我们实现新的可能性。我相信，通过这三个因素的共同作用，即便是最困难的冲突，我们也有能力去解决。"

"好吧，"吉姆说，"现在请把这一切都浓缩成一句话。"

"通往可能之路，要将走向看台、构建金色之桥和引入第三方相结合。"

"这很好，"吉姆说，"现在去写你的书吧。"

我，你，我们

我最喜欢的警世寓言之一是一则来自中东的古老传说，它描述了通往可能之路的三场胜利。[3] 在这个故事中，一位老人去世了，把遗产留给了他的三个儿子——大儿子占 1/2，二儿子占 1/3，小儿子占 1/9。但有一个问题：这份遗产由 17 头骆驼组成，这个数字不能被 2、3 或 9 整除。

三兄弟都觉得自己应该得到更多。他们陷入了一场激烈的争吵，快要打起来了。整个家庭的气氛都紧绷到了极点。

这个古老的故事让人想起了我们今天面临的激烈冲突。不是所有人都能就如何分享我们所拥有的一切达成一致。不是所有人都会感到高兴。每时每刻都有激烈的争端。每个人都在输，包括——也许尤其是——我们所在的社群。

那么，在上面的故事中，接下来发生了什么呢？

在绝望中，这家人向他们族群中以冷静视角闻名的一位睿智老妇人求助。当兄弟们争吵时，每个人都在愤怒地抱怨其他人，这位老妇人只是静静地聆听。她没有当场提供建议，而是请求给她一天的时间来思考这个问题。

第二天，她回到了三兄弟的帐篷前，领着自己的骆驼。

"我不知道我能否帮到你们，"她对兄弟们说，"但如果你们愿意，我有一头漂亮的骆驼，它性情温顺，生下了许多健壮的骆驼，我希望你们能接受它，它是我送给你们的礼物。"

愤怒的三兄弟很吃惊，被老妇人慷慨的提议震撼了。他们面面相觑好一阵，好不容易才一起说了声"谢谢您"。

"您可太善良了。"

老妇人离开了，留下那三兄弟和18头骆驼。

"我会拿走我的1/2，"老大说，"那是9头。"

"我会拿走我的1/3，"老二说，"那是6头。"

"我会拿走我的1/9，"老三说，"那是2头。"

9+6+2=17。他们还剩下1头骆驼——老妇人送给他们的那头美丽的骆驼。

三兄弟把骆驼还给了老妇人，再次感谢她的帮助。

每个人都满意了——三兄弟、老妇人，甚至是整个大家庭。

正如其他古老的警世寓言一样，这个故事用几句话就传达了很多智慧。我已经讲了这个故事近 40 年，但直到现在才意识到其中隐藏着三场胜利的教诲：看台、金色之桥和第三方。

那位睿智的老妇人做了什么？她后退一步，走向看台。从那个平静和全局的角度，她能够看到整个画面——一个家庭中的人能够和睦相处的实际价值和情感意义。她释放了我们每个人内在的潜力。

在看台上，老妇人找到了一座金色之桥，一条通向共同胜利的出路。通过提供第 18 头骆驼，她释放了"我们之间"共同获益的潜力——在这个故事中，也就是三兄弟之间共同获益的潜力。

最后，因为在激烈冲突中很难走向看台和构建金色之桥，我们就需要第三方的帮助。其他家庭成员，也就是受到关系恶化影响的第三方，敦促三兄弟寻求另一个第三方的建议，他们才会找到这位老妇人。我们周遭的潜力因此得以释放。

这是我从这个古老故事中学到的经验：要成功地转化我们今天面临的破坏性冲突，就需要释放我们全部的人类潜力。单一的胜利是不够的。走向看台释放了我们内在的潜力。构建金色之桥释放了我们之间的潜力。采取第三方立场则释放了我们周围的潜力。我们需要这三者协同作用。

走向看台是第一人称角色的工作，它专注于"我"——自我。构建金色之桥是第二人称角色的工作，它专注于"你"——他人。第三方是第三人称角色的工作，它专注于"我们"——社群。在困难的冲突中，我们倾向于跳过对"我"即自我的必要工作，转去指责"你"，即他人——"你是问题所在，所以你必须改变"。我们也经常忽视我们能从"我们"即社群所寻求的帮助。这可能是我们有这么多麻烦的原因。要成功地转化冲突，我们需要熟练地在这三个领域工作："我"、"你"和"我们"。

始于一场胜利演讲

那么，我们如何开启通往可能的旅程呢？

我发现，秘诀在于从可能开始，然后逆向操作。

转化一场困难的冲突有点儿像攀登一座高山。想象一下你站在山脚下仰望山顶。山顶看起来仿佛遥不可及。现在，在你的脑海中，想象自己已经站在了山巅，然后从那里沿着一条路回到你所站的山脚处。当你进行这种实际想象时，山顶可能看起来就更容易到达一些。

在冲突中，就像在攀登山峰时一样，你可能觉得从这里去那里——去你想要去的地方——是不可能的。但通过运用你的想象力，你也许可以从那里去这里。然后，你就可以转身去找回去的路了。

面对激烈的冲突，我喜欢进行一种创造性的思维实验，我称之为胜利演讲。这是我最喜欢的可能主义者的练习。

让我举一个例子，这要从我与同事莉莎·赫斯特在我家餐桌旁的非正式头脑风暴讲起。那是 2017 年 2 月，唐纳德·特朗普刚刚就任美国总统。他的前任贝拉克·奥巴马曾警告他，他最危险的外交政策挑战将是朝鲜。

金正恩，时年 33 岁的朝鲜最高领导人，正忙着测试能携带核弹头的远程弹道导弹。特朗普总统在推特上宣布，他决心在金正恩具备袭击美国的能力之前制止他："这事不会发生！"[4] 专家对战争风险的预测各不相同，但最高预期概率可达 50%。

预期的后果是不可想象的：如果发生核战争，将会有无数平民伤亡。几十年来一直存在的核禁忌将被打破，全球的大气层都将被大片的辐射云侵蚀，我们的世界将走上极其黑暗的道路。

那时的我和莉莎对朝鲜冲突几乎一无所知，但我们对从新闻中了解到的内容深感担忧。距离我参与哈佛大学关于减少美国和苏联之间核战争风险的项目已经快 30 年了。一切似曾相识。

当时媒体上最常见的问题恐怕是：特朗普和金正恩谁会赢？哪位领导人会退缩？

但是坐在我的餐桌旁，我和莉莎却在问一个不常见的问题："特朗普和金正恩的退出通道在哪里？这场对决如何能够以协商而非以战争结束？两位领导人如何在自己和他们最关心的人面前成为英雄？"

我们继续进行思维实验："特朗普可以向美国人民发表什么样的胜利演讲，解释他是如何取得胜利的？金正恩又可以在同一时间向朝鲜人民发表什么样的胜利演讲，解释他是如何取得胜利的？"

我们不是专家，对特朗普的了解仅限于每天阅读的新闻，对金正恩除了读过的几篇文章更是几乎一无所知，但我们决定试试看。在网上简略地检索了特朗普关于朝鲜的推特和评论之后，我们在餐桌旁放置的白板上写下了我们设想的关于特朗普胜利演讲的三条简短标语。

- 世纪交易。
- 我守护了美国的安全。
- 我一分钱都没花。

然后我们转向了金正恩。金正恩年轻，担任国家领导人的时间不长。关于金正恩的动机，我们查不到公开的信息，但从朝鲜问题观察家的观察中可以得出结论，保障国家安全似乎是朝鲜领导层的首要任务。朝鲜战争的巨大创伤在西方几乎已经被遗忘，但在朝鲜至今依然历历在目。当时的伤亡是极其惨重的：在朝鲜半岛北部，几乎有 200 万人丧生，占人口总数的 1/5。几乎每座乡镇和城市都被夷为平地。

基于对金正恩潜在胜利演讲的推测，我们在白板上特朗普胜利演讲的标语旁又列了三条标语。

- 安全：我们的国家是安全的。
- 尊重：我们终于得到了我们应得的尊重。
- 繁荣：我们将成为下一只"亚洲虎"。

当我们退后一步看着白板时，我们经历了一种顿悟时刻：这两场想象中的胜利演讲似乎并不矛盾。不难想象，两位领导人会面并同意缓和危机、寻求协商并非全无可能。两位领导人都不必退让。事实上，双方都有可能成为英雄，而无数人的生命也将得以保全。

尽管这种可能性在当时看起来微乎其微，但这次练习对我和莉莎来说已经达到了最初的目的：我们的认知已发生转变——从笃信绝无可能，到看见万事可为的曙光。

我发现，这就是胜利演讲练习的魔力所在。它经常能够让看似不可能的事情看起来有可能实现。通过提供对目的地令人心动的一瞥，它鼓励我们踏上充满挑战的旅程。事实证明，那个在餐桌旁进行的小小的非正式的思维实验最终发展成了一个专项团队，它几个月甚至几年来一直致力于帮助避免美国和朝鲜之间的核战争。

当你和我借这本书开启通往可能之旅时，我想邀请你尝试练习关于你自己的问题的胜利演讲。这可以是任意一种情况，你要做的就是要求某人做一些也许他们不愿意做的事情。

想象一下，对方已经接受了你的提议。无论看起来多么不可思议，假设他们已经说了"是"。现在，他们必须站在他们最在意的人——他们的家人、同事、董事会成员、选民面前，解释为什么他们决定接受你的提议。把它看作一篇"接受"的演讲。就像我和莉莎为特朗普和金正恩在白板上写下的那些论点一样，他们的三个主要论点会是什么？

胜利演讲是可能主义者的标志性练习。它从一开始就在看似不明显的地方创造了新的可能性。

化解冲突的可能性循环

现在我们已经大胆地进行了对胜利的想象，问题就变成了：我们如何让胜利演讲成为现实？这才是艰难工作的开始。我们需要找到一种方法来看到、创造新的可能性并为之行动。这就是通往可能之路。

在你的脑海中构建出一个围绕冲突的可能性循环。通往可能之路以顺时针方向沿着圆圈前进（见图1）。这条道路从看台开始，然后是桥梁，最后以第三方结尾。这个过程是层层迭代的；我们一直沿着圆圈走，直到中心的冲突被转化。虽然这张图简化了现实，就像所有的地图一样，但它可以成为一个有价值的导航工具。

我喜欢把看台、桥梁和第三方想象成我们内在的人类"超能力"——那种每个人都可以学会激活和运用的天然能力。每种能力都能在通往可能之路上创造一场胜利。

每种"超能力"又由我们都拥有的三种力量组成。正如图1所示，通过使用暂停、拉近和推远的能力，我们能够走向看台。通过使用聆听、创造和吸引的能力，我们可以搭建金色之桥。通过使用主持、帮助和群聚的能力，我们能够引入第三方。

每一种力量都是人类的一种内在的能力，是我们已经知道如何发挥，但还需要进一步发展的能力。虽然每一种力量都开拓了新的可能性，但需要所有的力量共同努力才能释放我们转化困难冲突的全部人类潜力。

我们通往可能之路从走向看台开始。

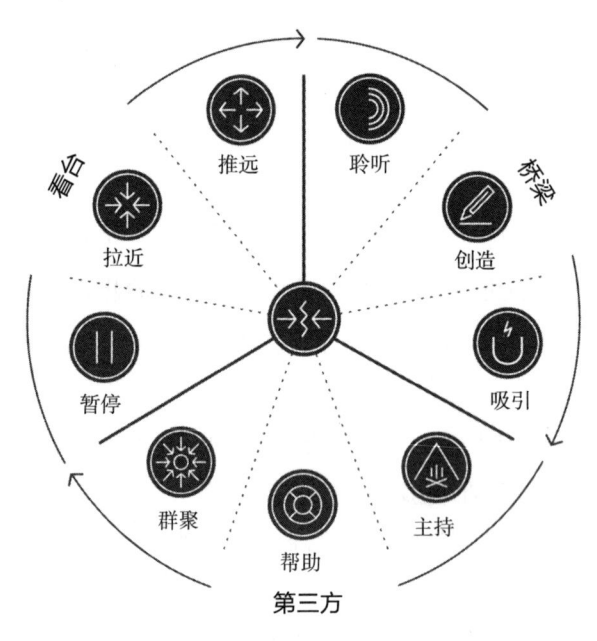

图 1　通往可能之路

第一场胜利

走向看台

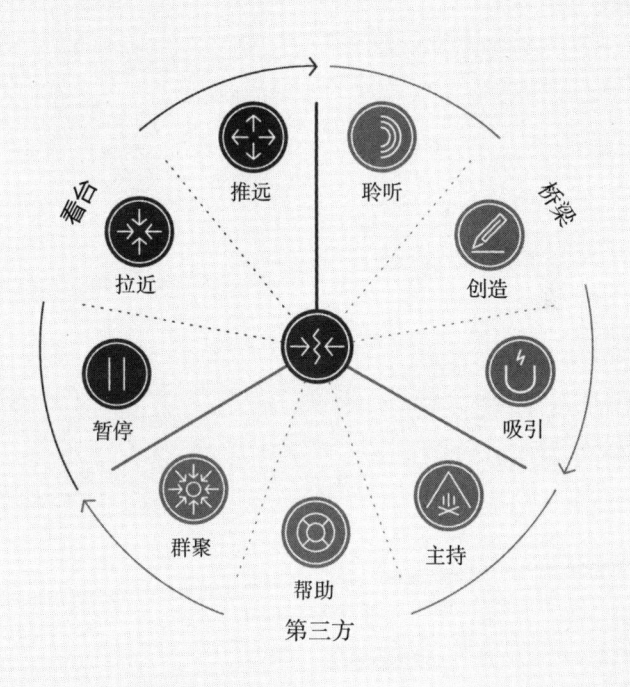

推远 · 聆听 · 创造 · 吸引 · 主持 · 帮助第三方 · 群聚 · 暂停 · 拉近

舞台 · 桥梁

在委内瑞拉首都加拉加斯的街头，100万人正在强烈抗议，要求陷入困境的总统乌戈·查韦斯立即辞职。他们认为查韦斯正在试图破坏他们的民主权利并且威胁到了他们的生计。街头上另有数百万人强烈支持查韦斯，将他视为备受爱戴的社会及经济正义领袖。人群之间爆发了斗争，并且还有着继续恶化的趋势。双方群众都已经武装起了自己。

"我非常担心这个国家会像我的国家一样爆发血腥的内战。"在加拉加斯的一家露天餐厅，哥伦比亚前总统塞萨尔·加维里亚于晚宴上对我说。我能感觉到他语气中的紧迫感和严肃性。在哥伦比亚，已有超过21.5万人丧生，而战争结束遥遥无期。[1] 加维里亚现在是美洲国家组织的秘书长。他暂时将办公室搬到了加拉加斯，以便全力关注如何阻止血腥事件的发生。

那天下午我刚刚抵达加拉加斯。[2] 那是2003年12月。8个月前，美国前总统吉米·卡特给我打电话，询问我是否可以支持查韦斯总统及其政治对手，帮助他们找到解决不断升级的矛盾冲突的办法。当日是我第4次来到加拉加斯，而我将于第二天晚上9点，与卡特中心的两位同事——擅长调解的阿根廷人弗朗西斯科·迭斯和经验丰富的联合国前外交官马修·霍德斯一起，与查韦斯总统会面。

次日晚间，在依次与政府部长和反对派领导人分别进行了激烈的会议讨论后，我和弗朗西斯科、马修来到了总统府，旋即就被带到了一间装饰华丽的等候室里，墙上悬挂着巨大的用金色画框装裱的历史油画。

9：30过去了，接着是10：00……10：30……11：00……11：30。

当我们被接引到总统办公室时，已经是午夜了。我们原本期待与查韦斯总统单独会面，就像上一次一样。那时，他在私人区域接待了我和弗朗西斯科，并在会客室里展开了一张长达 12 英尺的委内瑞拉地图。他指着地图，向我们讲述他希望和计划去解决委内瑞拉全国范围内存在的可怕的贫困问题。我们离开前，他向我们展示了一幅他正在为女儿创作的画作。那是一次非正式的轻松的对话，只有我们三个人在场。

但这一次，当我和我的同事时至午夜才被引导进入总统办公室时，我们发现委内瑞拉所有内阁成员，大约 15 个人，都坐在总统查韦斯身后的一个平台上。我没有预料到会有这么多人，并为此略感不安。

查韦斯快速示意我坐在他面前的椅子上。然后他转向我，用一种生硬、干脆的口气向我提问，就好像他时间紧迫，而我妨碍了他的会议一样。

"那么，尤里，告诉我，你对当前的形势有什么看法？"

我停顿了一下，看着他和他身后的部长们。

"嗯，总统先生，今天我与您的一些部长，"我朝他们点了点头，"以及反对派领袖们进行了一番交流。我相信我们正在取得进展。"[3]

"进展？你说的进展是什么意思？"他反问道，脸色因愤怒而涨红。

他逼近我的脸，对我大声喊道："你到底在说些什么？难道你看不见对面那些叛徒的肮脏手段吗？你是瞎了吗？你们这些调解者就是愚蠢！"

我僵住了，回想起我 10 岁在瑞士上学时的一段往事，那时我的法语老师在全班同学面前公开羞辱我，因为我在作文中犯了语法错误。我感觉自己在整个内阁面前受到了攻击并因此而越发窘迫。我脸红了起来，并且咬紧了牙关。

我从童年时期就十分熟悉的自我评判的声音突然蹦了出来："你

为什么要那样做，你为什么要使用'进展'这个词？多么愚蠢的错误！6个月的工作付之东流，而且他怎么敢骂我愚蠢！"

但转瞬间，我注意到我的愤怒程度正在上升，然后我想起了几个月前，当我向一名厄瓜多尔朋友描述我在争议冲突中的工作时，他教我的一种微妙的自我调节技巧。

"威廉，"他劝告道，"下次当你处于困境时，试试掐一下你的手掌。"

"我为什么要那样做，埃尔南？"

"因为那会让你感受到一种暂时的疼痛，而那种感觉会让你保持警觉。"

当查韦斯继续对我大喊大叫时，我掐了一下我的左手手掌。那种痛觉帮助我集中精力面对眼前的挑战。我深吸一口气，放松了一些，和我自己进行了一次简短的内心交流。

"你在这里的目标是什么？"

"在暴力爆发之前帮助平息局势。"

"那么，如果你和委内瑞拉总统对彼此大喊大叫，那真的会有帮助吗？"

一瞬间，我立刻得到了答案。

我咬紧牙关，再次用力掐了掐手掌，深吸一口气，又放松了一些。尴尬、愤怒和自我埋怨的情绪开始消退。

我将全部注意力集中在我面前的这位愤怒的总统身上。他满头大汗，他的脸因愤怒而涨红，嘴里喷出滚烫的气息，还夹杂着四溅的唾沫。他挥舞着双手，狂放地表达着自己的观点。我静静地观察着他，仿佛站在一个想象中的看台上，而他则是舞台上的一个角色。

我感觉，如果我做出回应，并为自己辩护，他只会变得更加愤怒。

查韦斯总统曾因连续发表长达8小时慷慨激昂的演讲而闻名。结果是我们可能会在这里僵持整整一夜，或者他可能会立刻把我扔出他的办公室。

所以我选择不做回应，而是静静地聆听。我一边时不时地点头，一边一直掐着我的手掌，耐心等待可能开口的机会。我开始对他的行为背后真正的动机感到好奇。他是真的生气吗？还是说这是一场戏剧性的表演，目的是给他的观众留下深刻的印象？抑或是两者兼而有之？

查韦斯总统继续发表了长达30分钟激昂的演说。然后我注意到他的语速开始放缓。见我没有任何反应，他的怒气似乎逐渐消散了。我观察着他的身体语言，看到他的肩膀微微下沉。然后，他发出了一声疲倦的叹息。

"那么，尤里，我该怎么办？"

朋友们，这是一个人开放思维、寻求建议的微弱声音。

我们知道，人的思维并不总能轻易地向新的可能性开放，尤其是像乌戈·查韦斯这样坚决而固执的人。直到那一刻之前，我所说的任何话都会产生和用头撞击墙壁一样的效果。但现在他正向我寻求建议。这就是我的机会。

在那天早些时候，弗朗西斯科和我开车沿着加拉加斯的街道前进。我们路过了分别支持双方的示威者。我们一直在讨论普通人在危机中的情绪压力。那是圣诞节前夕，但公众的情绪似乎十分沮丧。看起来每个人都需要休息，需要摆脱冲突的压力和未来的不确定性。

这个景象给了我一个想法。不仅是查韦斯，整个国家都被愤怒笼罩着。根据我在处理激烈的劳工罢工时的经验，有时第三方会提议一个冷静期，让激烈的情绪得以平息。委内瑞拉现在会有一个冷静期吗？

"总统先生,"我说,"现在是 12 月。您知道,去年圣诞节,政治抗议活动导致全国范围内的庆祝活动被取消。在您下次上电视露面时,为什么不提议一次圣诞休战,让大家和家人们一起享受节日? 1 月,我们可以恢复谈判,到时候——谁知道呢——或许每个人的心情都会更适合开始聆听彼此的想法。"

我有点儿惴惴不安地提出了这个想法。我不知道他会如何看待这个想法。他会认为这是荒谬的吗?他会在他的部长们面前进一步羞辱我吗?他会揪着这个想法再次发火 30 分钟吗?

查韦斯停顿了一下,嘴唇紧抿,看着我。我感觉这个停顿似乎相当漫长,仿佛持续了好一会儿。我紧紧地盯着他,为他的又一次勃然大怒做好准备。然后他开口了:"这是一个非常好的主意!我会在我的下一次演讲中提议这么做!"

他向我走了一步,由衷地拍了拍我的背。他似乎完全忘记了他之前花了半小时大发雷霆。

"你为什么不和我一起在圣诞节期间游览这个国家呢?你会了解委内瑞拉真正的人民!"

他停顿了一下。

"啊,是的,也许你不能这样做,因为你将不再被视为中立方。我明白。"

"但别担心,我可以帮你伪装。"他开了个玩笑,脸上挂着一个大大的笑容。

他的心情完全改变了。

我仍然感到有些震惊,但同时长舒了一口气。

那是一个危险的时刻。我几乎要在查韦斯的愤怒攻击中做出防御性的反应。这场对话原本很有可能走向极为糟糕的结果,关闭所有可能性。然而，我们的对话却完全朝着一个不同的方向发展，反而开拓了新的可能性。

通过带领我自己走向看台，我也成功帮助总统走向看台，而他反过来也成功帮助整个国家在假期走向看台，获得喘息的机会。

是什么促成了这种看似不可能的结果？

一场面对自我的胜利

距离那次跌宕起伏的午夜会议已经过去了20年，但即使在今天，我仍然从中受益匪浅。它教会了我，也许在困难的情况下，我们拥有的最大力量不是反击，而是走向看台。

看台平静，视野开阔，在那里我们可以将目光投向目标。

参与撰写《谈判力》以来，我一直将谈判视为一种影响他人思想的练习。与查韦斯相处的这段经历则提醒我：影响自己——影响自己的思想和情绪也至关重要。如果我连自己都不能影响，我怎么能期望影响别人呢？

与查韦斯总统的那次会面使我非常清晰地认识到，转化冲突是一个由内而外的过程。在通向可能性的道路上，自我调节即与我们自己相处的过程，应该在调节他人即处理与他人的关系之前。第一人称角色的工作为第二人称角色的工作铺平了道路。

面对当今这些具有挑战性的冲突，我认为我们需要将走向看台一步步地带到控制我们的自然反应之外。我们还需要利用看台来扩展我们的视角。当我重新审视我与总统查韦斯差点儿发生争论的相处经历时，我看到看台上的视角开拓了一种新的可能性，即圣诞休战，而这帮助我扭转了局势。走向看台为打破僵局开辟了道路。

那么我们应该如何释放内在的潜力呢？在面对困难冲突时，我们如何确保自己能发挥出最佳的状态？

正如我在与查韦斯总统的相处中所领悟到的那样，我们通过行使三种自然能力，让我们自己走向看台（见图2）。每一种力量都是一种与生俱来的人类天赋，是我们可能已经知道但还需要发展和加强的东西。

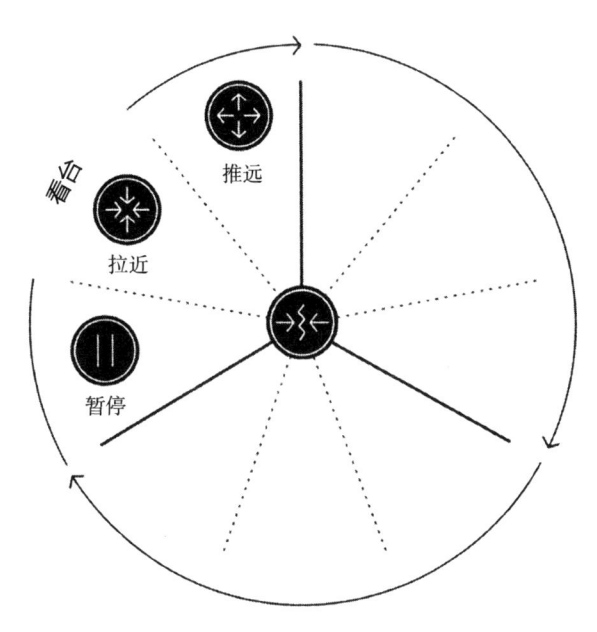

图2 第一场胜利：走向看台

第一种是暂停的力量，在行动之前停下来反思。与其做出反应，不如给自己一点儿时间冷静，这样你就可以更清醒地看待当前的局势。面对查韦斯爆发的愤怒情绪，我掐了掐我的手掌，并记住深呼吸，以便暂停下来，让我的思绪得以平复。

第二种是拉近的力量，将注意力集中在你真正想要的东西上。深入挖掘你的兴趣和需求。在与查韦斯的沟通最胶着的时刻，拉近给了我一个机会，让我记住我为什么在这里，我想要实现什么。

第三种是推远的力量，将注意力集中在大局上。在看台上，你可以看到舞台上正在展开的更全面的景象。面对查韦斯，我推远镜头，看到了疲惫的抗议者，并由此想象委内瑞拉的家庭和孩子们将如何从一个和平的圣诞假期中受益。

这三种能力有其逻辑顺序。暂停打断了我们的应激性思维，这样我们就可以拉近并记住我们想要什么。然后推远帮助我们看到，我们该如何得到我们想要的东西。一旦我们激活了一种能力，我们就会持续使用它。我们反复暂停、拉近和推远，以满足我们的需要。我们使用这些能力的次数越多，就会越习惯于使用它们。

最终，看台就不再是一个你偶尔去的地方，而是你的基地，从这儿你可以一直看到整体的局势，并始终将你的双眼锁定在最终的胜利果实上。走向看台成了你真正的"超能力"，让你可以解锁自己内在的全部潜力，以改变冲突。

走向看台就是我们通往可能之路上的第一场胜利——一场面对自我的胜利。

第三章

暂停：成功的谈判需要冷静

孰能浊以静之徐清?

——老子[1]

有一个暂停,曾拯救了世界。

瓦西里·亚历山德罗维奇·阿尔希波夫是苏联 B-59 潜艇的高级海军军官。1962 年 10 月,他在北大西洋服役。那是古巴导弹危机的高潮,世界核战争一触即发。一艘美国军舰跟踪这艘潜艇,投下深水炸弹,迫使其浮出水面以确定其确切位置。

美国人并不知道,这艘潜艇装备了一枚核鱼雷。由于通信在战时可能会被中断,莫斯科已经授权该潜艇上的三名最高军官独立决策是否在遭受攻击时发射核鱼雷。他们无须等待克里姆林宫的命令。

当深水炸弹爆炸时,潜艇打了个旋儿。

"那感觉就像坐在一个金属桶里,而有人不停地用大锤锤打这个桶。"通信官员瓦季姆·奥尔洛夫上尉回忆道。[2]

苏联潜艇官兵们不知道深水炸弹只是一个警告,他们认为自己即将死去。尽管没有人确切知道那一刻潜艇内部发生了什么,但奥尔洛夫回忆了潜艇上的三名高级指挥官之间争议的焦点。

"装载核鱼雷!"潜艇艇长瓦连京·格里戈里耶维奇·萨维茨基下令,"准备发射!"[3]

"也许水上已经开战了,而我们还在这里翻滚。"他大叫道,"我们现在就要炸他们!我们会死的,但我们会击沉他们所有人。我们不会成为舰队的耻辱!"

政委伊万·谢苗诺维奇·马斯连尼科夫咒骂道:"是的,让我们动手吧,该死的!"

现在只需要另一名军官——34 岁的瓦西里·亚历山德罗维奇·阿尔希波夫授权,鱼雷就会被发射。他是一位谦虚、言语温和的副艇长。

在萨维茨基勃然大怒时,阿尔希波夫沉默了一会儿,然后他出声了。

"我不同意！"他坚定地说道，"需要我们三个人都授权才能发射。"

"别当胆小鬼！"艇长大声喊道。

"你知道我们得到的命令——除非艇体受损，否则我们不得发射鱼雷。现在艇体还完好无损。"阿尔希波夫冷静地回答道。

"但战争已经开始了！"艇长咆哮道。

"我们还不知道！"阿尔希波夫反驳道。

最终，萨维茨基冷静下来。

当这一事件于2002年被揭露出来时，曾在古巴导弹危机期间担任美国国防部长的罗伯特·麦克纳马拉惊呼道："如果那枚鱼雷发射了，核战争就会在那里爆发。"[4]

"阿尔希波夫因为冷静沉着脱颖而出。他控制住了局面。"他的密友、同为潜艇艇员的留里克·亚历山德罗维奇·克托夫说道。[5]

在那个命运般的时刻，在那场激烈的争吵中，阿尔希波夫展现了每个人都可以使用的固有力量：有意地暂停，并从容地选择下一步。

在世界陷入不良的极化之际，我们往往会如此迅速地带着愤怒和恐惧做出应激反应，每个人都可以从阿尔希波夫那里学到一课。没有他，数亿人恐怕都会失去今天的美好生活。

停下来做选择

你的终点取决于你的起点。如果我们最终成功地转化了今天的困难冲突，那是因为我们像阿尔希波夫一样，始于一个变革性的暂停。

很简单，暂停意味着停下来做选择。它意味着在说话或行动之前首先反思。暂停将刺激和反应分开，为我们创造了一个可以做出有意识的选择的空间。暂停将我们的心态从被动应激转化为主动选择，使我们能够有目的地为我们的利益服务。

2002 年，瓦西里·阿尔希波夫和 B-59 潜艇的非凡故事被公开。当我第一次听到这个故事时，我想起了 7 年前我在新几内亚岛进行的一次关于人类侵略性，以及人类对其控制力的对话。

1995 年秋，我进行了一次实地考察，去了一个以战争而闻名的地方：新几内亚高地。新几内亚高地居民是地球上最后一个接触现代世界的主要人口群体。直到 20 世纪 20 年代，西方世界才知道他们的存在。当飞行员驾驶飞机在小岛上空飞行时，他们突然在岛上郁郁葱葱的山谷中发现了人类居住的痕迹。当政府官员最终到达那些山地社区时，他们发现了大量的战争痕迹。

我到达那里的时候，部落战争仍在继续。在我抵达高地的第一天，我就偶然来到了一个"战斗区域"。在美丽幽深的乡村中，我看到了被烧毁的学校建筑的残骸。果园随处可见，而其中的果树被连根拔起。我的当地导游和我正走在小路上，突然就遇到了一群年轻的战士，朝我们相反的方向跑去。他们挥舞着弓箭，身上涂满了鲜艳的颜料，头上插满了羽毛。一个年轻的战士停下来问我们："你们看到在哪儿打仗了吗？"

"没有。"我的导游回答道。

"你能告诉我们这场争端是关于什么的吗？"我问道。导游为我进行了翻译。

"我们在争土地边界。"战士回答道，"他们杀了我们的一个族人，所以我们杀了他们的一个族人。然后他们又杀了我们两个族人。"

"到目前为止死了多少人了？"

"目前为止有8个。"

几天后,我碰巧遇到了一名人道主义援助工作者,并和他做了些交流。

"见到你真巧!"他惊叹道,"我给当地的战士开设了一些冲突解决课程,而且我一直在使用你的一本书——《突破型谈判——如何搞定难缠的人》。"

"真的吗?"我说。

"你知道他们学到的最有用的经验是什么吗?就是'走向看台'的概念。他们从没想到,当他们的一个族人被杀时,他们不必自动开始发泄愤怒,去杀死另一方的族人。他们惊讶于自己还有选择的权利。他们可以暂停一下,让他们的愤怒冷却下来,同时决定他们真正想要做什么。这是积极的革命!"

战士们发现了他们的主动性——他们选择停下来的权利和停下来做选择的权利。虽然我们中很少有人是部落战士,但我怀疑每个人有时都会发现自己陷入同样的应激心态中。我们往往忘记了自己有主动性和权利。但就像战士们那样,我们可以通过一个最简单的认知让自己摆脱枷锁:在每一场冲突中,在每一刻,我们都有选择。通过行使我们的选择权,我们可以重新夺回对冲突、关系和生活的控制。

当然,这并不容易。

在我曾经调解的几乎所有争端——无论是商业争议、家庭纠纷还是内战——模式都大同小异:一次反应,紧随其后的是另一方的反应,接着又是一次反应。

"你为什么攻击他?"

"因为他攻击了我。"

如此往复。

我们人类是反应机器。当我们像新几内亚岛的部落战士或北大西洋的苏联潜艇艇长一样，感觉自己受到威胁时，我们大脑中杏仁核（大脑下部的一个小腺体）的左半部分会被激活。[6]实际上，我们的大脑被劫持了，被我们的应激反应占据。我们的心率加快，血压升高，皮质醇水平升高，交感神经系统立即启动投入运行。我们的身体瞬间准备好战斗、逃跑或僵直，这取决于我们的自然倾向和过去的经验。

正如我很久以前在人类学课上学到的那样，上述每一种反应都有一个进化的目的，保护我们免受捕食者和其他危险的伤害。但是在今天我们可能置身的冲突环境中，这些自然反应也可能导致我们采取与自己的最佳利益相悖的反应方式。

自从我40多年前与他人合著了《谈判力》，我学到的最重要的一课或许就是：我得到想要的东西的最大障碍，往往不是桌子另一边难缠的人，而是桌子这一边的人，也就是我自己。当我不经思考做出反应时，我成了自己最大的敌人。我是那个一直在阻碍自己前进的人。

当我们进行攻击——辱骂和责备他人，或者愤怒地离开房间发誓再也不回来——时，我们成了自己最大的敌人。当我们选择逃避，冷漠、沉默地坐在那里，无视一个只会变得更糟的问题时，我们是在跟自己作对。当我们讨好他人时，我们是在伤害自己，只会引来更多无理的要求。在这些情况下，我们可能发现自己并没有站在看台上，而是沉沦在情绪的战壕中，手里拿着我们渴望扔出去的手榴弹。

"在愤怒时说的话，将成为你最后悔的话。"这是我十分喜欢重复的一句引言，来自19世纪美国内战老兵和作家安布罗斯·比尔斯。[7]

30年的婚姻让我知道，当我愤怒和受伤时，我很容易说出让我立刻就后悔的责备之词。在这个世界上进行谈判和自我控制并不容易，但回到家后，我发现自己又落入了我时时警醒他人的陷阱。这些时刻就像一面镜子，提醒我，要绊倒和阻碍自己是多么容易。无论刺激来自何方，我都是那个应该对我的反应负责的人。婚姻是我的伟大导师，促使我不断学习，训练我开展更大规模的冲突解决工作。

在我最喜欢的一个希腊神话中，英雄赫拉克勒斯走在路上，突然一头奇怪的野兽抬起了头。[8]赫拉克勒斯立即反击，用他的巨大棍棒攻击了野兽。野兽变得越来越大，于是赫拉克勒斯再次击打了它。但赫拉克勒斯用他的棍棒每多击打对方一次，这头野兽都会变得更大一些。

突然，赫拉克勒斯的朋友智慧女神雅典娜出现在他身边，大声喊道："停下来，赫拉克勒斯，你不知道那野兽的名字吗？那野兽是纷争。你越是击打它，它就会长得越大！停止击打，它就会变小。"

这个神话的重要寓意合乎时宜：我们对冲突的反击越多，冲突就会越大。冲突变得具有破坏性，正是因为每一方都会以逐步升级的方式来回反击，最终通常都会导致参与的每个人一败涂地。

当我第一次听说赫拉克勒斯的神话时，我十分渴望雅典娜也能在我耳边低语："停下来……并做出选择。"然后我记起了我在人类学上的研究，我意识到实际上每个人都有一个自己的雅典娜。用科学术语来说，雅典娜是我们的前额叶皮质——抑制冲动、易怒行为的大脑区域。个人的主动性和自由意志是我们作为人类的天赋。我相信，这是赫拉克勒斯神话的基本信息。

即使在最严重的冲突中，我们每个人也可以行使停下来和做选择的权利。与其被动应激，不如主动选择。与其成为自己最大的敌人，不如成为自己最大的盟友。

暂停并保持好奇

这听起来似乎是一个悖论,但参与的最佳方式是退出——暂时退出。从暂停开始。这是反直觉的,尤其是在我们这个即时沟通的世界中,人们期望快速反应。但是我们面临的大多数冲突情况都需要完全相反的方式。当你被诱惑通过攻击、回避或讨好来做出反应时,暂停一下。因为另一方可能试图像钓鱼一样钩住我们,而我们并非必须上钩。

1997年5月,我在海牙担任了一场激烈谈判的调解员,调解俄罗斯联邦时任总统鲍里斯·叶利钦的国家安全顾问鲍里斯·别列佐夫斯基和车臣共和国领导人瓦哈·阿尔萨诺夫之间的争端。[9]

数年前,高加索的车臣共和国爆发了一场血腥内战,当时它还是俄罗斯联邦的一个自治共和国,车臣的分离分子正在与俄罗斯军队交战。这场战争已经夺走了8万名平民的生命,其中超过3万人是儿童。[10] 双方同意停火,但情况并不乐观。

会面一开始就不顺利。当车臣代表团的专属飞机从他们的首都格罗兹尼起飞之后,俄罗斯战斗机要求他们紧急迫降。激愤之下,车臣政府要求俄罗斯公民立刻离开车臣。当俄罗斯当权者终于允许车臣代表团搭乘飞机出行后,代表团在阿姆斯特丹机场被拦截了下来,因为他们拒绝使用俄罗斯护照,而要求以车臣护照入境。当这些障碍被扫清,代表团终于抵达历史悠久、优雅美丽的海牙德斯因德斯酒店时,实际上他们内心早已积愤难平。他们坚持认为,俄罗斯联邦代表团一定住了比他们更大的房间。最终他们非得看一眼对方的房间,然后才愿意入住。

我们在和平宫举行会面,那里是国际法院的所在地。与此同时,南斯拉夫战争罪行法庭审判也在那里进行。车臣代表迟到了,他们的保镖随行而来。他们拒绝与俄罗斯联邦代表握手。气氛非常紧张。

在第一场会议中,车臣领导人阿尔萨诺夫发起了长达一个小时的猛烈抨击,谴责俄罗斯压迫车臣人民。他给所有人上了一堂历史课,从两个世纪前俄国首次入侵并征服车臣讲起。他带着几乎压抑不住的怒火讲述这个国家到目前为止每一次对车臣人民施加的暴行。他在发言结束时,还戏剧性地指着桌子对面的俄罗斯联邦代表,大声喊道:"你们就应该留在和平宫,因为你们自己很快就会因战争罪行受到审判!"

当俄罗斯人还在消化他的全力攻击时,阿尔萨诺夫环顾桌子四周,突然指着我说:"你们美国人,你们的克林顿总统是鲍里斯·叶利钦的朋友,支持他在车臣犯下的这些罪行。你们都是同谋。你们不仅支持俄罗斯对车臣的殖民压迫,还在压迫波多黎各人民!你对此有什么可说?"

房间里所有的目光都转向了我。我感到非常意外,突然就成了众矢之的。

那个房间又热又闷。[11]当车臣领导人带着控诉指着我时,我感到脸颊发热,血压升高。那是漫长的一天,我也已经感到疲惫了。会谈的风险很高,且似乎毫无进展,成功的希望渺茫。思绪在我的大脑中盘旋:"我对波多黎各了解多少?"

有一瞬间我的大脑一片空白。我正要开始回答,准备含糊其词地说些关于波多黎各的事情,突然我意识到车臣领导人是在试图诱导我上钩。

幸好,交替传译给了我额外的时间来暂停并做几次深呼吸。我注意到胸部的紧绷感和肚子的沉重感。当我吸入空气并觉察这些感觉时,它们开始减轻。那一天虽置身于充满掷地有声的愤怒言辞的迷雾中,但我试着记住我的目标——我在这里试图做成什么?

然后,多亏了这短暂的停顿,我想到了一个可能的转化性回应。

积极谈判　　056

我直视车臣领导人，并回答道："谢谢您，阿尔萨诺夫先生。您关于车臣人民悲痛历史的叙述，让我深感同情。有谁听了不会动容呢？而且，我将您对美国直率的批评视为我们是友盟的一个标志，因此我们可以坦诚相对。所以，请允许我说，我们来这里不是为了讨论波多黎各的问题的，尽管那也很重要。我们在这里是为了找出如何结束车臣人民长时间以来可怕苦难的办法的。现在让我们专注于这个问题吧。"

随着我的话被翻译，车臣领导人开始点头。当我环顾房间以观察人们的面孔时，我能感觉到紧张情绪开始被缓解。

出乎意料的是，会议就此重新回到了正轨。在一两天内，各方能够就一项联合声明达成共识，政治局势暂时被稳住了。

当我离开时，我收到了车臣领导人私下见面的邀请。我不知道他想干什么。他隆重地迎接我，送给我一把古老的车臣剑，这把剑工艺精湛，银鞘上的装饰精美——他在代表车臣人民表示感谢。

我认为这一小但显著的转变归功于我当时暂停了一下，而且没有上钩——尽管那个诱饵可能很诱人。

25年后，通过集体创伤的视角，我可以更好地理解这个故事。我调解过的许多棘手冲突——从家庭纠纷到内战——都根植于过去的深层创伤，那些痛苦和苦难的事件压垮了我们的神经系统。创伤可能会使我们情感上冻结，并且反应过度。[12]

我无法确定，但我可以想象车臣领导人的激烈反应至少部分源自潜在的创伤。他对我的攻击在那一刻似乎是针对我个人，但实际上与我无关；他是在向外表达他的愤怒和痛苦。只有当我暂停时，我才能理解这一点，并使对话重新回到正轨。只有当我恢复平衡时，我才能帮助我周围的人。

在有对立双方的高压情况下，我学会了暂停并保持好奇——首先思考我自己的反应，然后思考他们的反应。带着好奇心应对敌意。

呼吸并观察

暂停最快的方法非常简单：记得呼吸。在紧张的冲突情况下，我注意到自己经常无意识地忘记呼吸或者呼吸急促、浅且弱。做几次深长的呼吸——吸气和呼气——有助于让神经系统平静。呼吸可以降低我们体内皮质醇（应激激素）的水平，并降低心率和血压。简而言之，呼吸可以改变我们的心态。[13]

"当一个人对他们环境中的某些事物做出反应时，"我的朋友、脑科学家吉尔·博尔特·泰勒博士告诉我，"会发生一个为期90秒的化学过程。任何进一步的情绪反应都是因为这个人选择留在那种情绪循环中。"[14]

她称之为"90秒规律"。在短短90秒内，恐惧和愤怒的生化物质完全消散，我们就可以找到情绪平衡，以便有意识地选择最符合我们利益的反应。如果我们不给身体足够的90秒来处理情绪，情绪就可能会被卡住，随后在可能会让我们后悔的反应中释放。

我发现，在紧张的时刻，即使可能感觉有点儿尴尬，保持片刻的沉默也非常有效。这一点得到了我的谈判同事贾里德·库尔汉在麻省理工学院做的一个关于沉默的有趣实验的证实。[15]他和他的同事观察了许多谈判，并测量了所有谈话中间的沉默时刻数量。他们发现沉默的数量与谈判达成双方满意结果的成功有显著的相关性。研究人员称沉默为谈判中的终极有效推动力。[16]

在那片刻的沉默中，我注意到了正在发生的事情。我观察我的感觉、情感和想法。我识别出了恐惧、焦虑、愤怒和自我评判那些熟悉的老面孔。如果我花点儿时间认出它们，甚至一一冠之以名，我就能开始减少它们对我的控制力。

在一次具有挑战性的会议之前，我试图花几分钟保持沉默，以使自己集中注意力。哪怕只是闭上眼睛一分钟，也能帮助我调整自己的思绪、感受和感觉。当我让我的思绪平静时，我可以更好地专注于对话。我忙碌的思绪就像一个装满从水龙头里接的水的玻璃杯。开始时，它是气泡多而不透明的。但如果我等一分钟让水静止，气泡就会慢慢消散，水会变得清澈透明。一会儿或更长时间的沉默帮助我让思绪平静，这样我就可以更清楚地看到内在发生的事情。

作为一个非常崇尚实用和科学的人，本杰明·富兰克林曾经建议："观察所有人，尤其观察你自己。"[17]

观察自己需要付出努力。我认为我要做的就是培养我内在的科学家。我成为一个研究者，研究自己的感觉、情绪和想法。我问自己，我嘴里的那种酸味是什么？我肚子里的那种不安感是什么？我胸口的那种颤抖感是什么？提出这些问题激活了前额叶皮质——大脑中赋予我们选择的区域。

通过看清我的感受和想法，我可以在它们和我之间创造一点儿距离。我不再是感受本身，而是体验感受的人。带着好奇心和同理心，我学会了与那些最初我试图压制的不舒服的感觉交朋友。当我付出友好的关注时，这些感受和想法开始消退——我变得更加专注和活在当下。

在冲突的情境中学会观察自己并不容易，但通过练习，我们可以做得更好。这些动荡的时代每天都在为我们提供练习的机会。

停在最佳区域

在像我们今天面临的极端政治斗争等激烈冲突中，我们很容易感到疲惫不堪。由于他人的挑衅，我们变得愤怒。因为感知到风险高，甚至因为生存，我们感到焦虑。我们的神经系统处于高度活跃的状态。

但是长时间保持这种高水平的愤怒和焦虑是很困难的。我们会变得不堪重负。我们可能会陷入相反的极端——情绪上的抑郁、退缩和绝望的状态。我们举起双手，完全抽离。我们很容易在两个极端之间来回摆动，直到厌倦疲乏、筋疲力尽。

在处理高风险的生存冲突几十年后，我对这种情绪循环知之甚深。那么，我们有没有其他的选择？

我们的神经系统在以愤怒、疯狂、恐惧和焦虑为特征的超兴奋状态和以绝望、退缩、抑郁和麻木为特征的低兴奋状态之间，存在一种最佳情绪状态，精神病学家丹尼尔·西格尔将其描述为容忍之窗。[18]

在这个最佳区域中，我们感到更平静、更脚踏实地、更放松和更受控制。我们有同样的情绪波动，但它们并不像以前那样夸张。我们开始调节我们的情绪，而不是被它们控制。我们可以更有效地工作，并且更有能力管理冲突的压力。

帮助我停留在最佳区域的方式是自我滋养。这样一来，我可以定期参与帮助我暂停并放松我的神经系统的活动。对于第三方来说，处理冲突工作可能会耗尽精力，对于冲突中的各方来说更是如此。自我滋养有助于锤炼复原力，使我们能够保持在最佳状态，并在状态不佳时更快地恢复。

有许多方法可以自我滋养以处理冲突带来的情感压力和紧张感：从进行体育锻炼到听音乐，再到练习正念、冥想和祈祷；与亲密的朋友或家人一起度过时间，或与教练、顾问一起。我尝试过所有这些方法，发现它们在不同的时间都很有用。通过反复尝试，你会发现哪种方法最适合你。

我最喜欢的自我滋养的方式是每天在家附近的湖边和附近的山麓散步。我在散步时思路最清晰。它有助于清理我的头脑，为创造力和洞察力留出空间。散步平衡了我的情绪，培养了情感复原力。当我"摔下"看台时，散步帮助我重新回到看台上。

一有机会，我就喜欢在大自然中散步。我发现，大自然的壮美是冲突压力的最好解药。美，以及它所激发的敬畏，是对我的抚慰。当我的应激性思维出现时，通过自我滋养，我可以更清楚地看到冲突情况，注意到新的可能性。

我最喜欢的散步地点是山区，我从小在瑞士长大，一直喜欢山区。我现在所住的科罗拉多州的山峰提醒我，它们已经在此屹立多年并将永远存在，静静注视我们人类所有的戏剧冲突。而山巅跃动变化的云朵将永不停息。这些山帮助我在面对冲突时拥有更广阔的视角。它们就是我的巨型看台。

在任何困难的谈判之前，我都会尝试去散散步，以寻找问题的突破口。10年前，我有一次前往巴黎，寻求结束两个已疏远的商业伙伴之间分歧很大的激烈争端。我代表其中一方，而他在那之前就是我的朋友。长期的纠纷不仅对主要各方造成了巨大的财务和情感负担，还对他们的家人和企业员工产生了影响。我感受到了冲突的沉重。我在前一天晚上飞过大洋，由于时差，我的头脑还有点儿迷糊，所以我决定把我的清晨花在巴黎街道的漫步上。

那是9月的一个美丽的日子。阳光明媚，浅蓝的天上点缀着朵朵蓬松的白云。当我走在这座宏伟城市的街道上时，我的思绪逐渐转向即将到来的谈判。我感到轻松，精力充沛，头脑清晰。

在我快结束散步时，我路过了广场上一个短期的中国室外雕塑展。

银色和金色的巨大佛像被悬挂在空中。在耀眼的阳光下，这些佛像在飞舞、跳跃和欢笑，显然是在享受生命的美好。

我一度不确定如何开启谈话，设置议程，但突然间，在这些意外遇见的艺术作品中，我找到了答案。我不禁想问，为什么我们在如此珍贵和短暂的生命中会陷入对立的泥潭？

一个小时后，我和一位杰出的法国银行家一起吃午餐。他70岁出头，风度翩翩，也是在这场商业纠纷中苦恼的另一方的导师。当我介绍自己时，我看到他脸上露出了疑惑的表情。他从一开始就一直关注着冲突的情况，并深深怀疑是否有任何解决办法。

在一些初步的客套话之后，他转向我问道："所以，告诉我，你为什么在这里？"

我只想了一会儿。当我想起那些令人愉悦的佛像时，答案迅速浮现在我的脑海中。我用法语回答道："因为生命太短暂，不能让每个人都受苦，包括你的朋友和我的朋友、他们的家人、他们的员工。"

这位银行家有点儿惊讶。这不完全是他预期会听到的答案。

这个简单的短语"生命太短暂了"为谈判设定了完全不同的基调。它将一场高度对抗性的冲突重新设定成冲突双方的两个朋友协作谈判，以帮助解决一场令人遗憾而价格不菲的纠纷。

从一次一无所有的清晨漫步，以及在其中受到的美与奇迹的启发开始，我得到了这个简单的短语。而正是从这个短语开始，四天后在一家法律事务所的桌子旁，两位曾经纠葛不断的商业伙伴坐下来，签署了一份协议，并祝愿彼此一切顺利。

对我来说，这段经历让我学到了，在紧张的冲突情况下，进行转化性的暂停是意义非凡的。

环境的力量

考虑到在冲突的热潮中记得暂停颇为困难，多年来我学会了建立一座看台作为补充。我竭尽所能，努力有意识地创造地点和时间以实现暂停。提前计划对此有所帮助。

建立看台可能仅仅意味着，在有争议的会议中设计一次计划好的休息，或者一系列休息。或者它可能意味着，我们需要事先决定，第一次会议只是为了创造相互理解的基础，任何艰难的决定将只在第二次会议之后进行，而且应该在好好睡一觉之后。或者它可能意味着将散步安排进紧张的工作日程中，让人们走进自然，伸展身体，肩并肩地散散步。有计划的暂停可以成为困难会议中的安全网。

建立看台还可以采取招募一个信任的人的形式。我们可以在感觉到自己快要变得反应过度时向这个人寻求帮助。我认识的专业人质谈判者从不独自谈判，因为他们知道当人们的生命岌岌可危时，他们很容易情绪过激。出于同样的原因，我更喜欢在处理任何敏感或长期的冲突时与同伴合作。他们成为我的看台，而我也成为他们的看台。

或许最具象化的是，建立看台也意味着选择并设计一个物理环境，让各方在此都能暂停一下。2005 年 10 月，我参加了一场高度两极分化的美国民主领袖会议，我开始意识到正确环境的力量。

出于对美国日益加剧的政治两极分化的忧虑，我和一些同事邀请了主要国家组织的领袖，他们相等地来自社会的右派和左派、保守派和进步派。这些领袖中的每一个人都将另一方视为政治上的敌人。他们向选民募捐时的信息往往都包含谴责对方组织的信息。

"我真不知道这会怎么样，我们没有共同之处。这次会议不会在我们面前崩盘吗？"在会议之前，一位潜在的参与者对我说。

这些领袖除了在电视辩论节目上与对方辩论、攻击对方，从未亲自会面。他们甚至需要真正的勇气才能来参加这次活动，因为对许多人来说，与政治对手交往自然会招致自己这一方的批评。尽管他们在政治观点上存在很大的分歧，但他们在一件事情上保持一致：对国家前景的深切关注。

他们都是非常忙碌的人，习惯了整天忙于倡导、组织和游说。我们设计了一场为期三天的会议——为了给参与者足够的时间和心理空间，让他们有机会了解彼此作为人的一面，而不只是作为彼此政治上的目标。

我们想尽可能地远离他们在华盛顿特区的紧张工作气氛。于是我们选择了一家老旧的女童子军旅馆。它已经被改建成了临近丹佛市的落基山脉上的一家乡村旅馆。旅馆坐落在一个波光粼粼的山湖的岸边，那里风景宜人。

环境自有力量。

我们经常将"放松"与和亲朋好友一起度过的时光相联系，但我发现如果我们要建设性地处理我们的差异，放松几乎是一个必不可少的先决条件。我们可能并没意识到它，但当我们面对一个有争议的情况时，我们的神经系统会处于警戒状态，保持对威胁的警惕。一个舒适的环境可以帮助我们放松并让我们感到安全。

我听过的最明智的建议之一是"你如果有什么难事要做，那就从放松开始"。这似乎是一个悖论，但很有道理。当我们过度紧张时，我们会处于不佳状态。放松是我们发挥最高潜力的方式，也是我们面对困难冲突时所需要的。

当民主领袖们到达旅馆时，初秋的雪开始飘落。他们刚结束漫长的旅程，又累又饿，一想到将要与他们的政治对手共度时光，就有些焦虑。但他们随即受到了充满温暖和关切的欢迎，被安置在舒适的小屋里，并享用了美味的新鲜餐点。在宜人的环境中，他们得到了滋养和庇护，松了一口气。

第二天早上，我们在谷仓里展开讨论，围坐成一个大圆圈。我的同事说："我们希望你们每个人讲一个关于你们年轻时，是什么激发你们从政的故事。当你们想起那个故事时，看看你们能否说出这个故事为你唤起的核心政治价值，比如自由、正义或尊严。"

我们将参与者分成四个小组，让他们相互分享自己的故事。然后我们再次聚集，总结各自故事的精髓。尽管每个故事都不同，但核心的价值观在很大程度上有重叠。这个练习让我们所有人都大开眼界。尽管参与者的政治分歧很大，但他们的基本共同点是十分明显的。

"现在我们想听听你对这个国家未来的希冀和恐惧。你想让你的子孙在一个怎样的国家中成长？"

当领袖们谈论他们自己和他们最关心的事情时，他们开始放松下来。他们记得彼此都是所热爱的国家的公民，不再将彼此视为一维的漫画人物，而是将彼此视作人而相联。小小的善意举动，比如说关心某人的高原反应或给某人拿杯咖啡，开始增加。

在那三天里，我们发现自己在看台上。在字面意义上，我们在山上8 000英尺处的看台上。在美丽的环境中进行的漫长暂停使每个人都感到平静。当我们讨论尖锐的政治问题时，人们的反应似乎不那么激烈了。聆听的质量得到了提高。

第三天，一位参与者对整个团体说："坦白说，一开始当我到这儿，看到在这里的实际上是什么人，以及他们来自哪些组织时，我想立刻转身回到机场，赶下一班航班回家。但现在我的感受完全不一样了。"

另一位参与者插话道:"很幸运,暴风雪将我们困在了这里,所以我们必须与彼此待在一起。"

每个人都笑了起来。

最终,这一群人在探索共同点方面取得了实质性的进展。他们跨越政治界限建立了看似不可能的关系。小而显著的转变开始发生。最直接的具体成果来自两位参与者,她们都是女性,一位非常激进,另一位则非常保守。她们花了很多时间交谈和了解对方,最终决定在她们能达成一致的问题上,联合各自的组织一起工作。

她们不需要等待太久。三周后,美国参议院就私有化互联网问题举行了听证会。参议员们惊讶地看到这两个通常是政治敌人的组织,竟然联合反对被提出的措施。参议员们很快就退让了,认为如果这个问题成功地团结了这两个组织,那它在政治上肯定是一个失败的议题。

那场在山中的会议生动地向我展示了设计一个有利环境的力量和好处,在这样的环境中,冲突双方可以一起暂停。提前建立一个坚固而稳健的"看台"可以帮助我们控制人们的自然反应,开拓我们之前未曾想象的新可能性。

转化冲突始于暂停

即使是海洋中最大的浪潮,也是从非常小、几乎察觉不到的波澜开始的。转化冲突的过程也是如此。它悄无声息地、平静地从暂停开始。

如果我必须选择一个人,他充分发挥人类潜力来转化看似不可能的冲突,那个人一定是纳尔逊·曼德拉。曼德拉是可能主义者的典型代表。

曼德拉曾因担任抵抗运动领袖而被南非种族隔离政府逮捕，他在监狱中度过了 27 年，大部分时间被关在罗本岛的一个小牢房里。1975 年 2 月 1 日，他从监狱中写信给同样被囚禁在克龙斯塔德监狱的年轻妻子温妮：

> 牢房是认识自己的理想场所，允许你实事求是地定期审视自己的思想和感受……至少，即使没有其他的原因，牢房每天也都给你机会全面审视你的行为，克服不良习惯并发展你内在的优点。每天睡前进行大约 15 分钟的冥想，在这一方面非常有成效。永远不要忘记，圣人是一个不断尝试的罪人。[19]

年轻时，曼德拉以他火暴的脾气闻名。他曾是一个拳击手，出拳迅猛。正如他在自传《漫漫自由路》中回忆的那样，在那间小牢房里，他深入了解了自己以及生活中最重要的事情。[20] 他本可以愤怒和痛苦，但在这个极具挑战性的存在巨大的不公正的情境中，他勇敢地选择将牢狱中的时间作为在看台上的暂停时间。他通过定期的冥想练习学会了暂停他的应激思维。他运用了我们每个人即使在最糟糕的情况下也拥有的基本能力：暂停并选择我们的反馈。

通过学习影响自己的思想和心灵，他后来成为改变周围数百万人心灵的非凡影响者。正是在孤独的监狱牢房中，他帮助奠定了转化南非冲突的基础——通过暂停这一核心实践。

暂停是通往可能之路必要的第一步。这是我们做出基本选择的方式和时刻，我们要决定是以破坏性的方式还是以建设性的方式处理争端。

暂停是我们能够逃离破坏性冲突这座监狱的关键。

第四章

拉近：挖掘各方核心利益诉求

"向内察看,方能觉醒。"

——卡尔·荣格[1]

"这是一个5个月大的女婴,本周晚些时候即将接受脊髓栓系手术。"医生用冰冷的临床口吻向他身边的医学生宣布,"我见过许多类似的手术案例,其中有不少手术最终以病人截瘫告终。"

做出这个宣告的医生所指的是我那尚在襁褓中的宝贝女儿加比。当时我们正在儿童医院等待就诊,而加比正被她的母亲抱在怀中。那位医生这么说的时候仿佛完全没有考虑到他的话对我的妻子丽赞妮和我的影响。他说这话时仿佛我们不在场。

我瞬间如遭雷击,身体僵硬,仿佛我的血液都因为恐惧、难以置信和愤怒而凝固了。我几乎就要因为愤怒而爆发了,但就在我说出任何语句之前,那位医生被他的学生簇拥着离开了。

一两个月后,我们重新回到了儿童医院的诊室。谢天谢地,在芝加哥的那场高度精巧又充满风险的手术最终非常成功。加比需要一位儿科医生为她做后续的器官手术。

"或许加比最需要在童年阶段能够陪伴她的医生。这里最适合她的医生就是这位儿科外科医生——汤姆·坦纳。"我的朋友埃德·戈德森医生表示。

"坦纳医生?"我重复了一下,隐约对这个名字有点儿印象。

最后我们发现,坦纳医生正是那位在与他的学生一起巡视时,对我的女儿做出了缺乏共情、感情迟钝评价的医生。

"绝对不行!"当听到埃德的建议时,丽赞妮对我表示。

"我同意。绝不可能。绝对不能选一个这么缺乏共情能力的人。他照顾不了加比!"我附和道。

尽管事情看起来就此结束了,但我在内心深处有一个疑问。

我回到了我最喜欢的附近的山谷散步,以反思到底什么才是最重要的。我们究竟想要什么?我没有花太长时间就得出了结论。我的直觉能够感知到它。它很清晰：我希望我们的女儿能够得到尽可能完备的照料。她的生命和健康至关重要。

我回到家中，决定再做一些调查。我打电话给这个外科诊室的护士，问她：坦纳医生是一个什么样的人？

"我觉得他是一个非常关心他人的医生，"她对我说，"他对他的病人全力以赴。"

我决定找丽赞妮重新聊一次这个问题——考虑到她的感受，我有些小心谨慎。我给她讲了我在散步时的思考，并告诉了她我和那位护士的对话："那位护士所说的话出乎我的意料，但她听起来非常真诚。显然，从长期来看，我们希望加比能得到最好的照顾。我觉得我们应该跟坦纳医生见一面，就你和我，去看看他到底是什么样的人。你怎么想？"

丽赞妮同意了。

我们前去坦纳医生的办公室拜访了他。我们没有提及我们的第一次相遇。我甚至不确定他是否记得这件事。我们非常详尽地和他交流了加比的情况和预后表现。他花了一个多小时，事无巨细地回答了我们的问题。他看起来非常有实力，同时又很善良。丽赞妮和我离开的时候，我们对他的印象与初次相遇时已经截然不同。

我们决定让他试一试。最终，坦纳医生为加比治疗了长达10年。他紧盯加比的病情，为她操刀4次复杂且高风险的手术，其中一次甚至长达9个小时。在每次手术前后，他都会和我们见面，回答我们所有的问题。在我们女儿漫长又备受折磨的医疗生涯中，他成了我们家一个非常亲近、熟悉且备受信赖的盟友。

命运弄人，两年后，他和他的妻子也遭遇了令人心碎的不幸，他们6岁的女儿被确诊患有危及生命的癌症，并在一年后去世了。坦纳医生的内心打开了，此后他变得更加富有同情心、更加关心他人。我们和坦纳医生的关系虽然开始得十分草率，却最终发展得远超我们的想象。

当然，如果我和我的妻子听从了我们一开始的冲动，这一切都不可能发生。在我女儿的传奇医疗旅程中，丽赞妮和我与许多不堪重负的医生和护士一起经历了许多难题；我们意识到在矛盾冲突的场景下，我们多么容易被直觉反应误导，从而忘记什么才是真正重要的。在这个案例中，我们最深处的利益驱动让我们为女儿找到了最好的、最专业的照顾。

关注真正重要的事情

"我真正想要的是什么？"

这听起来像是一个非常简单的问题。但在我的经历中，这个问题的答案通常是不清晰的，尤其是当我们被困在冲突中时。我们可能会认为我们知道自己想要什么，但是我们真的清楚吗？

由于不了解我们自己究竟想要什么，我们很容易做出一些和我们最深层次的诉求相矛盾的行为。这就是为什么我们经常遇到众人皆输的结果。

我们的第一个自然能力"暂停"，为我们创造了施展我们的第二个自然能力"拉近"的时间和空间。提出拉近一词，我想说的是把你的注意力聚焦到你真正想要的事情上。

在谈判的语言中，拉近意味着聚焦于潜藏在我们的立场之下的利益。立场是我们所说的想要的东西。利益是我们深层次的驱动力——我们的欲望、愿望、顾虑、恐惧以及需求。如果说立场是我们所说的想要的东西，那么利益就是我们想要这些东西的原因。

关于这两者之间的区别，我最喜欢的一个教学故事是我和我的合著者 40 年前在《谈判力》这本书中提到的一个案例。[2] 两个学生在图书馆里争执。一名学生希望打开窗户。另一名学生希望关上窗户。第一名学生去把窗户打开了，第二名学生则过去用力地把窗户关上了。争吵就此爆发，图书管理员走过来想查明发生了什么。

"为什么你想把窗户打开？"她问第一名学生。

"我想要一点儿新鲜空气。"

"为什么你想把窗户关上？"她问第二名学生。

"因为风把我的论文吹得到处跑。"

图书管理员于是去隔壁的房间打开了一扇窗户，为第一名学生提供了新鲜的空气，同时不会让第二名学生吹到一丝风。

所以，在这个简单的故事里，发生了什么？双方的立场都是清晰的。一名学生想打开窗户，另一名学生想关上窗户。但是，当管理员问了一个神奇的问题"为什么？"时，冲突发生了转变。她试图得到每个学生真正想要的东西。在这个案例中，一个半开半关的窗户可能会让双方都不满意，对一方来说新鲜空气不足，对另一方来说风又太大了。而在另一个房间开一扇窗户则是一个综合性的解决方案，同时满足了双方的利益诉求。

这个故事源于我在一篇开宗明义的论文《建设性冲突》中读到的一小段话。这篇论文由波士顿优秀教师、作者玛丽·帕克·佛利特著于 1925 年，即近一个世纪之前。佛利特被杰出的商业思想家彼得·德鲁克称为"管理学的先知"，她的思想远超她所在的时代。[3]

我喜欢用这个图书馆故事来说明我们的立场和我们的利益之间的关键差异。即便有时我们的立场可能截然相反，就像在这个故事中打开和关上的窗户一样，我们的利益诉求也可能并不冲突。它们或许只是不尽相同，像在这个例子里的新鲜空气和没有风一样。正如这个故事所说明的，立场会关闭可能性，然而利益诉求却能打开新的可能性。

过去几十年以来，我已经把关注立场背后的利益诉求的重要性传授给了各行各业成千上万的人，从法学生到外交家，从商业管理层到联合国维和部队，从一年级学生到退休老人。我总是会被人们听到这个差异时产生的那声"啊哈！"瞬间触动，即便是那些早已知道这一点的人。

但随着我在完成《谈判力》后的这些年处理各类争议争端，我意识到在对我们的利益诉求进行挖掘时，我们或许要比平时更加深入。

在你的脑海中想象一座冰山，立场是它在海平面之上可见的部分，利益诉求则在水面之下。我们看不到的东西远比我们能看到的更大。现在，想象我们能够识别出的利益是水面之下冰山的中间部分。如果我们想要在看起来仿佛不可能的冲突之下打开新的可能性，我们需要在冰川之下挖得更深，找到我们的核心需求和价值所在的地方。在这个深度，我们可以找到转化困难冲突的秘密。

要想触达这些更深层次的动力，我们必须拉近，并将我们的注意力集中在我们的立场所在之处。

聚焦根本利益诉求

2000年1月，我曾在日内瓦与人道主义对话中心一同参与促成印度尼西亚政府与一个被称为GAM（"自由亚齐运动"）的分离主义组织之间的和平协议。[4] 在过去的25年，GAM在亚齐（苏门答腊岛的一个区域）开战，以争取该地区的独立。

我的同事马丁·格里菲思是这个中心的主管，成功说服双方来到谈判桌前。GAM 的领导者们首先抵达谈判会场。我们原本的计划是由我和我的同事先单独同他们相处一天，以帮助他们为与印度尼西亚外交部长的会面做准备。

我们于前一晚在日内瓦一家环境宜人的餐厅就餐。GAM 代表团由这个运动的创始人哈桑·迪罗带领。他承袭了亚齐地区的贵族血脉，他的先祖是亚齐地区的苏丹，曾在多个世纪统治着一个强大的王国。迪罗是一个骄傲的人，对于亚齐地区悠久又独特的历史深有认知。可惜他得过脑卒中，虽然仍全神贯注、知觉敏锐，但他大多数时候不得不保持安静。GAM 领导人马利克·马哈茂德，成了他的代表。

接下来的一天，我们在一栋作为中心总部的庄园大屋中会面。这栋房子坐落在湛蓝得令人惊艳的日内瓦湖岸边一个美丽的公园中，在这里可以眺望另一边巍峨高耸、冰雪覆顶的勃朗峰。

GAM 的领导者们坐在桌子的一侧，穿着正式的西服。

我面向他们站着，旁边放着翻页挂图。

"让我先问你们一个问题。我理解你们的立场。你们希望从印度尼西亚独立。那么现在请告诉我你们的利益诉求。换言之，为什么你们希望独立？"

我站在那儿，手中拿着彩色记号笔，准备好记录他们的回答。

他们一脸茫然地看着我。我们经历了一瞬间诡异的沉默。他们似乎在努力思考这个问题。他们关于独立的立场是那么不言自明，在他们之间又有着高度共识，因此他们似乎认为没必要继续深挖。

在那个瞬间，一个令人警醒的想法浮现在我脑海中。他们已经打了一场长达 25 年的战争。成千上万的人死去了——男人、女人，还有孩子。在这个房间中的领导者们知道他们的立场，但是他们是否真

积极谈判　　076

的知道他们的利益诉求？他们是否彻底地思考过，明确地表达过，并且对他们的愿望和最深层的顾虑做过清晰的优先级划分？

他们到底是为什么在争取独立？

反思至此，我意识到这些领导者或许和我在冲突中遇到的其他很多人和组织不太一样。他们被他们的立场困住了，忽视了他们的利益诉求，并因此失去了真正开拓新的可能性的机会。

在这诡异的沉默之后，我补充了其他的问题，以帮助他们拉近，聚焦到他们真正想要的东西上："你们能否向我解释一下，独立能为你们带来什么？你们希望独立是出于政治原因，是希望给你们带来自治权，是希望获得你们自有的议会和自选的领导者，是这样吗？"

"是的，我们当然希望获得这些东西，"马哈茂德回答道，"但是我们想要更多。"

"我们希望能够自主控制亚齐地区海岸附近海域的天然能源资源。"其中一个亚齐领导者补充道。

"我们也希望我们的孩子可以去用他们自己的语言授课的学校。"另一个人表示。

"我们希望以我们自己想要的方式信仰我们的宗教。"

我意识到随着参与者们更加深入挖掘他们的深层动力，他们变得活跃了起来。他们开始拉近，聚焦于他们的立场背后的深层次利益诉求。我请他们依据对他们而言的重要性，将这些利益诉求进行排序。他们就此整理出了一份为次日的和谈准备的战略议程。

"给我说说，"我继续说，"在不放弃你们独立的愿望的前提下，你们是否有其他办法，可以在明天与印度尼西亚政府的和谈中推进你们的利益诉求？"

"你是在说，我们有可能保留我们独立的目标，同时推进关于我们的政治、经济及文化利益诉求的谈判？"马哈茂德问道。

"正是如此。谈判并不代表你们不得不放弃你们所有关于未来实现独立的梦想。它意味着现在改善你们人民的生活。"

对这些领导者来说，这是一个全新的认知，改变了他们对谈判以及谈判可以为他们实现什么的理解。

日内瓦随后的和平谈判最终带来了一个以实现人道主义为目标的暂时停火协议。而它带来的更大的成果是，在 GAM 组织内部，就他们深层次的利益诉求，以及实现这些利益诉求的最佳解决方案，开启了一场深层次的战略复盘。

5 年后，该地区发生了一次灾难性的海啸，随后在芬兰前总统马尔蒂·阿赫蒂萨里的调解下，GAM 与印度尼西亚政府达成了一项协议。[5] 他们获得了极大程度的自治权，满足了他们列出的政治、经济以及文化上的多个利益诉求。亚齐地区举行了自己的选举，而令人瞩目的是，特区省长及副省长的当选者都是 GAM 的领导者。[6]

这次经历向我彰显了拉近的真正力量。问出那个神奇的"为什么？"的问题，能够引导人们深入挖掘他们的动机。正如 GAM 领导者所意识到的，即便你无法守住你的立场，你仍可能找到办法实现你的深层次的利益诉求。但只有在你做了足够多的艰难功课，挖掘这些利益诉求的情况下，这才可能实现。拉近并聚焦于你的深层动机，能够为着眼于所有人的利益诉求，达成令双方都满意的协议打开新的可能性。

持续问为什么

一般来说，仅仅问我们自己一次"为什么？"是不够的。要想抵达冰川的最深层，我们需要持续问自己"为什么？"——连续两次、三次、四次，甚至五次。

"我有一个问题想问你。"几年前，在我的一次谈判研讨会上，一名软件公司的销售主管问我。他的声音听起来充满崩溃与绝望。

"我们最大的客户持续要求更改我们的软件。他们希望让我们把软件改得符合他们的需求，但这既费钱也费时。他们不想为此买单，导致我们的营收大幅缩减。这个局面已经难以为继。我需要说不，但是我无法说不。毕竟，他们是我们最重要的客户。"

我意识到他正在抗拒一个如果想要生意成功，就需要以一种建设性的方式发生的冲突。我尝试帮助他，于是我问了他一系列的"为什么"："为什么你想要说'不'？你在试图保护什么？"

"维持我们的营收。"他回答道。

"好的，但为什么你希望维持你们的营收？"我问道。

"因为我们需要赢利。"他以一种盖棺论定的语气说道。

"你们当然需要赢利。但是告诉我，为什么你们需要赢利。"我说。

"这样我们公司才能生存！"他强调。

"我明白了。现在，姑且听我说，告诉我你到底为什么希望你们公司可以生存。"我坚持道。

"这样我们才可以拥有工作！"他用恼怒的语气回答道，并向房间里他的同事示意。

"但为什么你想要一份工作？"我问道。

他停下来，看着我，带着疑惑。

"好吧，这样我才能把食物放到我家的餐桌上！"

他的声音里带着强烈的情绪。从他的语气里，我感觉我们已经触底了。家就是他最基础、最底层的需求。

这对他来说是一个不舒适的过程。随着每一次回答，他以为他的想法已经构成了结论。但随着他继续，他的声音越来越坚定。这份不适没有白费。

我对他说："所以，回到你问我的那个问题，下次当你发现你自己正面临对非常重要的客户说'不'的情况时，想象说'不'可以让你把食物放到你家的餐桌上。你不仅是在保证公司的营收，还是在保护你的家庭。这会让你获得你需要的力量，在你需要的时候说'不'。"

反复问你自己"为什么"，可以给你带来战略性的清晰，而有了这种清晰，你会获得决心和力量。这就像是树木的根系一样：根扎得越深，树就会生长得越强壮，即便在暴风雨中也能屹立。把食物放到家里的餐桌上对这名销售主管来说，是一个比维持营收或者赢利有着更深层次的意义和力量的利益诉求。

找到基础的人类需求

"看起来直到我生命的最后一天，我都要跟这个人做斗争了。可能这就是我的命运，而我只能接受它。"我的朋友阿比利奥·迪尼兹对我哀叹道。我可以从他的声音中听出巨大的绝望和愤怒。[7]

阿比利奥是巴西最负盛名的商业领袖之一，当时他和一位法国生意伙伴深陷一场激烈的长达两年的纠纷。这场冲突完全霸占了他的生活。它正在用愤怒荼毒他的生活，让他远离他的家人，并搅乱他们公司上千员工的生活。

在我参与这个事件时，他们的董事会议规模已经大幅扩大，好几家律师事务所、公关公司卷入其中，出现了无数的法律诉讼、媒体的人格诽谤，还有各种对企业间谍活动的怀疑。就连法国和巴西的总统都各自给双方管理层致电讨论过这起事件的影响。《金融时报》称这起纠纷为"或许迄今为止史上最大的一场跨洲董事会对决"。

这场纷争起源于这对商业合作伙伴对巴西领先的超市零售商"甜面包超市"的控制权之争。[8]这个超市起源于阿比利奥父亲开的一家本地社区面包店。阿比利奥在孩童时就在这家面包店的柜台后工作了。他帮他的父亲将这家面包店发展成了巨型连锁超市品牌。甜面包超市标榜着他的身份，也流淌着他的血脉。

许多年之后，由于需要更多的资金来进一步实现业务扩张，他引入了一名行业领先的法国商人让-夏尔·纳乌里，后者成为他的合作伙伴。阿比利奥将这名比他年轻许多的商人招至麾下，并欣然教导他。

"我们曾经十分亲近。"阿比利奥向我回忆道，"他会带着礼物来到我家。我也会到巴黎他的家中去拜访他。"

阿比利奥喜欢达成商业交易，这是他成功的秘诀之一。但是，2011年，当他试图和另一个大型零售商进行业务合并时，让-夏尔反对并提起了诉讼。合伙双方都觉得对方背叛了自己，于是一场激烈的诉讼战就此展开。

双方的情绪都十分高昂，立场变得根深蒂固，而破坏性的争斗随之爆发。进攻引发了反攻。这场争端和我们今天面临的其他很多争端如出一辙。

"所有通向谈判的门都关上了。"阿比利奥的女儿阿纳·玛丽亚首先写信给我，寻求帮助。尽管这封邮件语气礼貌且措辞谨慎，但它仍旧带着许多焦虑与心碎的印记，这在艰难的争端中再常见不过了。很显然，她和她的家人已经竭尽所能。他们希望原来的那个父亲、丈夫能够回来。

虽然我不确定能否帮上忙，但我还是答应先聆听他们的问题。在我随后的巴西之旅中，阿比利奥邀请我到他家，和他的整个家庭共进午餐。那是一个美好的上午。当他的妻子盖扎热情地迎接我时,我看见阳光透过窗户倾泻下来。我可以感受到他的家庭对他的爱与关切,但他无法在他们温暖的怀抱中放松下来。

阿比利奥最小的孩子,一个可爱的3岁小朋友,在房间里跑来跑去。但是这位父亲的精力被自己面临的争端完全占据,以至于完全无暇欣赏幼子的活力与愉悦。我看着这个孩子,和他精力充沛的6岁的姐姐,再看阿比利奥本人。他当时已经76岁了。他的时间很宝贵。我记得我当时内心对自己说:"如果他们的父亲正在被一场争斗束缚,并被它抽干了生命能量,那他的孩子会过着什么样的生活?"

我也感受到了他内心极大的愤怒。他本就因火山一样的暴脾气而闻名。我感受到他需要面对的第一个敌人就是他自己。如果我要为他提供帮助,我首先需要帮助他走向看台。

他和我一起在玻璃环绕的客厅坐了下来,透过玻璃可以望向窗外的花园和游泳池。我刚刚结束了一段漫长的教学时光,声音仍旧有些沙哑。我希望确定他能够听清楚我说的话,这样我才能够与他建立联结。每次在说话之前,我都向我的嘴里喷洒一点儿蜂蜜润喉。我的嗓子由于过度使用而显得疲惫,他的声音也同样沙哑,这是由当时的境况导致的情绪重担引起的。

于是,我以我的必备问题开启了对话:"阿比利奥,你究竟想从这场谈判中得到什么?"

就像所有优秀的智慧的商人一样,他知道问题的答案。他马上报出了成串的需求。

"我希望我所有的股票都变成可转化的,这样我就可以把它们卖掉。我希望取消三年的竞业条款。我想要公司的总部。我想要公司的强大队伍。"

"我理解这些都是对你而言非常重要的东西。但是你究竟想要什么？"我继续道。

他暂停了一下，然后看着我。

"你是什么意思？"

"这么说吧，你是一个看起来拥有一切的人。你可以做你想做的任何事情。你拥有这些可爱的年幼的孩子。所以在你生命中的这个时刻，你究竟想要什么？"

他花了一点儿时间来消化这个问题。

最终，他深吸了一口气。

"自由。"他叹了口气，"自由。我想要我的自由。"

这就是他想要的。当我听到他说话的语气，和他说出"自由"这个词时深切的情绪共鸣时，我知道他已经触达他的基础需求。它打动了他，也打动了我。毕竟，谁不想要自由呢？

在我们见面那天之前，我在阿比利奥的回忆录中读过他的故事——关于那个男孩和那个男人。自由对我们所有人来说都是重要的，但它尤其能唤起阿比利奥的共鸣。1989年12月的一天，当他离开家的时候，他被一组当地的游击队员绑架。他被枪指着推上了一辆车，随后被关押在一个棺材一样的箱子里，仅仅有几个小孔可供呼吸。他时不时被吵闹的音乐烦扰。他很肯定自己要死在那里了，直到一周后他在一场突然的警察搜捕中被救了出来。

如今，多年以后，他发现他又被绑架成了人质，这次是被一场极度消耗他的冲突绑架。是的，他需要理解他自己，但是，如果我想要帮上忙的话，我也需要理解他。

在那一刻，我不确定我是不是能够帮他找到他期望的物质需求的合适人选。但是当他说出他想要自由的时候，我开始想，或许我终究能够帮上他了。

我意识到这不仅是一场普通的商业冲突,还是一场过于人性化的冲突,充斥着心理上的复杂性和可能性。这是现在我们每天在家庭、工作,以及更大的世界中都要面对的那种冲突。

"对你来说自由意味着什么,阿比利奥?"我问道。

"和我的家人在一起的时间。"他说着,指向他的孩子们,"家庭是我一生中最重要的东西。还有能够达成我想要做的交易的自由。"

他本可以说"摆脱我的敌人的自由"或者"从这场噩梦中解放出来的自由"。那都会是负面的自由。取而代之,他关注积极的自由——做什么的自由。他并没有关注他想从什么当中逃离,而是关注他可以如何向前迈进。

在冲突中,我们经常过度关注我们的立场,而忽视了我们最基础的人性诉求。但在我的工作中,我发现真正干扰我们的冲突,无论冲突是大还是小,通常无关乎表面的利益,而是被深层次的动力驱动。在最开始关于我女儿加比的那个案例中,我的妻子和我最关注的基础需求是加比的安全和健康。对于亚齐地区的 GAM 领导者而言,最基础的需求包括他们的政治自治权和文化身份认同。我的朋友阿比利奥的基础需求是自由与尊严。其他基础需求还包括安全、经济可持续性、归属感和尊重。需求的层次比需要和欲望更深。

有一个秘密:在更深的层次上,相较于表层的立场,甚至相较于中层的利益诉求,你会发现更少的冲突和更多的可能性。在阿比利奥所处的争端中,双方的立场已经对立到极致了。在利益诉求的层次上,冲突变少了,但是局面依旧紧张:对阿比利奥来说,一笔更好的金融交易往往意味着一笔对让-夏尔更不利的交易。但是在需求的层次上,对一方来说更多的自由并不意味着对另一方来说更少的自由。对一方来说更多的尊严，也不意味着对另一方来说更少的尊严。相反，我们达成的协议对双方来说都提供了尊严和追求他们远大梦想的自由。

这就是我从这场争端中学到的：我们对动机挖掘得越深入，我们就能找到更多转化冲突的可能性。所以不要在立场或利益诉求的层次上停下。持续拉近，直到你可以找到冲突各方的基础人类需求。

关注情绪与感觉

在我们寻找基础需求时，情绪和感觉或许能为我们提供最明确的信号。当阿比利奥说出自由这个词的时候，他给我一种感觉——我挖到金矿了。在那一刻，它发出了敲钟一般清脆的响声，让你知道你敲到了正确的位置。

人说话的语气可以表达很多的情绪，一般比他们所说的话表达的更多，准确地说，这是因为语气传递情绪。阿比利奥在说自由这个词的时候，他发声的方式听起来很悲伤，又带着渴望，仿佛自由对他来说是一个难以触及的梦想。如果说关于他究竟想要什么的问题，他给出的第一个回答来自他的头脑，是清晰的、有逻辑性的，那么他的第二个回答听起来则仿佛来自他的内心与直觉。

在谈判中，我们常常认为情绪是阻碍我们推进的因素。但是情绪以及与它们相伴的身体感觉通常带着能够传递我们更深层次动机的重要信息。恐惧、愤怒和绝望可以是表达我们没有被满足的基础需求的信号。如果我们停下并觉察我们的情绪和感觉，我们会发现它们在向我们表达："特别注意。有些重要的东西或许紧密相关。"

在冲突情况中，我发现拉近并觉察我所体会的情绪和感觉是很有帮助的。当我感到生气时，这样做能告诉我或许一条重要的边界已经被跨越。

"这条边界是什么？"我问我自己。

当我的胃里翻江倒海，或者我的胸腔一阵刺痛时，我就开始感到好奇。我开始理解，这些感觉和感受可能是为我指明基础人类需求的指示牌。

"我有哪些需求是没有被满足的？"

暂停一下，允许我朝我自己拉近，觉察我的情绪和感觉。因为我停了下来，所以我不需要对出现的这些情绪做出反应，而只需要去观察它们。暂停给我提供了情绪上必要的距离以消化关于我的需求的宝贵信息，我不需要做出反应。

"这不是挺有趣的吗？"我对自己说。

当我抵达我自己最深层次的需求时，我可以感受到一种情绪上的释放，以及一种胸腔被打开的开阔感。我感觉我的肩膀放松了下来。我感觉到一个发自肠道的肯定——现在有些科学家也将肠道称为我们的第二个大脑。这些情绪和感觉都告诉我，我在正确的道路上。

过去这些年，我开始学会欣赏我的情绪和感觉，意识到它们可以是我的好朋友与盟友，为了解我们自己以及我们身边的人提供关键的线索。

在通往可能之路上，情绪和感觉是指向深藏于内心的基础人类需求的指示牌，这些需求包括安全、自由和尊严，它们是我们在纷乱时代转化冲突和关系所必须满足的。

以更有创意的方式化解最难应对的冲突

这个启示性的关于自由的洞见让阿比利奥和我踏上了将他与生意

伙伴让-夏尔之间苦涩的冲突重新转化成友谊的历程。它曾经看起来毫无可能,但我们最终让它实现了。

拉近以聚焦阿比利奥真正想要什么是后来发生的一切的关键突破点。从那一刻开始,自由成了掌控我和他的对话,以及我和另一方的谈判的关键基石。自由成了我们前进的探照灯。无论阿比利奥什么时候重新陷入愤怒与失望的情绪,又想选择顽固和极端的立场,我就会提醒他,他认为什么是最重要的。这个认知帮助他一点点地放下。

他想要自由,于是他也得到了自由。

在阿比利奥和让-夏尔签署协议的那一天,他对我说:"我已经得到了我想要的一切。但对我来说最重要的是,我终于拿回了我的生活。"

当然,那些得到最大解放的是阿比利奥的家人。

"我今天早上从纽约飞到巴西,"他的女儿阿纳·玛丽亚在协议签署后的那天给我发邮件说,"我直接飞去见我的父亲。我一刻也无法再等,想看看他怎么样了。我看到他很平静,对未来以及他和让-夏尔之间的新生活充满热情。我非常开心能看到这样的他。"

但关于这个变化,最令人眼眶湿润的表达或许来自盖扎和阿比利奥3岁的小儿子米格尔。

"爸爸不再总是在打电话了。"他告诉他的母亲。

看到阿比利奥和他的家人庆祝他们脱离这个长时间困扰其生活的冲突,我十分感动。他们一起跨过大洋,前往意大利卡夏,拜谒"不可能的圣徒"圣丽塔。[9]圣丽塔在成功地终结一场夺取了她丈夫以及其他许多人生命的残暴的家族仇杀后,成了修女。她的故事和阿比利奥的故事都提醒我们,即便是在看起来最难应对的冲突中,我们也有能力找到更有创意的前进方式。

当我在写这本书的时候，我已经和阿比利奥以及他的家庭成员成了好朋友，并在他 85 岁生日时拜访了他。在他的家人和朋友面前，他动情地讲述了他的人生故事，以及他与让-夏尔化敌为友的故事。他宣布过去的 9 年是他人生中最开心的日子。他终于能够真正地享受他来之不易的自由。他聊起了和他的家人相处的时光，他每天早上送他的孩子们去学校，下午又去接他们放学。他也聊起了随后的几年里，他所达成的那些收益颇丰的新交易。

　　这一切都让我感叹不已。

　　如果阿比利奥没有从这场冲突的刺激中收获经验和成长，他能否如此享受他的自由？这是不是冲突的隐藏馈赠——冲突是否给了我们一个满足这些需求的机会，让我们能够触及我们最深层次的需求？如果没有冲突的话，我们或许永远不会这么做。

　　所以，当你在思考你自己的冲突时，我要问你的问题是：你究竟想要什么？对你来说，与自由和尊严同样重要的东西是什么？什么对你来说是最重要的？不停问你自己那个充满魔力的"为什么"，直到你触及你自己的基础需求。听从你的情绪和感觉，把它们当作你的线索。关注你的基础人类需求。保持好奇。你或许会发现你从未想象过的新可能性。这就是拉近最伟大的力量——一种对所有人来说随时都有效的力量。

　　把你的目光放在战利品上。

第五章

推远：从全局洞悉更多可能性

除了在你的脑海中,世界的花园没有边界。

——贾拉尔·阿德丁鲁米[1]

那是我作为调解员的第一次巨大失败。

一切始于一次梦想中的邀请。"我有一个特别好的待处理问题给你。"时任哈佛法学院访问教授的斯蒂芬·戈德堡在教职工俱乐部的晚宴上对我说,"我刚刚跟全国矿工工会的一名高管以及煤矿雇主协会的一位经理打完电话。他们现在在肯塔基州东部的一座煤矿有一场非常棘手的冲突。"

"是关于什么的?"我问道。我的好奇心已经被激发了。

"据我所知,矿工们一直在进行'野猫式罢工'。管理层的反应则是开除了 1/3 的工人。"斯蒂芬回答道,"场面变得相当难看。双方官员都认为这场罢工会蔓延到其他煤矿。他们担心这甚至可能会激起一场全国性的煤矿工人罢工,导致全国经济停摆。"

"他们希望你做什么?"

"他们希望我去调解,"斯蒂芬说,"但问题是:我是一个仲裁者。我聆听事实,我做出决策。我没有任何调解并帮助各方达成协议的经验。你是否愿意加入我们,帮我搞清楚应该做些什么?"

当时我还只是一个研究生,正在寻找一切有可能走出图书馆,走进田野实践调解的机会。我一直对我的朋友们说:"我需要弄脏我的手。"当时我丝毫没有想到,我会真的有一个机会走进煤矿,在字面意义上"弄脏我的手"[①]。

"算上我。"我对斯蒂芬说。

斯蒂芬和我在接下来的那一周一起飞去了肯塔基州。在当地机场,他雇了一架直升机,带我们直接飞往煤矿。我很激动,不仅是因为这

---

① 英文中,"get my hands dirty"在字面上是"弄脏我的手"的意思,引申为"实践"。——编者注

是我第一次坐直升机，也是因为我终于有机会参与现实生活中的大型调解事件。

当我们飞过重峦叠嶂的阿巴拉契亚山脉时，我俯瞰下方，目之所及是山陵上大片的裂痕和巨大的矿渣堆，这正是采矿的证据。

当我们抵达矿区时，我们直接前往办公室，在这里我们见到了矿区经理和他的领班。

"我们通过协议来运营这个矿区——稳固而公平。制造麻烦的是工会主席。"矿区经理迈克·约翰逊说，他是一个三十多岁、阳光又真诚的工程师，"如果我们可以除掉他以及其他几个害群之马，问题就会得到解决。我保证！"[2]

接下来，我们见到了工会主席比尔·布朗特和他的工会同人。

"老板把我们当狗一样对待。他们监视我们并试图恐吓我们。我告诉你：炒掉煤矿的领班和其他几个人，情况立刻就会好转，我保证！"比尔如是说。他是一个四十多岁、雄心勃勃又聪明的矿工，目前刚刚担任管理岗位。

其他的工会成员大力点头以示同意。

"要不我们先一起坐下来聊一聊？"斯蒂芬问道。斯蒂芬带着一种前海军陆战队员的风度，浑身散发着威信。

"我们不可能跟他们坐在一起聊的。跟他们聊没有用。他们只懂权力。"这位工会领袖表示。

我们了解到的问题是：当一个矿工感觉到他被不公平对待的时候，他就会拿着他的水壶，把它倒扣过来，把水倒光。这是一个告诉其他工人他要回家的信号。为保护那个不满的工人，使其不被开除，其他矿工也会一起倒空他们的水壶后回家，因为他们知道管理层没有办法开除他们所有人。

这种行为被称为"野猫式罢工",因为它是违背合同的。由于这样的事情屡屡发生,管理层将当地的工会告上了法庭,并要求颁布对罢工的禁令。当矿工们无视禁令并继续罢工时,法官自作聪明,下令把整个矿工队关进监狱蹲一晚。

不出所料,这个操作激怒了很多矿工和他们的家人。他们带着枪去上班。矿区的电话接线员也接到了匿名的炸弹威胁电话。在矿区,一个充满甲烷的炸弹可以把整个矿区点燃。即便仅仅是威胁,那也意味着整个矿区需要进行一次仔细的搜索才能重新经营,以保证安然无虞。

斯蒂芬和我独立完成我们的工作。在接下来的6周,我们在8位工会领袖和矿场管理层之间穿梭。我们和每一方都进行了无数次的会面,逐渐更了解他们了。我们仔细地聆听,试着理解到底是什么引起了这次"野猫式罢工",以及如何才能终止这一切。作为一个初出茅庐的调解员,也作为一个新手人类学家,我对这一切感到着迷。

基于我们听到的所有建议,斯蒂芬和我起草了一系列对合同的调整提案。我们聚焦于如何改进处理员工不满的流程。我们意识到,如果矿工们可以看到一个能发泄怨气的好方式,他们不会选择离开。

在此基础上,双方最终同意坐下参与一场为期两天的会议,以捋顺所有细节。工会和矿区管理层各有8个代表。斯蒂芬负责主持这场会议。出乎所有人意料的是,他们达成了一致。领袖们非常激动。每个谈判代表走到会议桌前,郑重地在文件上签下了他们的名字,就仿佛他们在签署交战国之间的和平协议。

"哇,"斯蒂芬对我说,"我们做到了!"我对我调解生涯中的第一场巨大胜利感到非常激动,但更主要的是因为所有堆在我们面前的问题都得到了解决。

我们从美国工会和雇主协会那里都接到了祝贺的电话，其中包括两名最早打电话给斯蒂芬请求帮助的官员。每个人都对这个结果感到安心，并对我们在这场调解中取得的看似不可能的胜利印象深刻。

我们只剩下最后一个小小的流程需要完成：矿工们需要认可这份协议。每个人都认为这只是一个流程问题，因为工会领袖们已经对此给予支持。

实际上，投票结果几乎一边倒——只是高度一致地否决了他们的领袖历经艰辛谈判达成的那份协议。

我的首次调解变成了一场完完全全的失败。我感觉精疲力竭。我所有的最初的激动都转变为失望所带来的眩晕感。

到底是怎么回事？

我们随后得知，矿工们否决这份协议只是因为他们相信，管理层签署的任何东西都必然是个骗局。他们不相信这份协议。即便这份书面协议着眼于许多他们所不满的事情，他们仍然对给出一个防守性的"不"感到更安全，也更满意。[3]

斯蒂芬和我，以及双方的谈判者，没有预见这个问题，因为我们假设的是矛盾存在于两个统一的集体即工会和矿区管理层之间。我们假设的是工会领袖能够代表他们的选民——所有在编在册的矿工。我们假设的是无论领袖就什么达成一致，他们的协商结果都将会被支持。我们彻头彻尾地错了。

这就仿佛我们被蒙上了眼罩，它阻挡我们看到全局。我们没有看到整个情况难以应付的复杂性。其中有许多方，不止双方，同时领导力在其中也是被稀释的，而非仅仅集中在高层。我们在过程中遗漏了最关键的利益相关方：矿工们。他们，而不是所有的领袖，决定了几乎每周都要进行一次罢工。如果他们在罢工上不听从他们的领袖，那

积极谈判　　094

么他们又怎么会在谈判上听从他们的领袖？

当我反思这次失败时，或许我从中学到的最重要的一课就是：在任何一场冲突中，推远从而让你自己能够看到更大的背景，并认识到事情是如何真正推进的，这是最关键的。

聚焦全局

我们每个人都有推远的能力。谈到"推远"，我所指的仅仅是"扩大你的焦点以看到更大的图景"。将你的相机镜头切换到广角。从看台上，你可以看到包含所有角色的整出戏剧在你眼前拉开序幕。推远能让你看到前所未见的可能性。

我对于早年间一次推远的经历有着非常深刻的记忆。那是我6岁生日前的一周。我的家人和我暂住在一个小村庄中，这个村庄位于瑞士一座高山半山腰的缓坡上。那是一个周六的早上，而我醒得很早。我的父母想在周末再赖会儿床。我产生了一股出去走走、探索世界的冲动。

我穿上衣服出门，走上一条向群山蜿蜒的小道，路过一排排装饰着鲜艳窗户和摆满了红色天竺葵花盆的小木屋。很快这条小道走到了尽头，而我继续走向了一条满是尘土的步道，那条路通向青草遍地的山坡，沿着斜坡就来到了粗糙的木质谷仓和奶牛牧场。奶牛吃着草，它们脖子上的铃铛发出悠远而清脆的响声。新鲜空气中弥漫着淡淡的粪便气味。

我爬得越高，村庄就显得越小。在高高的山坡上，我转过身向下望去，山谷和周围高耸的山峰一览无余。我可以看到下面的整个村庄：房屋、街道和流经的河流。我突然感到喘不过气——我显得如此渺小，但又很兴奋。我转身走回家，却发现大家还在熟睡。

在过去50年我处理过的冲突中，我注意到我们的观点可能会变得十分狭隘。我们的视野可能仅限于村里一栋房子的一个房间，而不是在一个地方综观全局，看到所有的房屋和整个山谷。

我发现，限制我们观点的是对谈判冲突的常见假设：谈判桌上坐着两方；目标是达成协议；时间框架是短期的；问题是零和的，一方得到的越多，另一方得到的就越少。

因此，前进的可能性高度受限。

但如果我们能够看到全局，就会出现新的可能性。我们可能会看到许多我们错过的相关方。我们可能会看到我们没有考虑过的协议替代方案，会看到更长期的、没有想到的场景。我们可能会看到，这个问题并不是零和的，而是正和的：每个人都可能拥有更多。

这就是推远的巨大力量，也是我们每个人都拥有的一种天然能力。

三张谈判桌

从调解矿区争端的失败中，我学到了一个教训，这个教训40年来一直对我很有帮助。首先要推远并询问桌子上缺少哪些相关方。我遗漏了谁？还有谁可以影响结果？谁可以阻止可能的协议？谁的声音没有被听到？

我经常看到家庭冲突升级，因为某个家庭成员被排除在决策过程之外。我见过急于建造新工厂的公司忘记咨询当地社区，最终发现社区自发组织并提起了诉讼，导致项目推迟，有时甚至导致项目永久搁置。正如我在矿区了解到的那样，我们有时会遗漏一些关键参与者，他们后来甚至会破坏协议，带来令人惊讶的后果。

在冲突谈判中，我们的注意力自然会集中在双方就座的桌子上，无论是字面上的还是隐喻上的。这可能是主桌，但不是唯一的桌子。

从看台推远镜头，关于相关方的数量，我们至少可以看到三张桌子。除了主桌，至少还有两张内部利益相关者就座的桌子。对于工会领导层来说，他们的选民是煤矿工人。对于矿区管理层来说，利益相关者是董事会和雇主协会。

正如我多年来了解到的那样，达成"是"的真正困难不仅在于双方之间的外部谈判，还在于双方内部的谈判。

在我的研讨会上，我喜欢问："如果有两种类型的谈判，一种是与组织或家庭以外的人进行的外部谈判，另一种是与组织或家庭内部成员的内部谈判，你个人认为哪种类型的谈判更具挑战性？"

"有多少人会说外部谈判更困难？"

一些人举起了手。

"好吧，有多少人会说内部谈判更困难？"

绝大多数人举起了手。

人们环顾四周，对这种不平衡的表现感到惊讶。

"这不是很有趣吗？这两种类型的谈判显然都具有挑战性，但我们大多数人似乎觉得最难相处的是那些与我们最亲近的人，认为与我们的家人、与我们本应在同一个团队的同事的谈判更困难。"

毫无疑问，外部谈判可能很困难，但内部谈判往往更棘手。原因之一是我们对待内部谈判的谨慎和准备程度不像对待外部谈判一样。我们倾向于即兴发挥，假设我们团队中的人和我们立场一致，就像工会领袖是如何看待煤矿工人的那样。忽视内部利益相关者就会招致失败。

在处理冲突时，我学会了首先绘制所有利益相关者的地图，从三张桌子开始。我问自己和其他人："谁坐在谈判的主桌上？谁坐在两张内部桌子上？如果争议有两个以上的当事方，谁坐在另外两张内部谈判桌上？"

"还有其他哪些利益相关者？谁受到了冲突的影响？谁可以阻止协议，以及谁的意见需要被咨询？谁可能影响各方采取建设性的行为，并且需要被说服？"

地图上挤满了利益相关者。理解复杂性乍一看可能令人畏惧，但根据我的经验，它经常会揭示意想不到的障碍，并为转化困难的冲突开拓新的可能性。这就是从看台上推远并看到整个舞台以及剧中所有角色的巨大好处。

定位你的 BATNA

在冲突的情况下，推远可以以另一种非常重要的方式帮助我们：它向我们展示如何满足我们的需求，即使我们无法与对方达成协议。

我喜欢在我的研讨会上问一个简单的问题："谈判的目的是什么？为什么要谈判？"

"为了达成协议。"参与者通常这么回答。

"这是我们的假设。但这是真的吗？"我质疑道。

我认为，谈判的目的不一定是达成协议。真正的目的是与对方探讨，谈判是否可以比拒绝谈判更好地满足你的需求——换句话说，比使用你的 BATNA 更好。

BATNA 是"谈判协议的最佳替代方案"（Best Alternative To a Negotiated Agreement）的英文首字母缩写。这是我和我的合著者40多年前在《谈判力》一书中创造的一个术语。BATNA 意味着在你无法达成协议时，满足你利益的最佳替代行动方案。

想象一个岔路口：一条路通向达成协议，另一条通向你的最佳替代方案。将你的 BATNA 视为你"走开"的替代方案，这是你的备选方案。

开发你的 BATNA 让你拥有自信：无论谈判中发生什么，你都有一个好的替代方案。它能使你减少对另一方满足你的需求的依赖。

我回想起我的朋友阿比利奥，这位巴西商界领袖曾陷入与父亲共同创办的连锁超市控制权的激烈争端。当阿比里奥告诉我他真正想要的是自由时，我问他："抛开让-夏尔这层关系，为了你迫切想要的自由，你能做什么？"

这就是 BATNA 问题。

阿比里奥茫然地看了我一会儿。于是我解释了我的问题："当我问自由对你意味着什么时，你说这意味着与家人共度时光和追求新商业交易的自由。我要问你的问题是：你真的必须等到纠纷结束才能做这些事情吗？你可以现在开始吗？"

我看着他的眼睛，他眼中有黎明前的曙光。

"更深层次的问题是，谁能真正给你你所寻求的自由？是让-夏尔吗？或者，最终只有你才能给自己那种自由？"

事实证明，这对阿比里奥和我来说都是一个重大的认知。

他意识到满足他最深切需求的力量掌握在他自己手中。它不取决于其他任何人或任何特定的结果。他不需要等待纠纷的解决。

几天之后，他就计划与家人一起进行航行度假。几周后，他成了另一家他感兴趣的公司的董事会主席。他还找到了一个与公司总部分开的新办公空间，在那里他可以自己进行商业交易。简而言之，他收回了他的自主性、他的权力和他的选择。

引人注目的是，这些行为使他摆脱了对对手的心理依赖，也摆脱了对让对手以某种方式行事的需要。阿比里奥为自己赢得的自由感创造了放手的情感空间。看似相悖的是，他的放手让我们更容易通过谈判达成协议，最终极大地提高了他过上自己真正想要的生活的能力。

我们可能会抵触思考我们的BATNA，因为它看起来像是消极想法。但正如阿比里奥所发现的那样，BATNA为你提供自由和信心，它可以使达成协议的可能性变得更大，而不是更小。BATNA更应该被理解成替代性的积极想法。它开拓了新的可能性。

我在矿区冲突调解失败后吸取了这个教训。在最开始对煤矿工人拒绝了该协议感到震惊后，我和我的同事斯蒂芬重新思考，试图弄清楚下一步该怎么做。我们能采取某种措施从决议失败的打击中恢复过来吗？

"我们可以尝试重新谈判，形成一份新的协议吗？"斯蒂芬问道。

"我问过工会领袖比尔，"我回答道，"他认为完全没有可行的机会。我认为他和其他工会领袖感到非常泄气。"

"还有其他想法吗？"斯蒂芬问道，"我们是否已经别无他法？"

我停顿了一会儿。我想知道我们是否有一个BATNA——一个独立于协议的行动方案。

"我有一个疯狂的问题：我们的协议真的需要得到矿工的批准吗？"

"你的意思是？"

"嗯，我们一直假设每个人都需要在我们实施新流程之前同意。但鉴于我们完全缺乏信任，那为什么我们不一点一点地进行尝试，看看它们是否有效？"

"但我们不需要矿工的批准吗？这不是问题的根源所在吗？"斯蒂芬反驳道。

"你说得对。但是，据我所知，矿工们并不反对该协议的实质内容，内容本身对他们来说非常有利。我甚至怀疑他们中的许多人没看过这份协议。这个问题似乎更像是个情绪问题。他们感到愤怒和怨恨。而且他们一点儿也不信任管理层。那他们凭什么要批准呢？"

"你有什么建议呢？"

"我的建议是采纳协议中关于如何处理不满的提案,并尝试非正式地实施它们。请管理层先执行他们的工作,看看矿工们是否对这些变化做出积极的反应。"

"这并不容易。你具体打算怎么做?"斯蒂芬怀疑地问道。

"嗯,你和我必须花更多的时间在矿井里,聆听矿工的声音,在他们罢工之前发现他们的不满。然后我们必须让管理层关注并处理这些不满,让所有人满意,这样就没有罢工的理由。"

斯蒂芬看起来有点儿怀疑。不只是他,管理层和工会都对批准投票失败感到愤怒,但他们并不反对我的尝试。毕竟,其他什么都不起作用。美国工会和雇主协会的高层仍然对争端可能会升级为国家范围的危机深感担忧。

"请自便,"斯蒂芬说,"下周我将和家人一起去法国过夏天。"

1980年,我就这样在肯塔基州的一个矿区度过了夏天。

稍后我会讲述我与煤矿工人一起工作的令人毛骨悚然的冒险经历,但重点是:我记得推远,这使我能够质疑一些基本假设,比如在尝试实施新流程之前达成协议的必要性。推远使我能够看到一个新的替代方案——BATNA,这个方案对其他人来说并不明显。

在任何冲突中,我发现不断提出关键的BATNA问题至关重要:"如果我无法与对方达成协议,我如何满足我的需求?我的备选方案是什么?我该如何改进它?"

直面你的WATNA

"我不仅喜欢着眼于我的BATNA,还喜欢寻找我的WATNA(Worst Alternative To a Negotiated Agreement,谈判协议的最糟替代方案)。"

一位商界领袖曾经告诉我，"当交易看起来可能会完全失败的时候，我喜欢提醒自己什么是可能发生在我身上的最糟糕的事情。我告诉自己，如果对方'杀不死'我，那么我大概率能活下来。不管你信不信，这有助于让我安心并镇定下来。"

他说得有道理。通常，我们会陷入一种看起来像是生死攸关的问题的境地。矛盾的是，通过推远，聚焦于最坏的情况可以帮助我们带来急需的视角。

然而，消极的情况有时确实关乎生死的问题。

20世纪80年代的大部分时间里，我都在研究如何避免一场意外的核战争的问题。在哈佛法学院的谈判项目中，我和我的同事理查德·斯莫克应美国政府的要求撰写了一份关于如何降低美苏之间意外核战争风险的报告。[4]

在我们进行的众多采访中，前高级外交官本杰明·里德向我们讲述了困扰他很多年的一通鲜为人知的紧急电话。

"一个周六早上，我在国务院值班，接到国家军事指挥中心打来的紧急电话，通知我一枚美国核导弹发射失误，正飞往古巴。我跑进国务卿迪安·腊斯克的办公室，告诉他这个消息。"

"它有弹头吗？"腊斯克焦急地问道。

"对不起，我们不知道，先生。"

腊斯克盯着里德。

"好吧，立即打电话给苏联大使，让他知道。"

里德打电话给苏联大使馆，但被告知大使出去吃午饭了，无法取得联系。他把这个消息告诉了腊斯克。

腊斯克再次盯着里德。

"那就打电话给在哈瓦那的瑞士人。让他们为我们传递信息，"他

积极谈判　　102

说,"告诉他们让古巴人知道。"

里德打电话给瑞士人,但信号不好,电话另一端的人无法理解信息。

危机沟通的尝试惨败。值得庆幸的是,这枚实际上没有携带弹头的核导弹飞越了古巴并落在了海里。这场潜在的人道主义灾难和超级大国核危机——甚至可能更糟的灾难,完全是靠运气才避免的。

"政府是否调查过这起事件并找到防止其再次发生的办法?"我问里德。

"不,"他回答道,"我认为每个人都继续往前走了,把它遗忘了。"

核导弹的发射失误只是理查德和我提交给美国政府的众多报告中,险些发生的事件之一。[5] 该报告是后来我们的著作《超越热线——危机控制如何预防核战争》的基础。

这些事件非但没有让我绝望地摊手放弃,反而让我发现超级大国冲突的严峻负面可能性(也就是WATNA)能促使我深入研究并寻找可能的方法来防止它们。我认为这是一个机会。

这对我来说是很好的教训和经验。我从小在原子弹的阴影下长大,一直担心核威胁。采取具体行动让我很好地增强了"免疫力"。行动不仅消除了焦虑,更带来了为正义而战的冒险感和愉悦感。

只有通过推远并审视消极情景,我们才能发现积极的可能性:可以采取哪些措施来降低意外核战争的风险?

理查德和我收到过一个似乎很有前景的新颖想法:建立全天候配备人员的核风险降低中心,以供美国和苏联专家随时准备沟通和缓和危机,比如导弹不小心偏离轨道的情况。

我进而帮助组织了美国和苏联政策专家之间的交流,讨论如何避免两国之间发生核战争的问题。我去过华盛顿和莫斯科很多次,与我的朋友布鲁斯·阿林同行。布鲁斯·阿林是一位才华横溢的年轻学者，能说流利的俄语。

当时美国和苏联的关系高度紧张。1983年3月，罗纳德·里根总统公开称苏联为"邪恶帝国"和"现代世界邪恶的中心"。[6] 6个月后，一枚苏联导弹击落了一架从纽约飞往首尔、意外飞经苏联领空的韩国航空公司客机，269名乘客全部遇难。[7]

在我们第一次为期三周的莫斯科之行中，布鲁斯和我被克格勃跟踪，但仍然成功地与政策专家和政府官员举行了会议。有很多人对我们关于核风险降低中心的想法表示怀疑。难道这个中心不会被对方用来进行间谍活动吗？如果它们被滥用以传播虚假信息怎么办？它们的存在难道不会让领导人在危机中更加鲁莽吗？

我和我的同事在华盛顿遇到了许多同样的问题，但我们坚持了下来，与两位支持这一想法的参议员合作：来自佐治亚州的民主党参议员萨姆·纳恩和来自弗吉尼亚州的共和党参议员约翰·沃纳。

除了通过内部渠道努力，我们还决定争取公众对这一想法的支持。Parade杂志邀请我写了一篇关于核风险降低中心的文章，一位艺术家画了一幅生动、戏剧化的图画，描绘了美国和苏联军官并肩工作，帮助避免意外的核战争。[8] 这幅画登上了该杂志的封面，面向4000万读者上市。

值得庆幸的是，消极的可能性也帮助激励了政治领导人。罗纳德·里根在就任总统之初签署了一项总统令，呼吁美国发展"赢得"核战争的能力。这是一个不会被排斥的选择。但任期近三年后，他改变了主意。他观看了《浩劫后》的预发行版，这是一部虚构题材的电影，讲述了一场令人心碎的恐怖核战争，描绘了核战争中堪萨斯州一个小镇上普通人的日常生活。

这部电影在首播时就有1亿美国人观看，真实地让人们认识到核战争毫无意义。⁹ 电影放映后，里根在日记中写道，"它给我留下了深刻的印象，也让我非常沮丧"，并补充说"永远不能发生核战争"。¹⁰

1985年11月，里根在日内瓦首次会见苏联领导人米哈伊尔·戈尔巴乔夫。两位领导人共同发表了一份简短但令人难忘的宣言，该宣言至今仍在国际协议中有效："核战争没有赢家，也永远不能发生。"¹¹

在峰会上，里根和戈尔巴乔夫同意探索在华盛顿和莫斯科建立核风险降低中心的可能性，这是几项实际措施之一。两位领导人都认识到核战争的消极可能性，讨论了避免核战争的一种积极可能性。几个月后，我受邀担任白宫危机中心的顾问。我的任务是为创建这些中心撰写一份详细的提案。

一年后，在一个阳光明媚的美丽日子里，我站在白宫后面的玫瑰园里，空气中弥漫着玫瑰的香味。当我看到里根总统与苏联外交部长爱德华·谢瓦尔德纳泽一起宣布建立核风险降低中心的协议时，我都想掐一下自己看是否身处梦中。这是可能性能够变成现实的证据。¹²

这是促使冷战结束的过程中一个小而具体的步骤，它大大降低了核风险。

我学到的一课是：直面消极的可能性，并利用它作为动力创造积极的可能性，防止最坏的情况发生。

思想实验

"设想20年后的情景。如果和平得以实现，你会看到什么？如果你是一名来自未来的考古学家，四处挖掘，你会找到什么样的文物？"

这些引导性的问题来自我的朋友罗布·埃文斯，他是一位极富技巧的集体创造力促进者。当时是在科罗拉多州，我和我的同事们组织了一个为期一周的研讨会，讨论的是一直都具有挑战性的以色列-巴勒斯坦冲突。

在那些近期内似乎不可能找到解决方案的冲突中，我们可以推远以看到一个积极的未来。这样一来，我们可以释放我们的思绪，摆脱限制我们想象力的假设。我们可以为更长远的未来开拓新的可能性。

来自以色列、巴勒斯坦和埃及的参与者分成小组，用混合团队的形式开展工作，在翻页挂图上记录他们的想法。1.5个小时后，他们自豪地展示了他们的工作成果。一个挂图架上描绘了一张从特拉维夫到加沙的高速列车票。另一个展示了高科技的加沙谷歌校园的徽章。

第二天早上，我们的一位巴勒斯坦同事走进来，看到墙上挂满了这些关于未来的想法。他闻到了一种名为沙克舒卡（音译）的中东菜肴馥郁、诱人的香气，这道菜是由一个巴勒斯坦人和一个以色列人共同准备的，他因此高兴地说："这是一个希望的博物馆！"

在随后的日子里，参与者们报告说，富有创造性的对话激发了他们心中的可能性，这种感觉至今仍在激励着他们。

这让我思考，关于我们今天面临的其他许多看似不可能的挑战——从化解政治极化到避免灾难性战争，再到实现向清洁能源的过渡——一次"未来考古学家"练习能向我们揭示什么。例如，想象一下，如果人类成功地大幅降低了极端天气事件和其他破坏性气候变化的风险，那么未来的考古学家在他们的挖掘中会发现什么文物呢？[13]

比如说，他们会找到无处不在的太阳能和风力发电站的遗迹吗？他们会找到连接整个星球、创造巨大的能源效率的高压直流电网的残余吗？换句话说，他们会找到广泛证据表明我们是从无限的资源（如太阳和风）中获取能源的吗？反向来看，他们会得出结论说，我们已经面对问题的全部严重性，勇敢地解决了我们的分歧，并发挥了我们固有的创造力和协作能力,实现了丰富清洁能源的积极可能性吗?

我发现,像这样的思想实验可以创造真正的希望,并激励实际行动。

非零和游戏

最后,推远以看到更大的画面,让我们能够后退一步,思考所有问题中或许最重要的那一个。如果冲突可以被理解为一种有玩家、规则和目标的游戏,那么我们就可以自问:"我们正在玩的是正确的游戏吗?"

在这些分裂的时代,我们倾向于将冲突简化为"我们"和"他们"之间非输即赢的零和斗争。但这是不是获得我们真正想要的东西的最有用的途径?

为了阐明这个问题,我喜欢在我的研讨会上给参与者一个挑战:"找一位伙伴,准备进行掰手腕比赛。"

每个人把手臂放在桌子上,紧紧抓住伙伴的手,准备将其压倒在桌面上。

"这个游戏的目标是通过获得尽可能多的分数来获胜。每次你将对方的手臂压下去,你就会得到1 000分。每个人都准备好了吗?预备,开始!"

我环视房间,看到四处都是努力将伙伴的手压下去的人。大约一分钟后,我说:"好的,可以停止了。我看到很多人陷入了僵局。一个人得零分,另一个人也得零分。我还看到在某些情况下,一个人成功地将另一个人的手压下去。他们得到了1 000分。

"但后来我看到有几个人尝试了一种完全不同的方法。你们的手臂上下摆动,就像雨刷器一样。有谁愿意解释一下吗?"

一位参与者开口说:"在尝试用蛮力把对方的手臂压下去却失败之后,我们意识到获胜的最佳方式是合作。所以我放松了我的手臂,对方得了1 000分。随后对方放松了自己的手臂,我得了1 000分。然后我们彼此对视,意识到我们不必就此停止。我们可以继续这样做,积累分数。"

"在我给的那一分钟里,你得了多少分?"

"几万分。"

每个人都笑了——这是认可的笑容。

这就是秘密。这就是我们推远的时刻——我们意识到我们在冲突中拥有的最大力量是改变游戏的力量。

在生活中,我们经常将冲突视为掰手腕比赛,基本问题是谁会赢、谁会输。相反,正如这个练习所清楚表明的,我们可以选择玩一个更好的游戏,在这个游戏中我们都可以受益,通常比我们赢得一个非输即赢的游戏所能获得的还要多。

在体育运动或纸牌游戏中,赢和输可以很有趣。但是当涉及相互依赖的人际关系时——无论是在家庭中、在工作中,还是在整个社区中,那个问题产生的结果往往是一个人人皆输的局面。如果你在问"谁在这场婚姻中赢了",那么你的婚姻可能正面临严重的困难。

在有争议的冲突中,我们倾向于将问题框定为本质上零和的——一方得到的多,意味着另一方得到的少。但我在工作中遇到的现实世界几乎所有的冲突中,问题都不是零和的。只要有一点儿创造力,就像掰手腕游戏中那样,结果通常可以是正和的——每个人都能得到更多。而且,就像家庭矛盾、商业斗争和战争一样,结果可能是负和的——每个人的所得都更少。即使双方不能总是赢,但双方总是有可能都输,连同他们周围的每个人。

改变游戏的机会在我心中从未像在南非反对种族隔离的斗争中那样生动地展现过。1995年年初,我有机会聆听新当选的总统纳尔逊·曼德拉和他的老政治对手、前总统F. W. 德克勒克描述他们从战争到和平的旅程。

曼德拉谈到,他相信他所在的一方从长远来看会占上风,但他自问,在几十年的内战和经济破坏之后,他们会继承一个什么样的国家。德克勒克谈到,他意识到,他所在的一方或许能再坚持一代,牢牢掌握权力,但最终他们将不得不屈服于人口结构的现实以及来自外部世界日益增长的经济和政治压力。

换句话说,两位领导人都通过推远,考虑长远,并意识到他们试图通过击败对方来赢得的斗争最终将导致双方都遭受巨大的损失。这是他们的第一个洞见——冲突在战略上陷入了僵局。

接着是第二个洞见:如果双方可能因为暴力的螺旋而受损,那么也许双方都能通过对话和谈判的反向螺旋获益。他们可以找到一个折中方案。

最后,出现了第三个洞见:变革的可能性。正如南非国民党政府的谈判代表罗尔夫·迈耶当时向我解释的那样,双方逐渐相信第三种结果的可能性,不是一方的压倒性胜利,甚至不是达成妥协的折中。

正如曼德拉所宣布的:

> 我从未试图削弱德克勒克先生的力量,出于实际原因,他的力量越弱,谈判过程就推进得越慢。要与敌人和平共处,就必须与那个敌人合作,敌人必须成为自己的伙伴。[14]

双方领导人设想的新结果是一场真正的变革性胜利——对双方都

有利的和平、民主、多种族共处、包容和繁荣的南非，那里有每个人的空间。

谈判过程充满困难，并伴随着政治暴力的爆发，但最终，南非人民通过参加他们有史以来第一次包容性的民主选举创造了历史。也许最能说明变革迹象的是，曼德拉邀请他的前敌人、前总统德克勒克担任执行副总统，而德克勒克接受了。现在两位领导人都能向南非人民保证并向世界展示一种新的关系是可能的。当我在1995年1月的那一天听到他们的演讲时，他们都担任了新的角色。

正如曼德拉所讲述的：

> 有人预期我们会在最糟糕的种族冲突中相互摧毁和集体自毁。但实际上与之截然相反的是，作为一个民族，我们选择了谈判、妥协和和平解决的道路。我们选择了和解与国家建设，而不是仇恨和复仇。[15]

推远以看到全局使我们能够识别并因此改变冲突的根本游戏。我们不必陷在一个每个人都输的非输即赢游戏中。我们可以选择玩一个最终每个人都受益的游戏。这就是可能主义者所做的。

看见可能性

在这个严重分裂的世界，也许最重要、最需要激活的力量就是推远以看到全局。如果我们要获得解决当今挑战所需的好奇心、创造力和协作精神，我们需要从限制我们对可能与不可能的看法的假设中解放自己。

当我在城市中仰望夜空时，由于周围光线的干扰，我能看到的星星很少。在山区，就像我目前正在写作的地方，远离城市的灯光，我会对缀满闪烁星星的夜空感到惊叹。就像星星一样，冲突中的可能性就在那里。问题是：我们能看见它们吗？

现在，请你和我一起想想你生活中的一个冲突。暂时推远以识别各个利益相关者，包括直接参与的人和间接受影响的人。问问自己：我错过了谁？我遗漏了谁？我应该把谁纳入范围？谁能阻止我——怎么阻止？谁又能帮助我——怎么帮助？

推远并扪心自问：我的 BATNA 是什么？如果我无法达成协议，我该如何满足自己的需求？我如何发展我的 BATNA 以使其变得更好？我的 WATNA 是什么？我如何避免最坏的情况并追求最佳？

把你的镜头推远到未来——20 年、50 年甚至 100 年以后。如果可能主义者一直在努力工作，而你是一名未来考古学家，你会找到什么文物？在你想象这样的未来时，哪些下一步可以让你朝那个方向发展？

最后，推远并考虑你正在玩的游戏。这也许是最大的机会。你如何将游戏从非输即赢的战斗转变为建设性冲突和合作的游戏？如果你将目光放得长远并考虑所有这些问题，你很可能会发掘出以前未曾想象的新可能性。

推远是走向看台的决定性动作，这是我们在通往可能之路上的第一场胜利。在看台上，我们开始看到金色之桥的轮廓。这是我们要实现的下一场胜利——与他人的共同胜利。

第二场胜利

构建金色之桥

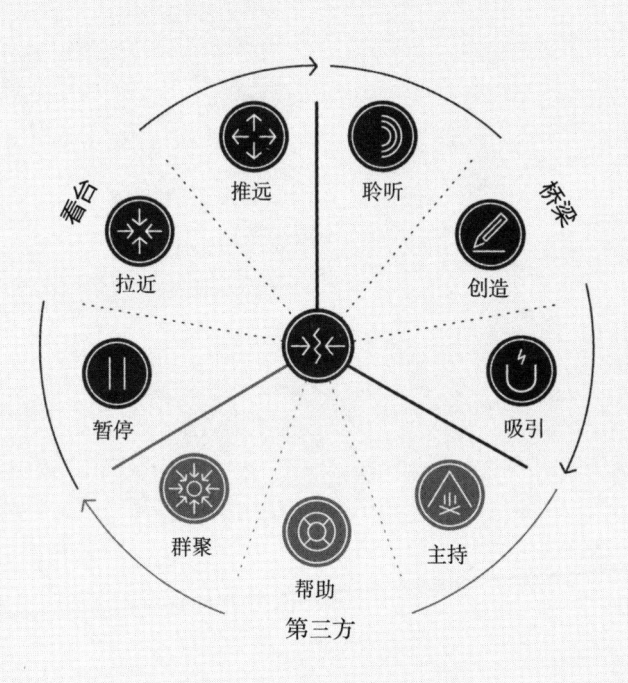

推远 聆听 创造 吸引 主持 帮助 第三方 群聚 暂停 拉近

善合 桥梁

"我的右眼会掉出来，我的右手会断掉——否则我决不同意拆除任何一个犹太人定居点。"以色列前总理梅纳赫姆·贝京没有留下多少谈判的余地。[1]

那是1978年9月。美国时任总统吉米·卡特邀请贝京与埃及时任总统安瓦尔·萨达特在坐落于马里兰州美丽的森林山丘中的总统度假地——戴维营会面。

卡特希望在这个轻松的、非正式的环境中，两位领导人能够达成协议，以结束他们两国之间长达30年、导致了四次毁灭性战争的敌对状态。但在三天针锋相对的对话之后，各方陷入了僵局。

贝京坚持要在西奈半岛保留犹太人定居点，这是以色列在1967年第三次中东战争，也就是六日战争期间占领的埃及土地。

对于贝京的要求，萨达特坚决回应：“决不！如果你不同意撤离定居点，就不会有和平。”[2]

两位领导人都命令他们的团队收拾行李。中东和平协议的所有希望似乎都破灭了。

然而，像其他所有人一样，当13天后，在电视播出的画面中，总统吉米·卡特出现在白宫东厅，陪同萨达特和贝京签署历史性和平协议时，我感到非常惊讶。[3]

当时，我是哈佛大学人类学的博士研究生，与罗杰·费希尔教授一起工作。我研究过阿以冲突，并且刚刚从该地区长途旅行回来。我痛苦地意识到，几十年来的领土和身份认同冲突，让这个区域已经在世界眼中成了"不可能"的象征。

所以，在这些令人震惊的突破背后有哪些故事？我十分好奇：这些领导人是如何设法在难以弥合的冲突鸿沟上建造一座桥梁的？他们是如何达成结束无休止战争的协议的？这对我们所有人转化看似棘手的冲突有什么启示？如果阿拉伯人和以色列人能够学会转化他们的冲突，也许我们其他人也会有希望。

当时，我非常关注这场峰会。几周前，罗杰·费希尔结束他在马撒葡萄园岛的暑假后，把我叫到了他在法学院的办公室。他脸上带着灿烂的笑容，听起来很兴奋，就好像他刚去钓鱼回来，并钓到了一条大鱼。

"上个周末，我和赛·万斯打网球，他刚好在我的邻居家做客。比赛结束后，赛问我是否有关于戴维营的谈判想法。所以我带他到我家来，看了看我们的那本小书。我向他介绍了我们描述单文本程序①的部分，并告诉他，他应该考虑在下周与萨达特和贝京使用这个程序。你能立刻安排一场与路易斯·索恩等人的会面吗？这样我们就能在周五前为万斯写一份建议备忘录。"

赛勒斯（上文提到的赛），是美国当时的国务卿。"那本小书"即《国际调解——工作指南》，是我和罗杰在此前的一年里撰写的为谈判者提出实用想法的书。那本小书从未正式出版，它是《谈判力》的前身和灵感来源。在那本小书中，罗杰和我写了关于单文本程序的内容。单文本程序是在联合国海洋法公约多边会议上曾成功使用的谈判程序。我们最初是从曾在美国谈判代表团任职的哈佛法学院教授路易斯·索恩那里了解到这个程序的。

被我们称作"单文本"的，是一个巧妙且简单的替代方案，替代了通常围绕对立立场的讨价还价。它没有逼迫对方让步，而是由第三方起草一份可能的协议，并要求各方提出评论。然后由第三方针对各

---

① 它在中译版《谈判力》（中信出版集团于2023年出版）中被译为"独立调解程序"。——编者注

方提出的关切问题不断修订文本，直到达成共识。单文本是构建金色之桥的一种方式。

我在哈佛教职工俱乐部安排了一场晚宴以召开"设计研讨会"。这是由罗杰组织的一系列会议，他会邀请教授们和访问外交官们讨论特定的世界冲突，以"设计"创造性的解决方案。这是一种实验，一个寻找方法的实验室。我们能否借助一种不同的对话，在看似陷入僵局的冲突中创造新的可能性？

"设计"是罗杰喜欢的一个词，因为它意味着实用的创造力。词典中"设计"的定义是"在脑海中形成思想或原则的新组合或新应用"。[4] 这很好地描述了我们试图做的事情。

"我们能向赛·万斯提供的最好的建议是什么？"

罗杰向围坐在晚餐桌旁的6个人提出了这个问题。我在翻页挂图上记录了他们的想法。利用这些想法，罗杰和我写了一份三页的备忘录，重点关注单文本程序，并将其发送给万斯。

在峰会的前三天，那份备忘录在万斯的公文包里没有被启用。然后，就在各方协商失败后，准备离开戴维营时，卡特总统决定给会谈最后一次机会。他把万斯叫到他的小屋并询问他的建议。万斯想起了这份备忘录，并提议使用单文本程序。卡特同意了，要求他准备一个提案。

在传统的谈判程序中，第三方会提出一条介于两个立场之间的中间线。每一方通常都会激烈地反对，拒绝提议。因为政治上的让步是痛苦的，没有人想成为第一个让步的人，大家都担心这意味着示弱，而且会为更多的让步打开大门。

但单文本程序采取了非常不同的方法。没有人被要求做出让步，至少不是当场做出让步。重点不在于具体立场，而在于如何创造可以满足潜在利益的选项。

因此，美国调解员去以色列人和埃及人那里，告诉他们："我们不是要求你改变你的立场。只要更多地告诉我们你的利益和需求。你真正想要的是什么？你最关心的是什么？"

美国人认真聆听每一方的意见，因为双方都分享了他们的愿望和担忧。

埃及人强调了他们在主权上的重要利益。这片土地自法老时代以来就属于他们，他们希望收回它。以色列人则聚焦于他们在安全上的重要利益。埃及的坦克已经三次穿越西奈半岛攻击他们了，以色列人希望确保这种情况永远不会再发生。

埃及人提出了一个创造性的建议：在西奈半岛的部分地区实行非军事化。美国人决定将这个想法纳入他们的第一稿单文本，非军事化西奈半岛，为以色列创造一个安全缓冲区。基本上，埃及国旗可以到处飘扬，但埃及坦克应当无处可去。这是一个巧妙的想法，既解决了以色列人对安全的担忧，又保留了埃及的主权。

但在冲突谈判中，拥有一个好主意还不够，你必须得到各方的认同。人们通常不会信任他们自己之外的人提出的想法。

单文本程序大幅降低了草案的正式性，这样我们可以轻易地修订它以纳入各方的意见。草案上没有信头，没有归属，没有身份。它是一份非正式文件，甚至可能沾有咖啡渍。

"这不是美国的提案，"美国人对各方说，"这只是一个想法。我们不是要求你们做决定。实际上，我们现在不想要决定。我们只想知道你们怎么看。请随意批评。批评越多越好。草案中哪些内容没有解决你们的核心利益？哪些内容不公平？"

在激烈的冲突中，我发现，没有人愿意做出痛苦的决定，但每个人都喜欢批评。

以色列人严厉批评了美国人的文本。埃及人也是如此。然后，美国人回到他们的小屋，重新起草了文本，试图在不使一方的内容变得更糟的情况下优化关于另一方的内容。

为了解决以色列人对埃及突然袭击的安全忧虑，卡特总统在文本中增加了一个提议，即美国军方及立约人可以参与监督非军事化。最新技术甚至可以追踪穿越偏远沙漠的山羊。

然后，美国调解员再次带来了草案。

"我们已经根据你们的意见做了一些调整以改进这份草案。同样，我们现在不需要决策，只需要更多的批评和建议，以便完善草案。"

每次优化单文本时，各方不仅看到他们的需求得到解决，也能看到他们的想法和语言被纳入其中。他们开始接纳这份草案。

调解员一次次重复了同样的过程——修订草案并与各方协商。在非常漫长的一周内，他们制作了23份独立的草案。

就当每个人的耐心即将消耗殆尽，各方开始抱怨他们被当作羁押的囚犯时，卡特总统分别向萨达特总统和贝京总理提出了最终草案，并说："我知道这并不完全是你们想要的，但这是我们现在所能做到的最好的方案。现在，我想请你们决策如何实现你们的利益最大化。"

此时，两个对手面临的决策比传统谈判过程中就立场进行的讨价还价简单得多，也更有吸引力。他们不必事先多次做出痛苦的让步，却不知道这个过程将在何时结束，他们只需要在最后做出一个决定，而此时他们可以清楚地看到他们将得到的回报。

萨达特总统可以看到他将为埃及收回整个西奈半岛。

贝京总理可以看到他将获得前所未有的历史性和平。

每位领导人都分别表达了同意。卡特和他的同事欣喜若狂。每个人都准备前往华盛顿在白宫正式签署协议。

然后,像在困难冲突中经常发生的那样,冲突在最后一刻爆发了。一座桥梁已经建成,但各方对于真正踏上桥感到神经紧张。

贝京因卡特向萨达特承诺的一份附属协议而大发雷霆。在那份协议中,卡特重申了美国对耶路撒冷地位的长期中立立场,这触及了以色列人的敏感神经。贝京中断了谈判并命令他的代表团撤回。

深感失望的卡特走到贝京的小屋告别。他带去了3位领导人的签名照片——贝京、萨达特和他自己的。这周的早些时候,贝京曾请求卡特为他的8个孙子孙女每个人送一张签名照片。卡特给每张照片签了名,但没有写他通常写的"致以最好的祝福",而是写了"致以诚挚的爱",并加上了贝京每个孙子孙女的名字。他非常细心,知道贝京的孙辈对他意义重大。

"总理先生,我带来了你要的照片。"[5]

"谢谢您,总统先生。"

贝京冷淡地看着卡特,但当他低头扫到最上面的照片上写着的"致阿耶利特"时,他愣了一会儿。当他看到下一张写的"致奥斯纳特"时,他的嘴唇开始颤抖,热泪盈眶。他大声读出每一个名字——"奥里特""梅拉夫""米卡尔",并且开始当着众人流泪。

卡特开口了,声音哽咽。

"我本来希望我能够写上,'这是你们的祖父和我为中东带来和平的时刻'。"

两个男人重新开始沟通,但这次是用新的语调。贝京很平静,甚至很友好,但仍旧坚持着他的决定。他要求卡特撤回附属协议,但卡特温和而坚定地解释说,他宁愿谈判失败,也不愿违背他对萨达特做出的个人承诺。

但当卡特准备离开时，他平静地向贝京提到他重写了附属协议，只是引用了美国"1967 年 7 月 14 日在联合国大会上由大使戈德堡所陈述"的立场[6]，并未说明这一立场具体是什么。他请贝京以开放的心态再次阅读这份协议。

卡特若有所思，心情沉重地走回他的小屋。在那里，他遇到了萨达特并告诉了他这个坏消息。在几个小时内，全世界都将知道戴维营谈判的失败，以及它可能引发的新的战争。然后电话响了，是贝京打来的。

"我接受你起草的关于耶路撒冷的协议。"[7]

几年后我直接从吉米·卡特那里听到这个故事的记忆依旧历历在目。当时我正陪同他前往苏丹和埃塞俄比亚，帮助他们结束当时的内战和种族屠杀。这个故事让我感动，我真切地感受到即使是这样复杂的高级谈判也能落到人类努力处理其情感，看到对方的人性上。

《戴维营协议》的历史性签署继续推进，震惊了整个世界。

当然，这只是一个开始。阿以冲突远未解决。该协议未能满足巴勒斯坦人民的合法需求。萨达特本人几年后也成为暗杀者子弹的受害者。但戴维营在那 13 天内锻造的和平已经持续至今，扛过了 40 多年的革命、政变和其他地区的战争。尽管困难重重，戴维营的谈判还是成功地将破坏性的对抗转化成了和平共处。

冲突并没有结束，但战争结束了。这就意味着彻底的改变。

戴维营的戏剧性故事在我开始从事谈判工作之初对我产生了深远的影响。它如此清晰地展示着，即使是看似不可能化解的冲突也能产生转化性的结果——该协议证实了我对人类潜力的信念，并让我坚定了成为一个真正的可能主义者的信念。

构建一座金色之桥

在我 6 岁时,我们一家从欧洲乘船前往旧金山。穿过金门大桥时,它给我留下了深刻的印象,我们的船漂流经过它巨大的塔柱、宏伟的桥梁和弯曲的缆绳。我们在城市对面离桥不远的一座房子里安了家。我小时候无数次穿过那座桥,有时坐车,有时步行,有时骑着自行车。我爱上了那座桥。在工作时,它经常浮现在我的脑海中。

构建桥梁可能是尝试达成协议和促进对手之间关系的过程中最常见的隐喻。就像在埃及-以色列冲突这样棘手的事件中,一道巨大的鸿沟将双方分开,其中充斥着不满和不信任、未被满足的需求和不安全感。我们怎样才能弥合这样的鸿沟呢?

在冲突中,我们倾向于基于我们的立场推动事件的进程。毕竟,我们的立场看上去对我们来说是完全合理的。但当我们推动我们的立场时,另一方通常会怎么做?很自然,他们会尝试推回来。我们最终会陷入僵局,就像戴维营的前三天一样。

我们如何跳出这个陷阱?正如我长期观察到的,成功谈判者的行为方式恰恰相反:他们不是在推动,而是在吸引。相较于让另一方更难行动,你要尝试尽可能地让对方更容易行动,并吸引他们对你希望他们做出的决定说"是"。

在《孙子兵法》这部写于 2 500 年前的军事战略杰作中,中国军事家和哲学家孙子强调了给敌人留下退路的重要性,他表示"穷寇勿迫"。[8] 在我几十年前写的《突破型谈判——如何搞定难缠的人》一书中,我将这一原则重构为"为对手构建一座能够体面撤退的金色之桥"。从那时起,我一直在教授这一原则。

一座金色之桥是邀请各方跨越冲突鸿沟的方式。

我相信，戴维营的故事对我们今天面临的看似不可能的冲突有着重要的启示。尽管语境不尽相同，但冲突的核心相似之处是显著的。我们今天和当时一样，恐惧、愤怒和骄傲已经占据了我们的心智。有这么多的当事方在僵化的意识形态立场上固执己见，拒绝让步，就像贝京宣称他宁愿失去右眼和右手也不愿改变立场一样。[9]似乎我们除了诉诸破坏性的斗争，没有其他出路。

面对这样的挑战，我们很容易缩小我们的视野。但在转化困难的冲突中，我学到的是要有大志。如果我们没有达到目标，那并不是因为我们的目标太高，而是因为我们的目标太低。我们需要提升我们的游戏境界。我们需要构建的不仅是一座桥梁，还是一座金色之桥。

如果我们想要成功，我们就需要释放存在于各方之间的全部潜力。一座金色之桥不只是一种折中。在戴维营，一个折中的美国提议可能在以色列和埃及的最初立场之间形成差异，让双方都深感不满。一座金色之桥是一个满足了各方基本需求的整体性的结果。事实证明，因为每一方都满意，协议比一个不牢固的折中提议更可持续。

尽管看起来很违反直觉，我的经验告诉我，一座金色之桥通常比一座普通的桥更容易构建，也更稳固。

一座金色之桥远远超越了经典的双赢协议。它旨在转化关系。戴维营协议不仅是解决悬而未决的争端的协议，还带来了埃及和以色列之间关系的显著转变。两个对手并没有成为亲密的朋友——远没到这个程度——但至少他们不再是彼此致命的敌人。他们成了和平的邻居，能够彼此合作以确保双边的安全。

如果我们的目标更加雄心勃勃，那么我们的手段也必须同样雄心勃勃。这带给了我这本书一个关键启示。当我回想起小时候穿过金门大桥的时刻，我记忆中有一个难忘的场景，那就是大桥入口处两侧的巨大塔柱。同样，一座金色之桥需要由两根巨大的支柱支撑：看台和第三方。有这三个必要的结构元素才能跨越通常存在于各方之间的巨大鸿沟。

在埃及-以色列和平的故事中，看台是戴维营的自然休养地，因为它是我们可以想象的最远离中东纷争的地点。这个地点选择来自罗莎琳·卡特的灵感。此前一个月，她刚和她的丈夫卡特总统在戴维营度过了一个轻松的周末。和她的丈夫一样，她也有实现中东和平的梦想，并知道卡特总统面临的沮丧情况。她向他提议做最后的尝试。她建议，也许像戴维营这样简单、质朴、田园诗般的场所，远离全世界的关注，可以提供合适的氛围，让各方可能实现突破。她是正确的。

和看台一样重要的是第三方。如果没有像吉米·卡特这样坚定、有技巧、有影响力的第三方，萨达特和贝京这两位领导人几乎肯定不会达成协议。

这里有一个我在构建桥梁以跨越巨大鸿沟这个目标上所学到的看似矛盾的经验：如果你想让一件事更容易达成，首先让它变得更难。设定大胆的目标，并使用同样大胆的手段。我们能够实现的通常比我们认为可能的要多。不是只构建一座桥梁，而是构建一座金色之桥。三个要素协同一致才能使看似不可能的事情变得可能。

解锁人与人之间的潜力

构建一座金色之桥需要运用三种自然力量（见图3）。每一种力量都是人类天然具备的能力，它们或许早已存在于我们身上，只是需要培养和强化。

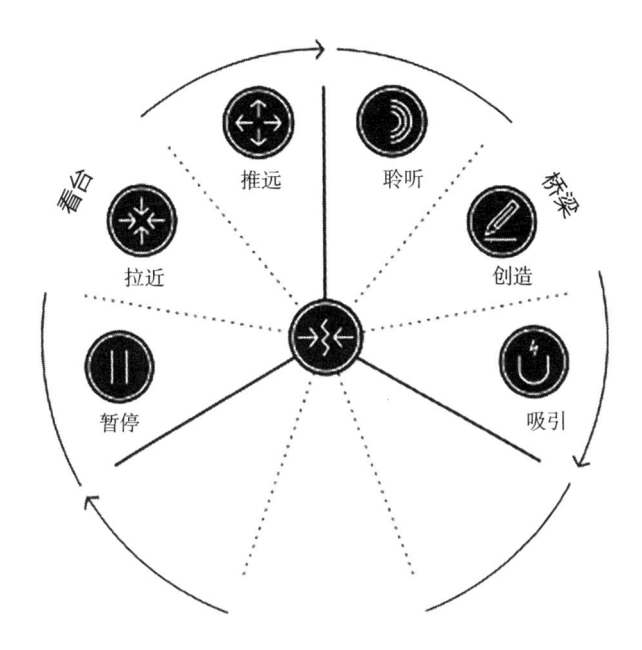

图3 第二场胜利：构建金色之桥

第一种是深入聆听的力量：真正了解对方想要什么。跳出你的想法，从他们的想法开始对话，尝试理解他们的需求。在戴维营，卡特和他的团队花了13天仔细聆听各方，以了解各方对主权和安全的深层需求。聆听传达了尊重并建立了信任。

第二种是创造的力量：为共同收益创造可选项。一旦你理解了对方的观念和需求，你就可以开始以创造性的方式弥合差距。在戴维营，卡特和他的团队制定了创造性的、双方都满意的解决方案，即在西奈半岛的部分地区实行非军事化。

第三种是吸引的力量：让对方更容易说"是"。创造好的选项通常不足以说服人们。障碍往往在过程当中。在戴维营，当时各方陷入了僵局，即将离开。卡特使用单文本程序来打破僵局，简化决策过程，增加各方的认可度。

　　这三种力量有逻辑顺序。聆听聚焦于人，它为创造选项营造了有利的心理氛围，而创造选项聚焦于问题。然后，吸引使各方更容易接受选项，它聚焦于过程。一旦我们激活了一种力量，我们就能持续使用它。我们根据需要，不断地聆听、创造和吸引。

　　结合这三种力量，能够将僵化的对立立场转化为具有创造性的可能性。同时使用它们，能够让我们构建一座金色之桥，解锁各方之间的全部潜力。

　　这座桥就是我们在通往可能之路上的第二场胜利。

第六章

聆听：积极谈判的重要环节

如果我们能看到我们敌人的秘密过往,我们将在每个人的生活中找到足以消除所有敌意的悲伤和痛苦。

——亨利·华兹华斯·朗费罗[1]

"今天糟透了，伙计。糟透了！"丹尼斯·罗德曼在电话里对我哀号。

"我想向你了解一下金正恩，"我对他说，"你是唯一一个似乎了解他的美国人。"

"你究竟想了解什么？"

"我对朝鲜的局势非常担忧。我相信你的见解可以帮助我们避免一场灾难性的战争。"

"我已经处理好了。"

他听起来很恼火，然后挂断了电话。

我叹了口气。这是漫长的一天，我开始感到自己像是徒劳无功。罗德曼的一个朋友为介绍我们认识，在他洛杉矶的家中为我们安排了一场晚宴，罗德曼将会作为客人出席。我飞去参加晚宴，但罗德曼并没有出现。因此我打了电话。

那是2017年5月。正如我之前所述，美国和朝鲜正处于冲突的进程中。朝鲜领导人金正恩正在测试能够到达美国的核导弹，唐纳德·特朗普总统决心阻止他。没有人知道这场危机将如何结束。问题是：谁会让步？专家估计战争的可能性高达50%。

美国媒体十分了解特朗普，但对金正恩几乎一无所知，他被美国媒体描绘为"非理性的"、"无情的"和"偏执的"。几周前，我在网上搜索线索时，发现了一个令人好奇的细节——有一个美国人了解金正恩，他就是已退役的篮球运动员丹尼斯·罗德曼。

作为20世纪90年代中期全球冠军球队芝加哥公牛队的明星，罗德曼曾四次访问朝鲜，并与金正恩建立了看似不可能的友谊——金正恩原来是一个狂热的篮球迷，从小就对公牛队怀有钦佩之情。尽管他在媒体上受到了严厉的抨击和刻薄的嘲笑，但罗德曼似乎还是选择了为自己与金正恩的关系辩护。

金正恩的意图是什么？他真正想要的是什么？我们做什么才能让他停止走上极端危险的道路？我在想，如果我有机会与罗德曼会面，听他说说关于金正恩的故事，也许我可以窥探金正恩的内心，并为解决核危机找到一些线索。

构建跨越冲突鸿沟的桥梁的第一步是聆听。

聆听的勇气

聆听是人际交往最基本的行为。我们经常将谈判与表达相联系。我们倾向于认为有效的谈判者是一个有说服力的表达者。然而，根据我的经验，有效的谈判更多关乎聆听而不是表达。能收获成效的谈判者是善于聆听的人。他们听得比说得多。

如果我必须选择一种对构建金色之桥至关重要的人类能力，我会选择同理心——暂时离开我们的立场，走进他们的立场的能力。聆听使我们能够共情并理解对方，理解他们的欲望和需求，以及他们的梦想和恐惧。在他们眼中，世界是什么样子？成为他们这样的人是什么感觉？如果我们过着他们的生活，我们会如何行动和反应？当然，我们可能永远无法完全理解他们，但仅仅运用我们固有的同理心能力，就可以实现总是让我感到惊讶的强有力的效果。

我们常常将同理心与同情心混淆，但它们是不同的。同情心意味着"一起感受"。这意味着对一个人的困境感到遗憾，但不一定意味着你理解它。相比之下，同理心意味着"深入感受"，意味着你需要理解处于那种情境时的感觉。

如果你发现在对抗性情境中应用同理心令人很难接受，那你可以选择将其视为战略性同理心：理解对方，以便更好地推进自己的利益。

在如今这种极化的时代，聆听可能是我们最不愿意做的事情。它意味着聆听我们可能不喜欢的人，聆听我们可能不想听到的事情。它需要耐心和自我克制来控制我们的自然反应。

你们一方的其他人甚至可能仅仅因为你聆听对方而抨击你。

你可能会听到："我们为什么要听他们的？他们又不听我们的！"

但如果我们不聆听他们，我们怎么能指望他们聆听我们？总有人需要先开始。

聆听可能不容易，但根据我的经验，它可以改变一切。我们试图改变他人的心意，但如果我们不去了解，我们怎么能改变他们的想法和心灵呢？即使在面对你的死敌时，你也要记住战争的第一条规则是要了解你的敌人。

当纳尔逊·曼德拉在监狱时，他学习的第一门科目是南非荷兰语，这是他的敌人的语言。[2] 这对他在监狱中的同志来说是令人惊讶的，甚至是令人震惊的，但他深入学习了这门语言，并鼓励其他人也这样做。

然后，他开始深入研究南非荷兰人的历史以及他们在英布战争中的创伤——英布战争期间，南非成千上万的孩子、妇女和老人被关押在英国的集中营。在这个过程中，他对他们的独立精神、宗教虔诚和战斗勇气产生了深深的尊重。这种理解后来在说服他的政治对手同意结束残忍和不公正的种族隔离制度时起了极大的帮助作用。

我们今天所需要的正是曼德拉所树立的那种勇敢聆听的范本。正如他所展示的，聆听具有巨大的力量，可以改变人们的心灵和思想。如果我们想转变威胁我们的家庭、职场、社区和世界的破坏性冲突，没有什么做法比这更重要的了。

聆听是打开人类关系大门的金钥匙，随时为我们所用。然而在我们的日常生活中，我们经常忘记使用这种宝贵的能力。我能想起我在工作时练习聆听是多么谦卑，但有时回到家，我的女儿会说："爸爸，你没有在听我说话！"这是一个非常宝贵的提醒，聆听应当是一种终身的实践。

聆听是我首先对丹尼斯·罗德曼做的事情。通过聆听他，我希望能够聆听金正恩的内心。

聆听并挖掘故事的内核

接触罗德曼并不容易。当我意识到他是唯一了解金正恩的美国人时，我向朋友们询问是否有人有任何办法可以帮我认识他。我的一个朋友认识一个见过芝加哥公牛队前教练菲尔·杰克逊的人。但那次牵线搭桥的尝试并没有任何结果。

然后有一天，当我在山里散步时，我突然想起我90岁的叔叔伯特在芝加哥与公牛队有过生意往来。我打电话给伯特，他建议我与我的表亲卡伦谈谈，结果我发现卡伦曾在一次聚会上认识了罗德曼的一个朋友——洛杉矶钱币收藏家德怀特。在卡伦的介绍下，我打电话给德怀特，解释了我的请求和情况的紧迫性。他慷慨地同意帮忙。

"丹尼斯有时会来洛杉矶并住在我家。他下个月会来。你来和我们一起吃顿晚饭怎么样？"

我迅速同意了，并计划随后飞往洛杉矶赴约。

当我到达德怀特傍山而建、带有铁门的好莱坞风格的豪宅时，德怀特的管家布兰卡通过门禁系统接待了我。德怀特和丹尼斯都不在。德怀特收藏的默片时代的电影海报占据了所有的椅子和沙发，几乎没有地方可坐。福克斯新闻主播在巨大的电视屏幕上喋喋不休。

德怀特半小时后出现了，带着比萨。

"丹尼斯还没来？好吧，他不太靠谱。他有时会去酒吧，通常很晚才回来。"

德怀特打电话给罗德曼，提醒他有客人。

"也许他会回来，我们等等看。"德怀特说，语气有些不确定。

他消失了。过了一会儿，布兰卡问我："你怎么不吃点儿比萨呢？"

"没关系。我会等德怀特。"

"哎呀，他更喜欢独自在楼上吃饭。"

"噢，好吧。"

过了一会儿，布兰卡决定给丹尼斯打电话提醒他有访客。她让我接电话。但当我开始和罗德曼说话时，他挂断了我的电话。

我开始感觉我进入了死胡同。我考虑返回机场的酒店，赶早班机回家，但就当此时，德怀特突然重新出现了。我简明扼要地给他讲了讲我和罗德曼的通话，或者甚至称不上通话。德怀特说："好吧，那你留下来过夜如何？我可以给你他正上方的房间。有时他凌晨三四点才回来。也许你可以逮住他，和他谈谈？"

这似乎不是很有希望，但赌注很有吸引力。我叹了口气，接受了德怀特的好意，打电话给酒店，更改了我的航班，并取消了第二天回家后的安排。

我睡得并不踏实。我一直在留意罗德曼是否回来了，但什么也没听到。在我终于睡着之后，我却在早上6点左右被一辆小汽车离开的声音吵醒。

"真烦，我错过了机会。"

但当我进入主屋时，布兰卡说："那是德怀特离开了。你很幸运。

第六章　聆听：积极谈判的重要环节

丹尼斯昨晚一定回来了,因为他的车在这儿。问题是,他经常睡上两三天才起床。"

消息传进我的耳朵,她看到我脸上失望的表情,问:"你想让我叫醒他吗?"

我犹豫了,想起了前一天晚上令人恼怒的对话,但我再次提醒自己和他见面很重要。

"我想是的。是的。谢谢。"

她消失了,几分钟后才回来。

"他说他会出来的。"

然后她离开去看医生了,只留下我一个人等着。

45分钟后,前门开了。丹尼斯·罗德曼走了进来,他身高约两米,手臂和腿上布满文身,耳朵和鼻子上穿着环,重复着前一天晚上的话:"糟透了,伙计。"

"我知道。听我说,很抱歉这样打扰你,但这很重要。如果我们想避免核战争,了解金正恩的内心至关重要。你是唯一一个似乎了解他的人。我很想听听你的见解。"

罗德曼从冰箱里拿了一瓶水,然后我们坐在了泳池旁边。

他开始描述他第一次访问朝鲜。他告诉我,在一场篮球赛上,他很惊讶地发现金正恩突然坐在了他身边,然后他们那天晚上一起出去吃饭,再一起去喝酒。那是他们第一次变得亲近。

"金正恩有一次带我回家,我抱了他的宝宝。"罗德曼的声音里带着充沛的感情。

罗德曼向金正恩承诺,他会带上一些篮球明星在金正恩生日时回到朝鲜。当罗德曼履行了他的承诺时,金正恩告诉他:"你是唯一一个对我信守承诺的人。你是我终身的朋友。"

"可能没人相信这个,"罗德曼说,"但金正恩告诉我他不想打仗。我相信他是认真的,他想要和平。"

罗德曼说话时的坚定给我留下了深刻的印象。他继续说:"金正恩曾经告诉我他的梦想。他的梦想是走在第五大道上,去麦迪逊广场花园,和我坐在一起看公牛队对阵尼克斯队。你相信吗?"

得到了这个关于金正恩梦想的小金块,对我来说,这趟旅行就值了。就像我听到巴西朋友阿比利奥(我之前提到过他的故事)告诉我他关于自由的梦想时,我听到了小小的铃铛声。我瞥见了抽象的形象背后真实的人,一个狂热的公牛队少年粉丝。在一次狂野的想象飞跃中,我开始畅想让金正恩的梦想成真需要什么。

为什么不试着找出答案呢?当我们面对的消极可能性如此黑暗时,我们需要寻找任何一线积极的可能。罗德曼与金正恩的对话让我看到一丝可能性,金正恩有可能对与美国、与西方接触持开放态度。如果他和特朗普能见面(这在当时看起来非常不可能),也许,只是也许,我们或许就可以立即缓解危机,避免核战争。

当我聆听丹尼斯·罗德曼说话时,我突然意识到,他与金正恩发展出如此亲密的关系的一个可能原因是,他们似乎分享了同样的"全世界与我为敌"的感觉。他们两个似乎都感到被误解、被低估、被污名化,并被视为局外人对待。他们想证明诋毁他们的人是错误的。

根据我对唐纳德·特朗普的了解,他也拥有一些相同的性格特征。与金正恩和罗德曼一样,他非常喜欢证明世界是错误的。在心理层面,他们三个人是相似的。

那天,聆听丹尼斯·罗德曼的见解,激励了我在未来两年里致力于解决朝鲜冲突的工作。几个月后,在白宫与一位高级专家会面时,我问他们是否有人曾经和罗德曼这个唯一了解金正恩的美国人聊过,答案是没有。他被认为是一名不严肃的相关方。然而,我发现与他的对话对我而言,在心理上是揭示性的,非常容易激发洞见。

唐纳德·特朗普和金正恩在2017年夏秋开始大肆攻击对方。但令几乎所有人(也许除了丹尼斯·罗德曼)惊讶的是,这两个敌对方一年后在新加坡的第一次历史性会议上成了朋友。

尽管两位领导人的三次会晤没有达成和平协议,但他们确实改变了面对冲突的心理状态。虽然冲突远未被解决,但它已经开始发生转变了。核战争的风险显著降低——根据专家的意见,从高达50%降至低于1%。我发现晚上我可以更安心地睡觉了。

与丹尼斯·罗德曼一同经历的一切提醒了我在试图理解对方的需求和梦想时坚持不懈的价值。谁能预见特朗普和金正恩后来发展出了看似不太可能的友谊呢?当特朗普谈论他从新朋友金正恩那里收到的"情书"时,他被嘲讽了。但与罗德曼的对话,对我来说,在心理层面是有意义的。

这种聆听有点儿像侦探工作。我们试图深入挖掘故事的内核。持续地挖掘和聆听,直到你发现金子——他们的梦想和恐惧。这就是你开始构建金色之桥的方式。

聆听以建立联结

在冲突中,我们会自然地从我们自己的思想、我们的立场、我们认为正确的东西出发。深度聆听意味着离开我们的想法,从他们的想法出发,开始对话。这意味着基于他们的参照框架进行聆听,而并非只基于我们自己的。

在深度聆听中,我们不仅聆听说出来的话,还要聆听没有说出来的话。我们不仅听言语，还要听言语背后的东西。我们聆听对方的感受和看法，聆听他们的欲望和需求、恐惧和梦想。我们对他们真正地感到好奇。我们聆听以建立联结。

我学到的最生动的聆听以建立联结的一课，可能来自与委内瑞拉时任总统乌戈·查韦斯的第一次会面，那是在我之前描述的动荡的午夜遭遇8个月以前。

那是2003年3月。在委内瑞拉，人们普遍担心内战。美国前总统吉米·卡特要求我拜访查韦斯，探讨避免暴力的方法。我倾向于不过于着急，避免失去影响该国领导人的宝贵机会。我告诉自己，我可能只有一次机会，很可能只会得到他的几分钟，我能提供的最佳建议是什么？我开始认真思考，并开始演练我要说的话。

在会面前一周，我正在巴西探亲，在雨林中听到有人唱一首老歌，其中有一句像闪电一样击中了我："不要向那些不想听的人提供建议。"

句子短小却充满原住民智慧，我越回想就越觉得它有道理：只有在被邀请时才提供建议。放下我所有的议程，只准备去会面，准备聆听。要到场并聆听查韦斯的思想和心灵。聆听只有在那一刻才可能出现的可能性。我要接受失去我唯一机会，接受可能无法传达我准备好的想法的风险。

放下我的议程并不意味着不做准备，而且恰恰相反。为了在那一刻注意到所有的可能性，我需要研究这个人。我阅读了有关查韦斯的资料，深入研究他的演讲，试图从他的生活故事中学习，聆听他的驱动力和梦想。尽可能多地了解查韦斯将帮助我看见他的思想。

会面的那天早上，我在我住的客房前的花园里坐了一会儿。自然美景让我焦虑的心境得以平静，让内心瞬息万变的聒噪之声止息。

一个小时后，当我的出租车接近总统府的大门时，抗议者堵住了道路，大声敲打着引擎盖。这让我吃惊。愤怒和恐惧的情绪在人群中高涨，但最终出租车被放行了。

进入总统府后，我和我的朋友兼卡特中心的同事弗朗西斯科·迭斯发现走廊里排着长队，市民们在等待与总统见面。看来我们的会面可能只是一次快速的礼节性拜访。当弗朗西斯科和我在等待轮到我们的时候，我再次停下来，清空我的头脑。我准备尽可能深入地聆听，集中我全部的注意力——为了能够迎接这一刻。

经过大约一个小时的等待，弗朗西斯科和我被带进了一个宽敞的装饰华丽的客厅，总统就是在那里接待客人的。他用一个大大的微笑和坚定的握手向我们打招呼，并示意我们坐在他旁边的沙发椅上。他期待地看着我。

"卡特总统向您致以友好的问候。"我说。

"谢谢。请转达我对他的问候。"

"我会的，很高兴为您转达。"

我停顿了一下，看着他。"我知道我们都有个5岁的女儿。"

"啊，是的，罗西内斯。"他笑着说他女儿的名字。"你的女儿呢？"

"加布里埃拉。我们叫她加比。她们在这个年龄特别招人喜欢，对吗？"

"是的，非常招人喜欢。"他赞同道。

"当我进来的时候，"我继续说，"我看到了西蒙·玻利瓦尔的许多画作。我一直在阅读一本关于他的优秀传记。多么有远见和勇敢的领袖啊！"

查韦斯立刻变得兴奋起来。以我对他的了解，我知道这位19世纪拉丁美洲西班牙殖民地的解放者是他最崇拜的人，是他最钦佩的领导人。我感觉，查韦斯的梦想是成为现代的玻利瓦尔。

"我最喜欢的玻利瓦尔画作就在这里。"他指着看看我们的玻利瓦尔的巨大肖像,兴奋地说。

"你知道我为什么在这里吗?"他问。"早在1992年,我还是一个上校时,我接到命令,要用武力镇压因食品价格上涨而抗议的人。西蒙·玻利瓦尔警告道:'永远不要向自己的人民开火。'所以我组织了一场起义,最终进了监狱。当他们因民众的要求而释放我时,我开始竞选总统。"

查韦斯继续讲述他在军队的生活,他在军营里因阅读经济学和政治书籍而受到斥责,他在监狱中的时光,以及他的总统竞选活动。几乎一个小时过去了。

当他讲完自己的故事后,他终于转向我,好奇地问我:"那么,尤里教授,你对我们委内瑞拉的冲突有什么看法?"

那是给我的提示。只有在被问到时,我才提供建议。

"查韦斯总统,我在许多内战中作为第三方进行调停工作。流血一旦开始,就很难结束。我相信,作为这个国家的领导人,您有一个巨大的机会。也许只有您才能在内战发生之前阻止它。"

"我该怎么做?"他问。

"与反对派开始对话怎么样?"我建议。

"和他们谈话?"

他的脸涨得通红,眼睛闪烁着明显的愤怒,他的声音变得尖锐又响亮。

"他们是叛徒,他们不到一年前就在这个房间对我发动了政变,想杀了我!"

他用手示意他在房间里被扣留的确切地点。我停顿了一会儿,深呼吸,不知道该如何回应。我没有试图说服他,只是简单地回想了我听到的。

"我完全理解你。既然你根本不能相信他们,那么和他们谈话又有什么用呢?"

"没错!"他回答道。

然后我脑海中出现了一个想法。

"既然你一点儿也不相信他们,那我问你:他们现在可能采取什么行动,给你一个可信的信号,表明他们准备改变?"

"信号?"他问。他停下来考虑这个意想不到的问题。

"是的。"我点点头。

"嗯,有一件事,他们可以停止在他们的电视台称我为猴子。"

他苦笑着,说出"猴子"这个词时,他的脸扭曲成了一个鬼脸,显然他把它当作对他部分原住民血统的种族歧视。

我耳朵竖起来了。正如我在别的地方所观察到的,被羞辱的感觉显著增加了升级到暴力的可能性。

"这是完全不可接受的,"我说,"他们当然需要停止。他们可能发出的另一个信号是什么?"

"嗯,他们可以停止让穿制服的将军在电视上呼吁推翻政府。这是叛国!"

查韦斯开始喜欢这个关于信号的想法。随着我们的对话接近尾声,他指定了内政部长(坐在一边)与弗朗西斯科和我合作,制订一份清单,使各方都可以采取行动,建立信任并降低危机。他要求我们第二天回来报告进展。

一扇可能之窗刚刚意外地被打开了。

当我向总统告别时,我瞥了我的手表一眼。两个半小时已经过去了。我确信,如果我按照最初的想法,在会议开始时提出我的建议,他会在简短地聆听后结束会议。相反，因为我聆听了他，这场会议变得富有成效，并成为许多后续会议的第一场。一段关系得以发展。这个赌注得到了回报。

后来，卡特总统打电话告诉我，他听说查韦斯非常喜欢我们的会议。卡特似乎很惊讶，我也一样。毕竟，我是一个美国人，查韦斯以对美国人持怀疑态度闻名。我是一个没有任何权力的学者，而他是一个强大的政治领袖。这是一种不太可能的人际关系。

这对我来说是很重要的一课。在这次会议之前，我犯了一个非常常见的错误，那就是专注于我能对他说什么，而不是我如何聆听他。这是我们常常陷入的冲突陷阱，特别是在当今时代。

来自那首巴西歌曲的智慧提醒了我，向那些不想听的人提供建议是徒劳的。这并不意味着采取被动态度。相反，这意味着我必须努力让另一个人想要接受我的建议。如果我希望查韦斯听我说，很自然地，我就需要从聆听他开始。

这次经历，或许比其他任何经历更能教会我如何冒险放弃我准备的议程，尽管那可能很难。我学到了，只有这样我才有望取得突破。

放下成见

我们理解对方的最大障碍之一是我们的成见。在冲突的情况下，我们感到受到威胁，自然会采取防御姿态。我们的思维变得有限，很容易陷入刻板印象。我们会评判对方。

设身处地为他人着想，要求我们暂停评判并放下我们的成见。即使是作为一个经验丰富的调解者，我也发现自己需要一次又一次地学习这一点。

2012年,我开始与我的同事戴维·莱施一起研究叙利亚内战,他是美国的一位杰出的历史学家,专门研究中东政治。他为叙利亚总统巴沙尔·阿萨德写了一本富有洞察力的传记。

战争已经持续了一年,戴维向我哀叹交战双方之间完全没有对话。他们几乎不了解对方是如何看待局势的,以及他们真正想要什么。戴维曾试图组织一场非正式的保密对话,但恐惧、怀疑和敌意阻碍了这一进程。

所以我向他提出做一个间接聆听的练习。他和我以及其他同事将聆听冲突各方见多识广且联系紧密的领导人。我们将向他们提出相同的一系列问题:冲突是如何开始的?他们的担忧和恐惧是什么?他们对未来的梦想和愿望是什么?我们将收集所有答案,然后向领导人传达我们所了解到的。虽然这个练习不能取代各方之间的直接对话,但我们希望它有助于增进相互理解,作为未来谈判的前奏。

作为练习的一部分,戴维、他的同事和我在2012年圣诞节前一周,在土耳其的加济安泰普城外一个距离叙利亚边境几英里①的地方一起待了一周。³战火纷飞,成千上万的人正在死去,数百万难民逃往四面八方。

我们安排了对十几名叙利亚叛军指挥官和反对派政治领导人的访谈。他们会退出战斗接受访谈,随即再回到人间地狱。气氛沉重,每天都有人在失去生命。我们采访过的一位叛军指挥官刚刚在战斗中失去了妻子和孩子。当我听着关于流血和暴力的叙述时,我感到胸口发闷,胃里翻江倒海。

最后一天,我们的受访者是一个20多岁的年轻人,身材魁梧,

---

① 1英里约为1.6千米。——编者注

留着胡须。他是一名率领 3 000 多人的指挥官,被当作一名激进派别成员介绍给我们。

回忆起"9·11"袭击的悲剧和创伤,我意识到自己的刻板印象正在发挥作用。当我看着他时,我决定偏离标准问题,尝试以一种更个人化的方法来深入研究表面之下的东西。

"战前你的职业是什么?"

"我当时在上大学。"

"哦。你当时在学什么?"

"诗歌。"

"诗歌?"我很惊讶。

"是的,我当时在学习诗歌。我来自一个诗人世家。事实上,我在全国诗歌比赛中获得了一等奖。"

他吟诵了几句古典阿拉伯语诗歌。听起来很美,我发现自己很感动。

"那么你是如何成为一名战士的呢?"

"16 岁时,我写了一首诗,暗指这里的政治局势。当局发现后将我带去审问。在监狱里,我受到了酷刑。"

"酷刑?"我重复了一遍,感到震惊。

"是的。我被施刑三次。去年革命开始时,一切都是和平的。但随后安全部队开枪了,我看到我的朋友和抗议者同胞在我眼前被屠杀。我别无选择,只能加入叛军。"

我不禁生出本能的同理心。

"我明白了。如果可以的话,我想问你另一个问题。我对你个人的梦想很好奇。战后,你想做什么?"

"嗯,我不太可能活下来。但如果我能活下来的话,我在埃及遇到了一名年轻女子,我想娶她并组建一个家庭。这是我的梦想。"

他说话时,眼睛里闪烁着光芒。然后我们把话题转向他的恐惧和希望。

"当你想到国家的未来时,你最担心的是什么?"

在我的想象中,他会说出他的政治敌人——国内的或是国外的。相反,他说:"我最担心的是极端分子。"

我惊呆了。我在心里把他归为其中之一。

"为什么?"我问。

"当然,我支持伊斯兰教法。但我认为不应该通过武力强制实行它。我担心那些与我们并肩作战的人想要用武力强制实行它。这确实会分裂我们的国家。"

最后,我问他:"告诉我,你有什么个人信息希望我们带给西方人吗?"

他停顿了一下。

"有,当他们观看有关叙利亚的新闻时,他们把我们视为数字。但让他们想象一下,他们的孩子、妻子是这些数字的其中之一。我们每个人都有生命和灵魂。把这个告诉他们就行了。"

我发现自己一时无言以对,感到卑微。我原本带入谈话的负面偏见消失了。通过带着好奇和同理心去聆听,我能够放下我的立场,融入他的立场。这并不意味着我同意他的观点,而是意味着我把他当作一个人去理解。

谁知道呢?如果我生在他的处境中,在同样令人心碎的情况下,我会追随他的道路吗?谁能诚实地说呢?

当我们告别时,这位年轻的指挥官说了一些很有说服力的话:"你知道,其他西方人——记者和外交官——也来和我们交谈。但你们是最先真正聆听我们的人。"

这对我来说是一个重要的启示：如果我想真正聆听，我就必须放弃先入为主的观念。这在冲突情况下很难做到，但开放的好奇的态度有所帮助。在那场不太可能的对话中，随着每一个连续的问题和回答，我的理解和同理心加深了。

我想起了一句老话：世界上最长的距离是大脑和心灵之间的距离。这并不意味着放弃我们的理性能力。这意味着用我们的头脑和内心来充分发挥我们的潜力。

聆听以示尊重

我有时会问卷入冲突的人一个问题："你还记得任何一个对你很重要的人不听你说话的场景吗？被忽视的感觉怎么样？"

我听到的回答如下。

"不受尊重。"

"被忽视。"

"生气。"

"被贬低。"

"失去信任。"

"被排除在外。"

"现在回想一下你感到真正被聆听的时刻。被人听见的感觉怎么样？"

人们的回答如下。

"有了价值。"

"就像我有了归属感。"

"被接纳。"

"被尊重。"

在我处理冲突的经历中,我很早就注意到,你能做出的最便宜的让步,即代价最少、回报最多的让步就是聆听并给予一点儿尊重。

在有争议的冲突中,尊重可能是我们最不想给予的东西。我们可能会觉得对方不值得我们尊重。但请记住,给予人类的基本尊重并不意味着认可对方的行为,甚至不意味着喜欢他们。

就我在这里使用这个词的意义而言,尊重并不是需要通过良好行为来赢得的东西。每个人仅仅凭借人的身份就应该得到它。即使是极端情况下的敌方战士也常常能够表现出这种基本的人类尊重。

表现出尊重不是来自软弱或不安全感,而是来自力量和自信。对他人的尊重直接源于对自己的尊重。你尊重他人并不是因为他们是谁,而是因为你是谁。

尊重只是意味着给予对方作为人的价值并积极关注他们。"尊重"一词来自拉丁词根"re"(意思是"再次")和"spectare"(意思是"看")。它的意思是再看一遍——认出加剧行为背后的人。

尊重意味着以你希望被赋予的尊严对待他人。尊严是每个人与生俱来的权利。当我们尊重他人时,我们就尊重存在于我们内心的人性。从这个意义上说,尊严是不可分割的。

有一次,当我在委内瑞拉冲突的激烈时刻主持一次会议时,安德烈斯·贝略天主教大学校长路易斯·乌加尔德神父介入并发表了一项明确而有力的声明:"让我们先弄清楚三件事。首先,对方是存在的。其次,对方有自己的利益诉求。最后,对方拥有权力。"[4]

他的干预是正确的,因为缺乏对对方的尊重是在这场冲突中取得进展的主要障碍。在当今两极分化的冲突中,校长说的这三点给了我们很好的提醒。

表达人类基本尊重的最简单的方法就是聆听。

从聆听自己开始

聆听并不总是容易的。

在激烈的冲突中，我们的脑海中自然而然地充满诸如恐惧和愤怒等想法与情绪。我们几乎没有心理或情感的空间去聆听和理解对方在说什么。面对攻击和威胁，我们自然会做出反应，开始为自己辩护并责怪对方。即使我们想要聆听，我们也可能无法做到。

我发现，聆听他人的秘诀首先是聆听自己。这始于走向看台。如果我找不到暂停和自我充实的方法，我如何找到聆听的能力？如果我不拉近我真正想要的东西，我如何拉近以聆听他人真正想要的东西？如果我不推远以看到全局，我有什么动机去聆听？看台是桥梁的先决条件。

当我开始写这一章时，正如生活里常见的那样，我的女儿加比和我之间出现了严重的分歧。直接问题是因新冠疫情而多次推迟的旅行承诺。当我们最终重新安排好旅行时，我意识到我去不了，并试图解释原因。但在我看来可以理解的理由，却被她看作对承诺的破坏。她感到非常受伤，并与我断绝了所有联系。

我也感到很受伤，这感觉就像在我心上开了一个洞。她住得很远，所以我多次写信给她道歉并试图修复关系，但她认为我的努力不够。我收到的专业建议只是给彼此一点儿时间，但随着时间的流逝，我们之间的情感距离似乎只会增加。我非常难过，感觉被难倒了。

回顾这段痛苦的经历，我现在可以看到我没有真正聆听加比，聆听她的感受和看法。我以为我在聆听，但现在我意识到，我更多是用头脑而不是心去聆听的。我在保护自己的感受，而不是深入聆听她的感受。

在我能够聆听女儿之前，我首先需要聆听自己，看看我在哪里没有完全在场。我需要暂停并走向看台。如果我想更加意识到她的感受，我需要更加意识到自己的心理模式。我不应该把问题归咎于她，而是需要承担全部责任。我必须放下任何想要站在正确一方的冲动。我必须展现出更多的谦卑和脆弱。

聆听自己帮助我聆听女儿。我以为我理解了她，但当我重读她给我的信息时，我发现我的理解是不完整和肤浅的。我必须脱离自己的立场，设身处地为她着想。即使我的观点对我来说似乎是合理的，我也需要重新从她那边开始。

在一条我发送给她的语音消息中（这样她就能听到我的声音），我开始逐点仔细确认她对我说的话。我为关系破裂承担了全部责任，谦卑地道歉，并请求她的原谅。当我这样做时，她回应了。我们在接下来的一周见面并一起度过了宝贵的时光。我们花了一整天待在一起，只有我们两个人，聆听对方并回答对方可能问的任何问题。我们的关系开始愈合。

尽管看起来十分微不足道，但对我来说这其实是重要的一课。它再次向我展示了聆听多么困难。无论我的战争和政治斗争相关的工作有多困难，我发现没有什么冲突比家庭内部的冲突更具挑战性。在与你所爱的人修复裂痕时，聆听从未如此令人满足。

聆听——深入、开放、好奇、带有同理心和尊重的聆听，它的简单力量是跳出冲突陷阱并开拓有创造性的新可能的关键。

第七章

创造:颠覆零和博弈思维

我们永远不应该让自己被非此即彼的思维霸凌。通常存在比这两种选择都更好的可能性。

——玛丽·帕克·福莱特[1]

"要说服这些已经战斗了 50 年的游击队放下武器,我们需要做些什么?"

这是哥伦比亚总统胡安·曼努埃尔·桑托斯向他挑选的和平谈判小组和顾问团队提出的艰巨挑战,他们要在 2012 年 2 月与哥伦比亚武装力量(FARC)展开秘密的探索性会谈。[2]

为了协助他自己和谈判团队,桑托斯组建了一个不同寻常的国际顾问团队。

乔纳森·鲍威尔曾为英国首相托尼·布莱尔担任了 14 年的幕僚长。乔纳森曾是北爱尔兰的首席谈判代表,帮助结束了那里长达 30 年的战争。

什洛莫·本-阿米曾是以色列外交部长,在奥斯陆和平进程期间与巴勒斯坦人进行谈判,该进程起初充满希望,但最终悲剧性地失败了。

华金·维拉洛沃斯曾担任萨尔瓦多的一支游击队的指挥官 20 年。他是结束该国长期内战的和平协议的主要谈判代表。

达德利·安克森曾是一名英国官员,拉丁美洲政治和安全事务专家。

在我既往的人生中,我从未在这样的团队中工作过。每个人都带来了不同的优势和世界级的实践经验,以应对像解决哥伦比亚内战这样的"不可能的任务"。我很荣幸也很庆幸能与他们共事。说实话,我感觉有点儿像被邀请加入复仇者联盟——漫威漫画书中的英雄团队。

世界上没有哪个冲突看起来比已经困扰哥伦比亚近半个世纪的内战更棘手。那里很少有人记得生活在和平中是什么样子。在 50 年中,战争夺去了 45 万人的生命,产生了 800 万受害者。[3]

这里最大的游击队就是 FARC,其力量由于毒品交易和绑架提供的无尽资金而得到加强。这些战士和他们的领导者在20世纪60年代就在丛林中找到了庇护，而他们的心态几乎没有改变过。在随后的50年里，有许多谈判尝试失败了。最近的一次谈判尝试发生在10年前，但它灾难性地崩溃了，政府和总统在公众眼中受到了羞辱。[4]

从那时起，游击队被政府正式列为"恐怖组织"。与这样的团体进行谈判似乎是一项愚蠢的任务，对于任何可能尝试的领导人来说都或许是政治自杀。

但是桑托斯这位新总统和前国防部长，想要尝试看似不可能的事情。尽管和平似乎难以捉摸，但有什么比它更能给他的国家留下更大的遗产呢？20年前，他曾在哈佛度过了一年，担任罗杰·费希尔谈判研讨会的助教。他了解过谈判可能提供的创造性可能。

应桑托斯总统的请求，我于2011年6月飞往波哥大。我的计划是举行一次会议，希望它能提供一些谈判思路。当我们在总统府交谈时，我对他强烈的决心印象深刻。根据我在其他地方的工作经验，我非常清楚要转化这样一场复杂且根深蒂固的冲突会有多难。但他似乎愿意投入他享有的政治好感，以及他作为国防部长建立的信誉，冒险给和平一个机会。这种无谓的受苦触动了我，我被结束这一切的可能性激励，尽管它很小。当他请求我的帮助时，我本能地想答应。

我并不知道，在接下来的7年里，我将前往哥伦比亚25次。根据我以往处理这种棘手冲突的经验，我知道：任何可持续的结果都不可能是非此即彼的。非此即彼意味着要么一方单方面胜利，要么另一方单方面胜利。我们必须寻找一种兼容并蓄的出路：一种双方都可以称之为进步的结果，即使那不是真正的胜利。需要让所有哥伦比亚人获得共同胜利。为了应对这一挑战，我们需要发挥我们天生的创造力。

创造力

创造力是人类固有的能力。每个孩子都天生具有创造力。我们几乎所有的人类成就,从科学到艺术再到音乐,都要归功于我们创造性智慧的实际运用,无论是个人智慧还是集体智慧。

创造意味着产生满足各方利益的具体选项。创造性的行为将非此即彼的困境转化为兼容并蓄的结果。在我的教学中,我喜欢给参与者一个简单的挑战:"想象一个日常场景:一天早上,一个员工走进你的办公室要求加薪。你告诉他们你很抱歉,但是预算中没有钱。他带着明显的失望离开了你的办公室。你开始担心,因为这个人工作做得很好,可能会感到气馁,并开始寻找另一份工作。"

"这是一个挑战,"我告诉参与者,"我想让你们想象员工要求加薪的可能利益,除了金钱。如果加薪是他们的立场,那么背后的可能动机是什么?"

想法如雨后春笋般涌现。

"认可。"

"希望在职业生涯中取得进步。"

"自我价值。"

"与做同样工作的人的不公平比较。"

"更多的职责。"

"生活成本上升。"

"孩子的教育费用。"

"赡养年迈的父母。"

"结婚。"

"离婚。"

第七章 创造:颠覆零和博弈思维

"很好。"我告诉参与者们，"现在我希望你们运用创造力列出至少10个具体的选项。加薪只是其中1个选项。鉴于预算中没有钱，你能提供其他哪些具体的东西给你的员工，以满足他们一个或多个利益？"

想法又如潮水般涌来。

"一个新的头衔。"

"晋升但不加薪。"

"代表组织出差。"

"灵活的工作时间，用于照顾年迈的父母。"

"能够在家工作。"

"一个奖项。"

"邀请他们向董事会做演讲。"

"一份职业规划。"

"一个高曝光度的项目。"

"解释薪资等级的公平性。"

"学费贷款。"

"明年加薪的承诺。"

"问问他们自己怎么想的。"

我对我们的创造力在自由头脑风暴时能够如此轻易地溢出感到惊讶。想法像爆米花一样迅速爆开。每个人很容易就能想出几个点子，但当大家在一起时，团队想出的点子远远更多。

"我们只花了5分钟。"我告诉参与者，"虽然大部分利益可能不适用，大部分选项可能不可行，但只要有一个利益和一个选项，你就可能拥有一个更满意的员工。你对时间的微小投入，可能会使你获得巨大的回报。"

通过深入探究人们真正想要的东西，我们会发现，尽管各方的立场可能严格对立，但他们的利益并非如此。这给了我们一个机会，在分割之前扩大这张饼。对创造力的应用可以为所有人提供更多东西。

这个练习简单展示了人类创造力在解决难题时被释放出来的力量。我们可以在周围的奇妙新技术中看到创造力的应用。问题是：我们能否将同样的个人和集体创造力应用于转化今天各方均无胜算的冲突？

应用集体的创造力

在我首次飞往哥伦比亚与其他国际顾问会面之前，和平高级专员塞尔吉奥·哈拉米洛打电话问我："您需要什么来促进我们的谈判策略会议？"

"两本翻页挂图和一些彩色记号笔。"我回答道。

与FARC的探索性会谈即将开始。桑托斯总统要求我们准备一个谈判策略。他正在承担巨大的政治风险，而且谈判如果被曝光，就很容易被破坏，因此会议需要保密，以查看能否达成初步的原则性协议。国际顾问的参与也需要保密。我们被总统的安全小组迅速带入和带出该国，而且在我们在那里的时候被隔离了。

塞尔吉奥为我们所有人找了一个安静、私密的会面地点，那是位于热带雨林深处的一栋别墅，从波哥大开车下山过去需要4个小时。总统的哥哥恩里克·桑托斯开车送我去那里。桑托斯总统请求他的哥哥加入探索性会谈的代表团，作为向对方表示严肃态度的信号。

在年轻时，恩里克与著名作家加夫列尔·加西亚·马尔克斯一起创立了一份左翼杂志《替代性》，并且认识了后来转入地下战斗的许多FARC领导人。

到达别墅后，我发现翻页挂图就架在户外游泳池附近。天气酷热难耐。

总统的挑战看起来真的很难。我们怎样才能说服游击队解除武装呢？

哥伦比亚军队每天都在对游击队施加巨大的军事压力。但是，游击队可以被邀请走过的桥梁——金色之桥——在哪里呢？为此，我们需要大量的创造力。

当我们 10 个人——5 位顾问和 5 位和平谈判代表——聚集时，我决定通过我最喜欢的可能主义者练习来激发我们的想象力：撰写对方的胜利演讲稿。正如我之前所描述的，胜利演讲是一种创造性的思维实验，它鼓励我们想象成功并从成功开始逆向操作。

"想象一下，"我向小组提出，"FARC 已经接受了政府的提议。虽然这可能看起来不可思议，但他们原则上同意在和平协议的背景下解除武装和解散。这将是 50 年战争以来他们第一次同意甚至讨论这个问题。现在想象他们的领导人季莫琴科必须站在战士们面前解释为什么 FARC 领导层决定接受政府的提议。他可能会说什么呢？

"恩里克，我知道这不容易，但想象一下我们都是游击队员，你作为季莫琴科对我们讲话——你会说什么？"

恩里克试图推辞，但大家都鼓励他尝试一下。于是他站起来面朝我们。我请他用第一人称发言，就好像他是 FARC 的领导人一样。

"同志们！"他宣布，"我们为了社会正义的神圣事业已经勇敢地战斗了将近 50 年。许多人已经倒下，我们把他们记在心里。现在我们有机会以一种不同的方式继续为人民的权利而斗争——通过谈判桌上和选票箱里的斗争……"

恩里克说了几分钟。他以这样的话结束："我们永远不会投降！

斗争将继续进行，直到我们实现我们的目标！"

大家自发地站起来，向他报以掌声。

我们再次坐下后，我问大家是否有任何问题要问"季莫琴科"，也就是恩里克。第一个问题来自萨尔瓦多的游击队前指挥官华金："我们怎么知道这不是一个骗局？"

"我们有准备，"恩里克以 FARC 领导人的假设身份回答道，"我们不会放松警惕。同时，我们当然会继续战斗。"

问题很棘手，但恩里克回答得很好。

参与者们现在面带微笑，笑声不断。我们的创造力正在不断溢出。我们正在挖掘人类固有的游戏能力。和平的可能性似乎依然存在。

于是我转向翻页挂图，问小组成员："当你们听'季莫琴科'讲话时，他触及了哪些主要利益？对 FARC 来说什么最重要？"

"社会正义和土地改革。"塞尔吉奥大声说，"毕竟，这是他们在 20 世纪 60 年代拿起武器的最初原因。"

"政治权力。"前和平专员弗兰克·珀尔说，"他们希望有一天能够治理国家，以便执行他们的政治计划。"

"个人安全，"恩里克提醒小组成员，"还记得 80 年代那 10 年里的杀戮吗？"

30 年前，曾经有一项协议表示，FARC 可以走出丛林参加竞选。但在选举期间及之后，他们的几十名领导人被暗杀，超过 4 000 名追随者被杀害。[5]

我在一本翻页挂图上记录了小组成员的回答。

在 10 年前的上一次谈判尝试中，参与者制定了一个包含 100 多个问题的议程。它复杂得令人绝望。[6] 这一次，我们决心尽可能保持简单，给和平最好的机会。

所以我问小组成员："我们能在谈判议程上提出哪些要点，大约四到五个，以解决FARC的利益，并使季莫琴科能够发表这次演讲呢？"[7]

我在问他们协议的核心是什么。

用我的谈判同事威廉·扎特曼的话来说，什么方案会包含交易的精髓？作为解除武装和解散的回报，FARC能得到什么？

我转向第二本翻页挂图，开始记录参与者的回答。我们都同意从土地改革开始是有意义的：为那些没有土地的人提供土地使用权，减少农村贫困，并将公共服务扩展到农村地区。

"这将使FARC领导层能够向他们的支持者和战士展示他们通过长期斗争得到了一些东西，"恩里克指出，"这将帮助他们解释为什么他们要放下武器。这让他们保持了荣誉感。"

"这是因为我们的政府也想要土地改革。我们认识到这是国家的一个大问题，需要解决，"塞尔吉奥解释道，"事实上，我们正准备在国会提出一个关于这个问题的大议案。所以我们很容易讨论，因为我们有很多具体的提案。"

"我们为什么不推迟提出那个议案，把它变成FARC的功劳呢？"弗兰克问。

"好的，"我说，"土地改革之后，第二项会是什么？"

"为了解决他们对政治权力的兴趣，我们可以谈论政治参与，这样他们就可以看到他们将自由地竞选公职。"桑托斯总统的密友露西娅·哈拉米洛提议。

"这一次，我们必须与他们密切合作，确保他们的个人安全。这对他们来说很重要。"恩里克补充道。

对话继续进行。提议议程上的最后一项是放下武器——解除武装。FARC只有在能够在其他项目上看到进展时，才会被要求讨论解散和解除武装的安排。

草拟的谈判议程是小组创造性努力的成果，从想象对方的胜利演讲开始。深入挖掘每一方的利益和需求，小组为互利制定了创造性的方案。它旨在作为一份最终协议的核心，而事实也正是如此。

政府谈判代表带着草拟的议程在几周后秘密前往哈瓦那。受到翻页挂图的启发，塞尔吉奥在哈瓦那安排了一块白板，在那里向 FARC 谈判代表展示了提议的议程项目。

双方详细讨论了每个项目并进行了修改，但本质保持不变。议程变成了一份 5 页的框架协议，在 6 个月的谈判后由双方签署。[8]

在 2012 年 9 月 4 日晚上，桑托斯总统向全国发表了电视讲话，宣布了秘密会谈的结果和正式和平谈判的开始：

> 我深信我们面临一个真正的机会，可以最终结束内部武装冲突……如果我们获得成功，我们将结束那长达半个世纪的暴力黑夜……我们不能让新一代继续像我们一样出生——不知道和平的一天是什么样子。[9]

框架协议成了接下来四年艰难谈判的组织大纲。其结果是历史性的和平协议，结束了世界上时间最长的战争之一。[10]

在多年的充满挑战的谈判中，和平专员塞尔吉奥·哈拉米洛提起我那本在酷热丛林中游泳池边的翻页挂图："一切都始于那本翻页挂图。那是协议的精髓。"

这是一次非凡的经历，展示了利用集体智慧和创造力转化一场看似不可能的冲突的力量。

第七章 创造：颠覆零和博弈思维

积极影响冲突

在我的脑海中,我能穿越35年,从2012年2月哥伦比亚乡村游泳池边的翻页挂图,穿梭到1977年2月哈佛教师俱乐部的另一本翻页挂图。我心里一条假想的线将这两本翻页挂图连接。正是在由罗杰·费希尔组织的"设计研讨会"上,我学到了在面对具有挑战性的冲突时激发人类创造力的力量。

当时我是一名社会人类学专业的研究生。正如我之前所述,罗杰请我协调一个定期的每两周一次的会议,讨论国际冲突问题,参与者包括教职工、访问外交官和政策制定者。在会议期间,我的工作是促进想法的流动,并用彩色记号笔在房间前面的翻页挂图上记录。

在这些会议中,有的会议可能会关注阿以争端,有的则会关注北爱尔兰的暴力问题,有的可能讨论在南非结束种族隔离,还有的可能讨论美国和苏联之间的冷战。

我首先注意到的一件事是,研讨会上提出的问题与平常我们探讨的截然不同。通常在这样的学术讨论中,参与者会探讨正在发生什么以及为什么会发生这些问题。有时会有一些推测:接下来会发生什么?

与此相反,罗杰提出的主要问题是:谁明天早上能做什么?换句话说,哪位领导人做出的哪个决定,能够降低冲突的紧张度或中断战争?

我们关注的不仅是分析,更是建议。目标是基于分析提出切实可行的建议。我们关注的不仅是预测,更是解决方法和预防措施。目标不只是警告某种形势会加剧,更是弄清楚如何缓和该形势。

在我熟悉的学术讨论中,人们认为我们没有自主性——没有影响形势的力量。冲突是棘手的,我们基本上无力做任何事情,除了谈论它和分析它。其他工作并不是我们的职责。

在"谁明天早上能做什么？"这个问题背后，假设的是冲突并非无法管理，我们可能能够积极地影响它。这就是我们的任务。

我意识到罗杰的问题具有革命性。冲突看起来似乎是不可能解决的。但如果从那里开始，你很可能也会在那里结束。关于不可能性的假设是一个自我证实的预言。然而，如果你从可能性开始，虽然没有保证，但你最终可能会得到一个能提供帮助的实用的可能性。起点即我们最初的假设是非常重要的。

这个简单而有力的问题——"谁明天早上能做什么？"，多年来一直伴随着我。这是可能主义者的标志性问题。

设计研讨会的目的是产生具体的可操作建议，例如草拟停火协议、总统演讲大纲或联合国安理会决议文件。

我会记录研讨会的结果，然后帮助罗杰将它们转化为一份备忘录，目标雄心勃勃地指向能够对冲突产生积极影响的关键决策者。罗杰希望为决策者提供一个他所说的"可行提议"，这是一个具体可行的建议，如果被接受，将直接导致变化。他对创造力持开放态度，但也强调在思考实际问题时的严谨性。

为了在设计研讨会中鼓励创意，罗杰设置了较低的可行性门槛。对他来说，这意味着决策者至少有 5% 的机会说"是"。他认为，考虑到人命和资源的重要性，即使我们只能提出一个只有 5% 成功机会的建议，那也非常值得我们付出所有的创意和努力。

让创造力迸发

我们对问题的彻底重新定义重塑了基本对话规则。

在学术研讨会上,我注意到主导模式是对想法的批评。批评有助于检验和完善想法,但它也抑制了创造力。大胆、创新的想法常常会遭到尖锐的反对和嘲笑。我和我的同学们学会了保留我们更有创造性的想法,不把它们说出来。

然而,在设计研讨会中,我们采用了创新领域的一条基本原则,积极鼓励创造力。

"我们想要你最好的想法,"罗杰说,"大胆的想法非常受欢迎。许多最好的想法起初都是大胆的想法。为了鼓励创造力,我们将采用头脑风暴的黄金法则。所以在晚宴的前半部分,不允许批评。把你的批评留到后面。"

我的工作是不时提醒参与者遵守不允许批评的基本规则——起初我必须经常这样做。有趣的是,教授和外交官们发现,接受我这个研究生的反馈比接受罗杰的反馈更容易,因为罗杰是他们的同行,这对他们来说没有面子上的损失。

用不同颜色的毡头记号笔写下的想法迅速增加,很快填满了翻页挂图。我会撕下那张纸,挂在参与者可以看到的地方。我们不能触摸墙壁,因为墙壁上贴着精致的仿丝绸壁纸,挂着金框装饰的已故教师的画像。于是我即兴发挥,找到了用遮蔽胶带将纸张贴在窗户和门上的方法。我也学会了多带几本翻页挂图。走进这个装饰精致整齐的房间的人会对散落在房间里的混乱的、鲜艳的大张纸感到有些吃惊。我注意到一些人在不动声色地努力憋笑。

结果令人震惊。每个人并没有相互压制,而是争相表现出创造力。他们互相激励。想法变得更好,越来越有创意。

想想在我们的日常生活中,在工作中或在家里,什么阻碍了创造力的流动。最大的障碍是批判的声音。每当出现一个有创意的想法时,我们在会议中，通常也在我们的脑海中，听到下面这些声音。

"那样永远不会奏效。"

"认真点儿。"

"我们之前试过那个。"

"我们从没试过那个。"

"荒谬。"

我认为这些是"杀手短语"——扼杀潜在创意想法的短语。

我从设计研讨会中学到的简单秘诀是将产生想法的过程与评估它们的过程分开。评估至关重要，但最好在人们有机会提出创意想法之后再进行。

一旦参与者生成了初步的想法列表，我们就会要求他们使其批评变得具有建设性。比起攻击一个创意建议，我们建议他们首先找到一个他们喜欢的部分："我喜欢这个想法的一点是……我有一个担忧是……改进这个想法的一个方法是……"

大胆的想法开始成形。某些想法自然地吸引了我们的兴趣，我们将它们作为一个整体进一步发展。

没有一个想法附带任何人的名字。这在学术环境中似乎具有革命性，通常习惯上每个想法都会借由复杂的引用记录被仔细附上名字。翻页挂图捕捉了小组的智慧。这是一个集体解决问题的练习，而不仅仅是我自己习惯的个人构思过程。

进入教师俱乐部时，参与者会在门口寄存外套，然后上楼到私人餐厅。我注意到，我们也在含蓄地要求他们把自我"寄存"在门口。

人们在彼此的想法上添砖加瓦，因此，当我们利用小组的集体智慧时，提议变得越来越好。在其他学术研讨会上，我经常看到参与者在破坏彼此的想法。但在这里，想法得以不断堆砌。小组的智慧超过了任何一个个体。

最后，每个人都在翻页挂图上直观地看到他们贡献的想法是如何成为过程的一部分。没有人能说那是他们全部的想法。我注意到这对一些人来说是有点儿令人不安的，但最终对所有人来说都更令人满意。我们在为和平这一共同事业而一起努力。

我们在晚餐期间会面也有帮助。气氛与会议室的气氛截然不同。共同进餐的行为使经常处于冲突对立面的陌生人建立了联结：巴勒斯坦人和以色列人，巴基斯坦人和印度人，北爱尔兰的天主教徒和新教徒。在他们各自的祖国，面对面会面可能是一个冒险的做法，但在这里，在远离家乡的非政治性的大学环境中，他们能够聚集并进行交流。

在可能的情况下，我们邀请来自对立双方的参与者坐在彼此旁边，而不是在桌子对面。这样，座位安排本身就鼓励了一种肩并肩的视角。我们要求他们把待解决的问题列在翻页挂图上，所以我们在字面上都面对着一个共同的挑战。

现在，这样的会议可能更常见，但在当时它似乎是革命性的，特别是在哈佛大学这样历史悠久的机构的大厅里。我被喷涌而出的创意想法激励。

派出幕僚

1983年，美国军备控制谈判代表、我们设计研讨会的嘉宾之一爱德华·罗尼将军，邀请罗杰和我访问在日内瓦举行的美国与苏联的战略武器限制谈判（START）。我对能够参与感到非常兴奋，因为自从我在学校时起，核超级大国之间的冲突就一直是我担忧的有关存在的问题，而这所学校距离正在进行谈判的地方并不远。

在为美国谈判代表参加了一场上午的谈判研讨会之后，我和罗杰与他们共进午餐。我有机会问他们："我很想知道，在过去的几年里，没有达成任何军备控制协议。但在那之前，有一连串的协议。为什么那时有而现在没有？请帮我理解一下。"

当我提出这个问题时，我意识到这有点儿不礼貌。谈判代表们相互看了看，看谁会回答。一个之前一直保持沉默的老人开口了。

"哦，我们那时能够达成协议有几个原因，其中有趣的一环被我们称为'幕僚'。"

"哦，"我说，我的好奇心被激发了，"幕僚是什么？"

"我们的'幕僚'包括两个美国人和两个俄罗斯人，他们有四个特点：他们精通英语和俄语，因此可以轻松交流；他们有关于主题的技术性知识；他们的级别低于大使；他们是可替换的。"

当说到"可替换的"这个词时，他露出了一丝微笑。

"每当谈判陷入僵局时，这四个人就会悄悄地相聚，有时是在餐厅用餐时，有时是在日内瓦湖中央的渡轮上。他们会自由而随意地交谈。

"他们会提出很多假设性的问题：如果我们以这种方式计算弹头会怎样？如果我们以那种方式计算它们会怎样？

"有趣的是，我们从这些'幕僚'那里得到打破僵局的好主意比从其他任何来源得到的都多。这些'幕僚'的功劳从未得到宣扬，而这正是关键所在。"

他的几个同事会意地点了点头。我猜测，说话的人或许自己曾经就是一个"幕僚"。

"这太神奇了，"我说，"我很想知道，你说的'他们是可替换的'是什么意思？"

"哦，"他回答说，"如果对话进行得太深入，你总可以把他们送回

第七章 创造：颠覆零和博弈思维

华盛顿或莫斯科，并说这些对话从未发生。他们是可以被拒绝加入对话的。"

这对我而言是一个启示。我经常注意到，在谈判中，创造性的想法和潜在的突破很少出现在正式的会谈中，因为各方都保持着警惕和小心。这些情况最常出现在个人之间，他们彼此了解并信任对方。它们发生在走廊里，在喝咖啡的休息期间，在用餐时，或在像湖上的渡轮这样隐秘的环境中。

创造性的想法更容易在人们走到看台上时涌现，当他们有机会暂停下来，聚焦于他们真正想要的东西，并推远以看到全局时。当人们能够深入聆听彼此时，这些想法就会产生。先前的步骤为创造力创造了条件。顺序很重要。

"幕僚"充当了一条"秘密渠道"，这是双方之间的非官方沟通方式。他们在幕后，远离聚光灯——谨慎且可被否认存在。这些是探索创造性想法以打破争议性冲突僵局的有利条件。

就像在军备控制谈判中一样，在组织的基层工作层面，创造性的想法通常更容易涌现，这些人没有正式的决策权。高层领导通常受到太多的限制，很难有创造性。一旦"幕僚"设计并测试了这些想法，他们就可以将建议上报给他们各自的领导人，然后领导人可以辨别、决定，当然，还可以揽功。

在结束南非种族隔离的艰难而紧张的谈判中，我注意到两位领导人纳尔逊·曼德拉和 F. W. 德克勒克使用了类似的过程。他们发现直接和对方谈判具有挑战性，因此创造性地利用了两位年轻的副手：当时还是南非非洲人国民大会的工会领袖（后来成为南非总统）的西里尔·拉马福萨，以及南非国民党政府的副部长罗尔夫·迈尔。[11]

拉马福萨和迈尔第一次见面是他们被邀请带着家人一起去一个

共同熟人位于乡村的家中钓鱼。迈尔是个新手,很快手指就被鱼钩挂住,痛苦不已。拉马福萨的妻子是一名护士,试图取出鱼钩但没有成功。过了一个小时,迈尔因痛苦而变得虚弱,拉马福萨用一把钳子进行了处理。

"如果你以前从未信任非洲人国民大会的人,现在你最好开始信任。"他告诉迈尔。

拉马福萨用力推钩子,为倒钩腾出空间,然后猛地把鱼钩拔了出来。

迈尔咕哝道:"好吧,西里尔,别说我不信任你。"

这次互动开启了他们之间相互信任和尊重的个人关系。不久之后,拉马福萨和迈尔被各自的领导人授权悄悄会面,探索运用创造性的方法来克服政治谈判中的僵局。随着街头暴力事件的爆发,正式会谈经常被中断。这些安静的"幕僚"对话帮助会谈重回正轨,避免了可能导致全面内战的彻底破裂。

正如罗尔夫·迈尔多年后告诉我的那样:"我们建立了一种信心,无论问题多么棘手,我们都能找到创造性的方法来解决。"

这就是利用"幕僚"的力量。

所以每当我发现自己身处艰难的冲突之中时,我喜欢问:"'幕僚'在哪里?"

换句话说,那些值得信赖和知识渊博的人在哪里?他们能够非正式地在幕后合作,以打破僵局并探索创造性的突破吗?

而当你思考周围的冲突时,请考虑一个激进的想法:你自己有可能是一个"幕僚"吗?

使用唯一无限的资源

正如我的人类学家伙伴安赫莱斯·阿里恩喜欢说的:"冲突是对创造力的呼唤。"[12]

冲突在最佳情况下可以激发创造性的探索,产生更好的想法,最终形成更好的关系。如果我们释放创造力的力量,冲突就可以成为我们的朋友。

本质上的转化是将非此即彼的思维模式转化为兼容并蓄的思维模式。这需要将一种匮乏的思维转化为一种充实甚至丰富的思维,将对立的立场转化为互利的创造性选择。

在当今世界,许多事物看似有限,但我们所有人都拥有唯一无限的资源,即我们与生俱来的创造力。创造力为我们提供了在不明显的地方开拓可能性的最大机会。创造力是将不可能变为可能的关键。

第八章

吸引：信任让谈判各方建立联系

事情在完成之前总是看起来不可能完成。

——纳尔逊·曼德拉[1]

"他在这儿干什么？让我们把他吊起来！"

我在矿工的更衣室里，准备首次进入煤矿。我正在穿工作服和戴氧气面罩，这时我无意中听到附近的一个矿工在谈论我。

我咽了口唾沫，感到不安。

"我告诉你，下面的条件很艰苦。"此前一天，当我问矿区经理迈克·约翰逊是否允许我进入煤矿时，他这样警告我。

"我不能保证你的安全——无论安全威胁来自机器、事故，还是来自人。"他补充道，话语中带着点儿不祥的意味。

但我坚持要下去。

"我明白。我愿意冒这个险。如果他们在这里不愿意和我说话，也许他们会在那里和我说话。"

实际上我的内心并没有听起来的那么自信，但我决心尝试一下。

正如前文所述，肯塔基东部的这座矿山陷入了激烈的冲突中，一系列自发的罢工事件体现着这一点。我和我的同事斯蒂芬·戈德堡，一位著名的仲裁员，已经在工会领导层以及管理层之间来回奔波了好几个星期，并达成了一项协议。我们为成功而高兴，但是后来，似乎是突然之间，矿工们以压倒性的多数投票否决了该协议。我们的高兴变成了沮丧。事实表明，他们并不反对协议的内容，协议包含了他们想要的东西。他们只是不信任管理层同意签署的任何东西。

我并没有放弃，也没有回家，而是向斯蒂芬提议采取不同的方法。这一次，我们会先听矿工们说什么，以了解困扰他们的问题。我们会鼓励双方把问题摊开来谈，而不是争斗。我们会尝试建立对过程的信任。斯蒂芬带着点儿怀疑，但还是在离开此地去法国度假前祝我好运。

那个夏天，我搬到了肯塔基州。每天，我都去矿区闲逛，和愿意与我说话的任何人交谈。但我发现我很难和矿工们说上话。他们把所有的时间都花在矿井里,当他们的工作班次结束时,他们又急匆匆地想回家。开始交谈并不容易。他们看起来不信任我。在他们看来,我这个来自遥远的波士顿的年轻人听起来更像是一个经理而不是一个矿工。在他们看来,我就像是来自火星的人。我并没有完全被冷落,但感觉上也差不多。

日子一天天过去,几周毫无进展。我开始怀疑我在浪费我的时间。由于缺乏进展而感到沮丧,我决定如果矿工们不愿意来找我,我就去找他们。我可以下到矿井里,在他们轮班工作时和他们交谈。由于矿井全天候运作,我需要在三个班次都去矿井,包括被称为"猫头鹰"的午夜班次。我决心尽可能多地听矿工们说话。

就是在那时,我请求迈克·约翰逊允许我进入矿井。

"好吧,这可是你自己的决定。"迈克最终同意了,尽管很不情愿,"你得签一份免责书。我会叫菲尔帮你准备。"

那对我来说听起来不是一个好主意,因为矿工们普遍害怕和不喜欢矿区领班菲尔。他给我分配了管理层更衣室的一个储物柜。我向他道谢,但婉拒了。毕竟,我正试图赢得矿工们的信任,所以我请求他们给我分配一个悬挂在矿工更衣室里的金属篮子。矿工更衣室实际上是一个他们准备上班时用的洞穴般的地方。

菲尔给了我一顶安全帽。我注意到它和经理们的帽子一样是白色的。所有的矿工都戴着黑色的安全帽。所以我决定把我的喷漆换成另一种颜色:绿色。菲尔还递给我一条带有金属牌的皮带,上面刻有我的名字和社会保障号码,用来在万一发生事故时识别我。最后,他给了我一个氧气面罩,并解释了如何在紧急情况下使用它。

这一切都比我最初想象的危险一点儿,但我决心继续执行我的计划。

重要的日子到来了。我走进矿工的更衣室,拉动一根链条,把我的金属篮子从天花板上降下来,把我的便衣放进去,穿上我的工作服。当我系皮带和戴氧气面罩时,我无意中听到那个矿工以威胁的语气谈论我。

"让我们把他吊起来!"

我环顾四周,看是否有其他人在注意我,但什么也没有发现。

我继续前进,十分紧张。矿井深入地底1英里,需要搭乘一部露天电梯进入,矿井里又冷又潮湿,一片漆黑。我唯一能照明的工具是我头盔上附带的头灯。天花板很低,我不得不弯腰走路。采煤机的噪声极其响亮,而且煤尘非常厚,厚到当我擤鼻涕时,鼻涕都是黑色的。

但在那里,矿工们确实有时间交谈。当他们休息、嚼烟草、吐出烟草汁液时,他们更自由地与我谈论困扰他们的事情。我在他们的地盘上,他们觉得在没有经理在场的情况下说话更舒服。他们对我的出现也感到好奇,开始询问我的生活和我来自何处。

到我第三次下矿井时,我放松了一些。我的计划似乎变得很有希望。

在我第四次进入矿井时,一个矿工向我诉说他对管理层以及他们如何对待他的不满,突然之间,我被四个强壮的男人从后面袭击。他们把我打倒,压在冰冷又坚硬的矿石表面。当我挣扎着试图脱身时,他们猛烈地拉下我的工作裤。一个男人挥舞着一把大刀,丑陋又锈迹斑斑的刀刃在我头灯的照射下闪光。

那个拿刀的人接着从我身上……割掉了一撮阴毛。我自然感到无比震惊,我还记得当他的动作就此停止时,我那种强烈的解脱感。那四个男人放开了我,我重新站了起来。让我完全惊讶的是,每个男人都粗鲁地拍了拍我的背,祝贺我,并用周围所有人都能听到的声音宣布:"现在你被'剃毛'了!你就像我们一样,是一个正式的煤矿工人了!"

第八章 吸引:信任让谈判各方建立联系

这个消息像野火一样在矿井里被传开了。

这不是我想象中建立信任的方式（我希望读到这儿的人永远不必经历类似的入会仪式），但我必须说，它确实改变了我被看待的方式。矿工们越来越多地向我说出他们的不满。我能够说服管理层开始聆听矿工的问题，并通过斯蒂芬和我在那份最初被拒绝的协议中提议的多步骤谈判程序来解决这些问题。

渐渐地，随着我们通过谈判解决了一个又一个不满，矿工们开始信任这个程序了。矿工们和管理层之间的关系得到了改善。让所有人惊讶的是，野猫式罢工几乎完全停止了。一步一步，通过小小的突破，冲突得到了转化。[2] 它并没有结束，但形式从"走出去"变成了"说出来"，通过对话来解决他们的问题。

这对我来说是一个重要的启示。我学到，仅仅有关于协议的创造性想法是不够的。仅仅关注实质内容——争议中的问题，也是不够的。我们需要创造一个吸引人的程序，一条吸引各方达成协议和建立更好关系的路径。

吸引力

在我的课堂上，我喜欢引用伊索的古希腊寓言中关于说服的故事。[3] 在天上，北风和太阳之间爆发了一场争吵，它们争论谁更强大。经过一番争论，双方同意通过一个测试来解决这个问题。它们俯视大地，看到一个流浪的牧羊男孩。他们决定，谁能成功地从牧羊人身上剥去斗篷，谁就更强大。

北风先来，它吹啊吹，但没有任何效果。风刮得越猛，牧羊男孩就把斗篷裹得越紧。

最后轮到太阳了。太阳耐心地照耀着,让男孩沐浴在温暖的阳光下。过了一会儿,男孩自言自语道:"多么美好的一天啊!我想我要在草地上躺一会儿,晒晒太阳。"当他躺下时,他脱掉了斗篷。

所以太阳赢了。

我喜欢这则寓言所体现的智慧。北风和太阳代表了两种非常不同的说服方式。北风使用力量,对待男孩就像对待一个无生命的物体,试图违背男孩的意愿吹掉斗篷。太阳采取了相反的方法。它用其自然的力量来吸引他人。它尊重男孩自己的意愿,并创造了一个有利的环境,在这种环境中,男孩最终自愿选择脱下他的斗篷。这个过程可能需要更长的时间,但它行之有效。

在课堂上,为了说明这一点,我邀请一位参与者走过来举起双手。我将我的手放在他的手上。然后,我慢慢地推他的手。

他会怎么做呢?他本能地推了回来。

"我要求你推回来了吗?"我问他。

"没有。"

他只是自然而然地这么做。

这就是我在冲突中经常看到的情况。我们认为自己的立场是对的,所以我们自然而然地推动它。这是人之常情。但我们推得越厉害,对方就会往回推得越多。如此循环往复。除非我们比对方强得多,否则我们会发现自己陷入了僵局。难怪现在这么多的冲突都陷入了僵局。

那替代方案是什么呢?

我发现,成功的谈判者通常会做与推完全相反的事情——吸引。

在有争议的冲突中,我们可能倾向于让对方的处境变得更艰难。这就是北风所做的,试图让牧羊男孩更难抓住他的斗篷。相比之下,太阳让这件事变得更容易,对牧羊男孩来说,脱掉斗篷变成了更有吸引力的选择。从太阳那儿吸取经验，在困难的情况下，我们的工作应该是让对方认为做我们希望他们做出的决定是更容易、更有吸引力的。

信任能产生吸引力

也许没有什么比信任更有吸引力了。

当我还是一名研究生时，我在与休·卡拉登勋爵的一次充满趣味的对话中，首次领悟了关于冲突谈判的这一课。卡拉登是一位退休的英国外交官，曾在英国外交部门服务了半个世纪。他当时正在访问哈佛大学，我负责接待他。当时我从机场接到他后，我们驱车前往剑桥，而他正在回忆往事。

卡拉登在 1967 年第三次中东战争期间担任英国驻联合国代表。当时轮到英国主持联合国安理会，所以卡拉登的工作是帮助安理会就结束战争达成一项决议。

卡拉登最大的障碍是苏联人，他们持坚决的保留态度。他们的投票至关重要，因为他们可以行使否决权。经过三周致力于满足各方的艰苦谈判，卡拉登在英国政府的压力下要求结束谈判，于是他呼吁对提出的决议进行投票。

在投票之前 10 分钟，当卡拉登站在安理会会议厅外时，苏联代表瓦西里·库兹涅佐夫走近他说："卡拉登代表，我有一个请求。我想请您将投票推迟两周。"

"库兹涅佐夫代表，"卡拉登回道，"很抱歉，我们已经谈了三周了。我认为每个人都已经有机会发表意见，是时候投票了。"

库兹涅佐夫认真地看着他。

"卡拉登代表，恐怕您误解我了。我作为个人请求您，希望您能将这次投票推迟两周。"

讲到这里，卡拉登停顿了一会儿。

"那你是怎么做的呢？"我问他，他激起了我的好奇心。

"嗯，"卡拉登告诉我，"当库兹涅佐夫加上'个人'这个词时，我知道我必须答应他的请求，尽管我知道我会受到伦敦和华盛顿很多人的反对。"

"你为什么这么做？"我问。

"一个简单的原因。"卡拉登回答道。"尽管库兹涅佐夫代表的是一个我们的眼中没有诚实和公平交易声誉的大国，但他个人在我们外交官中享有这样的声誉。他花了多年时间建立了这样的声誉。

"库兹涅佐夫给了我他的个人承诺。如果他拿自己的声誉冒险，我知道我可以相信他不会利用这两周来破坏我为支持该决议草案而建立的脆弱联盟。

"嗯，当然，投票于两周后在联合国安理会会议厅进行。最后一个投票的国家是苏维埃社会主义共和国联盟。除了我，其他所有人都惊讶于库兹涅佐夫举手投了赞成票。他信守诺言，利用这两周返回莫斯科，说服他的上级放弃对拟议决议的反对。"

卡拉登的故事给我留下了持久的印象。如果库兹涅佐夫没有他多年来建立的可信赖的个人声誉，那他永远无法获得这两周的时间。如果他没有能力激发政治对手对他的信任，我们可能就不会有联合国第242号决议，这可以说是有史以来关于巴以冲突的最重要的决议。[4]

即使在不被信任的情况下，库兹涅佐夫也拥有所谓的"工作信任"。他的话是值得信赖的。他的同行会安心地将敏感信息交给他，因为他们知道他不会利用这些信息对他们造成不利。得益于他的声誉，库兹涅佐夫在他参与的无数外交谈判中有更大的成功机会。

第八章 吸引：信任让谈判各方建立联系　　177

信任能产生吸引力。

建立信任菜单

让我们看一个棘手的问题：如果双方都不信任对方，那该如何建立信任呢？

我在委内瑞拉与查韦斯总统的合作向我展示了一种可能的方法。正如前文所述，查韦斯接受了我的提议，制订了一份双方可能向对方发送的实际信号的清单。这些信号旨在减少不信任并缓和有可能爆发的大规模暴力的危机。他已委托内政部长迪奥斯达多·卡韦略跟进。

查韦斯告诉了我他认为是他的政治对手（其中一些人拥有私人电视频道）的第一个积极迹象的信号："他们可以停止在电视上称我为猴子。"

在卡特中心的同事弗朗西斯科·迭斯的陪同下，我在与查韦斯会面后直接与他的政治对手会面，他的对手总共大约有15人。弗朗西斯科和我向他们简要介绍了我们与总统的谈话情况。

我们认为他们会很高兴听到我们已经打开了可能的对话的大门。但我们错了。

"我们不想与他接触。他很狡猾。你不能相信他。"里卡多说。其他领导人纷纷大力点头。

"我知道你一点儿也不信任他，"我回道，"这就是这项练习的全部意义——在你考虑与他或他的同人坐下来之前，先检验他是否值得信赖。这取决于你。你想尝试一下吗？除了一点儿时间，它不会花费其他东西。你不愿意的话也没关系，我这就给他发消息说行不通。"

当每个人都停下来思考时，我们停顿了一会儿。他们互相看着对方,然后里卡多又说话了。"好吧,"他叹了一口气,"让我们试一下吧。你想什么时候做这个?"

"没有比现在更好的开始时机了。"我说。我走到白板前,手里拿着彩色记号笔,准备记录。我转向所有人。

"查韦斯总统现在做什么,能向你们发出一个可信的信号,表明也许值得开启对话?让我们集思广益,列出他可以采取的5~10项行动。"

"他可以辞职!"玛丽亚·尤金尼亚喊道。大家都笑了。

"当然,这就是你想要的。"我说,"但我问的是别的东西。他实际上可以采取哪些小但重要的步骤来发出积极的信号?"

"哦,你是说贝西托?"里卡多突然微笑着问道。

大家都笑了。贝西托在西班牙语中的意思是"小小的吻"。它是指孩子或夫妻吵架时是如何和解的。

"这正是我的意思。贝西托。"

我转向白板,问他们:"让我们看看能否列出一份贝西托列表。"

"他得停止公开侮辱我们,不要称我们为'天启四骑士',也不要给我们贴上'人民的敌人'的标签。"

"那会是一件好事。"胡安插嘴说,"我过去每天早上都会走去大教堂祈祷。我不能再这样做了,因为街上的人会用语言攻击我,叫我'人民的敌人',都怪他。"

"改变这一点会很好,胡安。查韦斯还能做些什么呢?"

"他可以释放一个政治犯。"

"好的,好建议。还有别的吗?"

他们想出了大约10个可能的想法。然后我问道:"为什么不将这些想法进一步发展成一份信任菜单呢?"

"什么是信任菜单?"

"信任菜单是一种预先商定的善意语言。它是一份正面信号的列表，每一方都可以发送，这些信号之前已经与对方核实过，以确保它们会被听到、被理解。这不是一份要求清单，而是一份选择菜单。

"一方先选择一个信号发送。另一方再回报性地选择一个信号发送。然后轮到第一方，以此类推。这就像爬梯子一样——先动一只脚，然后动另一只脚。一步一步，你慢慢建立信心，爬出不信任的深渊。"

"那么下一步是什么？"

"为什么不委派几个人明天晚上与弗朗西斯科和我见面？我们将在你和卡韦略部长之间来回沟通，你们不必亲自会面，这样我们可以一起制订你们双方达成一致的菜单。好吗？"

"但我们不能被看到，甚至不能进入他住的酒店。我们不想引发任何让我们自己这边惹上麻烦的谣言。"

"那我们在我住的旅馆见面怎么样？"我建议道，"我恰好是他们唯一的客人。那是一栋带花园的老房子，有围墙环绕。我们可以在晚上见面。"

大家都同意了。第二天晚上10点，里卡多、玛丽亚·尤金尼亚和另外两位反对派领导人出现了。在郁郁葱葱的花园中央的庭院里，旁边有一个小小的喷泉，我们坐着一起交谈。一个小时后，一辆黑色的政府汽车载着内政部长迪奥斯达多·卡韦略和他的保镖们来到了大门口。我邀请他坐在我二楼卧室外面的阳台上，俯瞰着花园。

阳台和花园似乎是政治对手练习建立信任的合适场所。在那里，他们可以暂停下来，聚焦于他们真正想要的东西，并放大视野看到全局。

弗朗西斯科和我那晚在阳台和花园之间穿梭，从晚上11点一直忙到第二天早上5点。我们要求每一方列出对方可以发送的信号，以及他们可能作为回应发出的信号。没有要求，没有承诺，只有选项。

每一项都需要相当多的说明，以确保每一方都清楚地理解双方达成一致的信号是什么。到第一缕曙光出现时，我们有了我们的菜单。

值得注意的是，其中有两项与表示尊重有关。查韦斯同意不再称反对派领导人为"政变者、叛徒、毒贩和恐怖分子"，而包括私人媒体所有者在内的反对派领导人同意不再称查韦斯为"刺客、暴君、禽兽、疯子和精神错乱的人"。

几天后，查韦斯在他的新一次公开广播中发出了第一个信号，要求他的支持者停止干扰报道危机的记者的工作或设备。反对派领导人在他们的列表中回应了一个信号，通过广播发表了一份谴责任何一方暴力行为的声明。一切就这样开始了。这一切都是关于贝西托——小小的吻，它旨在缓和高度紧张的氛围。

信任菜单练习只是减少内战威胁之路上的一个小实验，但它对我来说是重要的一课。它展示了如何通过微小的步骤，让不信任的对手可以相互对话。尽管各方可能在问题上没有达成一致，但他们通常会同意信任是一个大障碍。即使在不信任达到高峰，关系处于低谷时，也可以取得进展——信任菜单可以是转化紧张或破裂关系的第一个步骤。

编排一场戏剧

想象信任菜单练习已经成功。接下来的过程是什么？

如果争议性冲突就像一场戏剧，我想象自己站在看台上，俯瞰舞台。我看到剧中角色彼此陷入战斗。我放大看到每个人的利益和需求。我开始看到各方是如何陷入困境的。

然后，我做了一个小小的思想实验，我问自己：如果我是编排这场戏的剧作家，每个角色可以采取哪些步骤来摆脱冲突困境？什么可能吸引他们去一个更好的地方？这场戏如何能有一个好结局？

对我来说，没有什么时候比 2017 年朝鲜导弹危机更能明显地展示吸引编排的力量了。

正如前文所述，美国总统唐纳德·特朗普和朝鲜领导人金正恩从特朗普总统任期一开始就走上了彼此冲突的道路。随着朝鲜一次又一次地测试核导弹，然后继续引爆氢弹，这场危机不断升级。2017 年 11 月底，朝鲜试射了第三枚洲际弹道导弹，证实了它能够打击美国大陆。[5]

几周后，在白宫椭圆形办公室的一次谈话中，特朗普问他未来的国家安全顾问约翰·博尔顿："你认为与朝鲜开战的可能性有多大？五五开？"[6]

"可能是五五开。"博尔顿回答。

特朗普转向他的幕僚长——约翰·凯利将军，说："他和你的看法一致。"

博尔顿于几年后在《事发之室——白宫回忆录》中记录了这次令人警醒的谈话，我这才知道这件事，但它证实了我和我的同事们当时所担心的。我们曾经非常接近不可想象的灾难。

2017 年的最后一天，为寻找看台视角，我独自进行了一次冬季徒步旅行，穿越雪地和冰面，向上攀爬，来到落基山国家公园的一个山地湖。在下山的路上，我在一块巨大的岩石突出部分上停下来，那里可以欣赏下面山谷的美景。

出于一时冲动，我决定给我的朋友罗伯特·卡林打电话。

鲍勃（对罗伯特的昵称）是少数几个对朝鲜这个神秘的国家了解得非常透彻的美国人之一。他研究这个国家已经超过 40 年了，他起初在情报界做分析师，后来在国务院工作。他访问朝鲜超过 30 次，并在国务卿马德琳·奥尔布赖特与朝鲜前领导人金正日（金正恩的父亲）

的历史性会晤中做陪同。退休后，他继续每天观察朝鲜半岛不断变化的政治动态。

第二天是元旦，对关注朝鲜动态的人来说是一个关键时刻，因为金正恩预计将发表他的例行讲话，概述全年的政治和经济议程。所以我有一种预感，鲍勃会密切关注。

我想请鲍勃帮助想象一种方式来中断危险的威胁和反威胁的核升级。什么样的编排步骤——微妙的外交舞蹈——能够引导领导人远离灾难性战争？

我最喜欢的一种激发实际创造力的方法是问魔法棒问题。

"鲍勃，"我说，"我知道情况看起来相当严峻，但如果你有一根魔法棒，你觉得金正恩在他明天的演讲中可能说些什么，会给特朗普总统和韩国文在寅总统发出积极的信号呢？"

魔法棒问题允许人们暂时放下怀疑，让他们的想象力自由飞翔。它打破了那种认为明天会和昨天一样的思维方式。它开拓了新的可能性。

鲍勃停顿了一下，陷入沉思。

"嗯，金正恩可能会宣布，朝鲜已经完成了其发展核武器的历史使命。他将宣布胜利。然后他将宣布暂停进一步的试验。这样大家都可以稍微松一口气。"

"这真的很棒。这将缓和危险的紧张局势，并开始建立一点儿信任。"我说，"还有什么？"

"他还可以接受文在寅的邀请，下个月派运动员参加冬季奥运会。"

"好主意。可能会出现一种奥运休战。这就是最初的奥运会期间发生的事情。战争会停止。"

"鲍勃，你能为我继续推演一下吗？"我继续说，"金正恩是否有可能派遣一个高级政治代表团，以便秘密讨论如何缓和紧张局势？如果可以,他会派谁去?"

"是的。我不认为他会亲自去,但他可能会派他的妹妹金与正去。她是他最亲近的人。也许特朗普也可以派一个个人代表。谁知道呢?他们可以谈谈。"

"也许特朗普可以派伊万卡去。"我建议道,"她是他最亲近的人,似乎是他最信任的人。也许他们两个可以见面。"

"为什么不呢?"鲍勃说,"在朝鲜,家庭非常重要。这两个家族的成员可以见面。"

"男性的自尊心已经膨胀起来。也许他们最亲近的女性可以帮助建立信任并降温。"

"你还记得特朗普在竞选期间曾说,他会邀请金正恩和他一起吃汉堡,他们可以达成一项协议吗?"我继续说,"如果金正恩接受了他的提议,并在奥运会上通过他妹妹传递一条信息,那会怎么样?"

"这并非不可能。"鲍勃说。

考虑到他们曾经互相侮辱和威胁,这在当时看来几乎是不可思议的。但鲍勃和我正在构想一个积极的情景。

"如果他们见面,他们会对彼此说些什么?"鲍勃开始思考,并提出了一些措辞。

我的问题继续涌现。

"他们会在哪里见面?"

"他们可以在位于朝韩两国分界线上的板门店见面吗?"

"只有特朗普和金正恩吗?还是可能有文在寅参与的三方会谈?"

"你觉得他们能达成什么共识?他们是否有可能发表结束战争的正式宣言?"我想到了朝鲜战争在1953年以临时停战协议结束,但从未通过签署和平条约正式结束。

实际上，鲍勃和我正在利用基于鲍勃对美朝领导人之间过去沟通情况的所有了解所建立的有根据的想象，编排一场戏剧。

我们当时并不知道，在随后的几周和几个月里，许多这些编排好的步骤实际上真的会被采纳。

构建一个引人入胜的故事

在 2018 年新年演讲中，金正恩说："核按钮始终放在我的办公桌上。"[7]

唐纳德·特朗普迅速通过推特回应："在他那贫瘠且饥饿的政权中，有人能告诉他，我也有核按钮吗？我的核按钮比他的更大、更有威力，而且我的核按钮真的有用！"[8]

如果说 2018 年开始时这两位领导人是互相威胁要毁灭对方国家的死敌，这一年结束时特朗普却在集会上对他的支持者说："然后金正恩和我就好上了，好吗？不，真的——他给我写了情意满满的信，这些信很棒。"[9]

这种惊人的转变是如何发生的呢？

在我看来，这在很大程度上是通过一个引人入胜的故事的吸引力实现的。作为一名人类学家，我开始意识到故事在人类存在中扮演的核心角色。我们一生都在听故事和讲故事。它们塑造了我们看待自己和他人的方式。我们是信奉故事的生物。

这两位领导人开始相信两个强人相遇并违背世界预期，成为世界和平的意外英雄的故事。丹尼斯·罗德曼对他们心理的直觉评估是正确的，如果他们相聚，他们可以发展出一种不太可能的友谊。自尊心不一定会导致形势朝着战争升级。它们可以为和平服务。两位领导人都可以在他们关心的人面前作为英雄出现。

  2018年3月，我应特朗普总统的女儿兼亲密顾问伊万卡·特朗普的邀请，为白宫的高级工作人员就"达成共识"的主题做一次演讲。在与她的会面中，我强调了她父亲成为和平英雄、创造历史并回击批评者的机会。在我随后的演讲中，我以朝鲜为例，描述了胜利演讲练习，并强调了我认为特朗普总统有可能取得个人胜利。

  我低估了引人入胜的故事的力量和吸引力。我曾想象两位领导人在达成实质性协议后才发表胜利演讲。但我错了。

  2018年6月，特朗普和金正恩在新加坡进行了历史性的会晤，他们让整个世界感到惊讶。鉴于他们之前的尖锐言辞，人们可能预期他们持冷漠态度，但他们似乎真的喜欢上了对方。特朗普称赞金正恩是"非常有才华的人"，具有"很棒的个性"。

  在为期两天的会议结束时，他们同意了四项一般原则，以此作为持续讨论的框架。在为全世界热切的记者们举行的新闻发布会上，擅长表演的特朗普没有浪费时间等待实质性的协议。他当场宣布了胜利：

  世界已经从潜在的核灾难中后退了一大步！不再有火箭发射、核试验或研究！人质已经回到了他们的家人身边。感谢金正恩委员长，我们在一起的一天是历史性的！[10]

第二天回到美国后，特朗普迅速发推文：

  刚刚降落——这是一趟长途旅行，但现在每个人都可以感到比我上任那天安全得多。朝鲜不再有核威胁。[11]

朝鲜媒体在报刊头版和电视上铺天盖地地刊登了金正恩和特朗普笑容满面的照片，称赞这是金正恩的一次巨大的、"划时代的"胜利。这次"世纪会面"有助于在最敌对的美朝关系中实现"根本性的转变"。

实际上，没有发生任何实质性的变化。核弹或制造核弹的设施没有被禁用。和平条约没有被签署。但从故事的角度来看，已经发生了戏剧性的变化。美国总统会见朝鲜领导人的禁忌已被打破。两位曾经威胁要造成难以想象的破坏的领导人反而建立了友好关系。

故事的无形力量中产生了有形的影响：核战争的直接风险从专家预测的高达 50% 回落到低于 1%。这改变了一切。

引人入胜的故事的力量占了上风，生动地提醒了我们呈现故事的方式可以有多么强大的力量。

这对我来说是一堂有影响力的课。这场冲突可以被理解为一场戏剧，尽管是一场极其严肃的戏剧，其中的演员起初是致命的敌人，最后成了朋友。秘诀在于构建一个引人入胜的故事，让双方都能在他们关心的人面前显得像英雄一样。

设计一张标志性的照片

正如古老的谚语所说，一张图胜过千言万语。我发现，将引人入胜的故事变得生动的一种方法是使用 Photoshop（一种图片处理软件）来创造一张"标志性"的照片，这张照片代表了想象中象征着成功的会面、协议或胜利演讲。

想想那些看似不可能的冲突开始被转化的著名时刻。它们通常被保存在标志性的照片中——领导人微笑、握手或并肩站在某个历史性的场所。这些图像鼓舞人心。

当我与伊万卡·特朗普会面时，我递给她两张标志性的照片，一张是罗纳德·里根在雷克雅未克与米哈伊尔·戈尔巴乔夫的历史性会面，另一张是梅纳赫姆·贝京、安瓦尔·萨达特和吉米·卡特一起签署戴维营协议的照片。她问是否可以保留它们。一个月后我再次见到她时，我注意到它们仍在她的桌子上。这向我展示了标志性照片的吸引力。

一张标志性的照片是一个可能主义者的视觉工具。它帮助我们解放思想，激励我们在看似没有可能性的地方想象可能性。至少，它可以让人们的脸上露出微笑。

受到与鲍勃·卡琳的魔法棒对话的启发，我让我的同事莉莎·赫斯特生成了一系列用 Photoshop 处理过的想象中的特朗普和金正恩会晤图像，还有一张他们与韩国总统文在寅一起在板门店的图像。

不久之后，我前往韩国，会见了韩国顶尖的核谈判代表。我递给他一张用 Photoshop 处理过的特朗普、金正恩和文在寅并肩站在板门店蓝色警卫大楼前的照片，这是关于朝鲜战争的标志性场所。

"这是一张非常有趣的照片，"他笑着说，"他们完全有可能在那里见面。"

在我们结束会议时，他问："我可以保留这张照片吗？"

6 个月后，我在美国国务院与负责朝鲜事务的美国最高公使会面。

"我刚从首尔回来，看到了我的同行。"他笑着告诉我，"他把你做的三位领导人会面的照片挂在墙上了。"

2019 年 6 月初，我在白宫与特朗普总统的女婿兼高级顾问杰瑞德·库什纳会面，并提出了在特朗普即将访问日本期间与金正恩在板门店进行快速的非正式会晤的想法。我给他一份关于这个想法的单页备忘录，其中占据一半版面的是一张吸引人的标志性会面照片。

"我会把它呈上去的。"他竖起大拇指说。

两周后，让所有人感到惊讶的是，唐纳德·特朗普在板门店与金正恩举行了一次快速的非正式会晤。韩国总统文在寅在他们进行双边会谈后加入了他们。

18个月前那张标志性的照片变成了现实。

当这次意想不到的会晤举行时，我收到了刚刚参加完历史性会议的韩国核谈判代表的一封电子邮件："祝贺！你的想法实现了。我面前是你给我的三位领导人的照片。"

通往最后一场胜利

吸引力赋予金色之桥"黄金"的光彩。

要理解吸引的力量——一种我们每个人都能使用的力量，你可能会发现将它应用到你自己的冲突中大有裨益。我邀请你问自己以下问题。

如果信任是一个问题，你可以采取哪些步骤来建立信任，对方又可能采取哪些步骤？一份能够开始转化紧张关系的信任菜单会是什么样子？

如果你要编排自己的戏剧，情节会是怎样的顺序？如果你有一根魔法棒，你会让它变出什么？

你能想象一场共同的胜利吗？一张标志性的照片会是什么样子？

想象自己是一名剧作家，可能会开拓你之前未曾想象的新可能性。

这将我们带到了通往可能之路上的最后一场胜利。如果我们要在今天转化极化冲突，我们需要超越看台和金色之桥。我们需要引入第三方。

第三场胜利

引入第三方

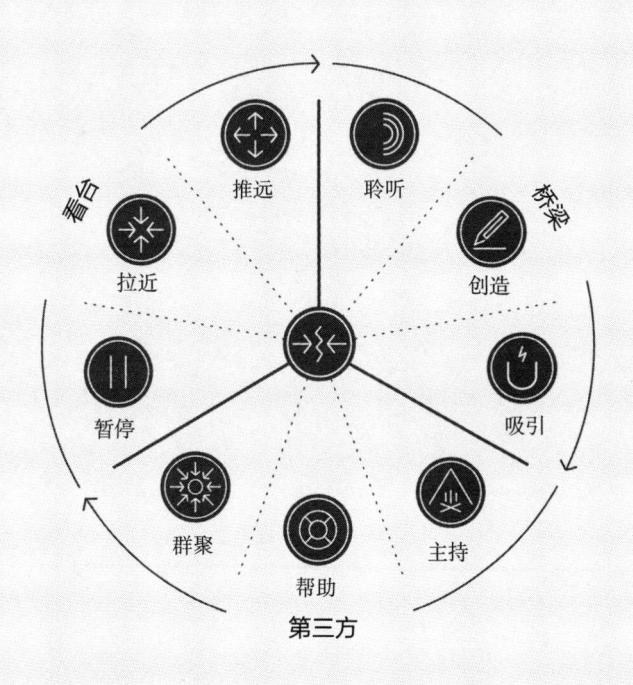

推远　聆听
拉近　创造
暂停　吸引
群聚　主持
帮助
第三方

融合　桥梁

1962年10月未实际发生的美苏战争是人类历史上可能发生的战争中最具灾难性的。

1962年10月，我当时才9岁，但我记得那些令人恐惧的头条新闻，以及那种深深的不安和恐惧感。约翰·F. 肯尼迪总统在10月22日晚对全国发表了一次万众瞩目的演讲：

> 这种秘密、迅速而不寻常的共产主义导弹部署……违反了苏联的保证……我们这个国家不能接受。[1]

他宣布对古巴岛实施海上封锁，以阻止苏联船只运送核武器，并敦促苏联领导人尼基塔·赫鲁晓夫"将世界从毁灭的深渊中拉回来"。他严厉地声明：

> 我们不会在世界范围内的核战争风险上轻率或不必要地冒险，因为即使是胜利的果实也将变成我们嘴里的灰烬，但我们也绝不会在任何必须面对的时刻退缩。

他以庄重的语气结束了他的讲话，警告美国人要做好最坏的准备：

> 没有人能怀疑我们踏上的这条道路多么艰难和危险。没有人能准确预测它将通往何方，或者我们将付出什么代价，承受什么伤亡。

1989年1月，我在寒冷的冬天来到莫斯科，想弄清楚20多年前到底发生了什么,以及我们离世界末日有多近。一群苏联和美国的前政策制定者和专家相聚,试图拼凑出那紧张的 13 天的完整故事,当时世界的生存悬于一线。美国和苏联的领导人在闭门会议中考虑对各国人民都生死攸关的决策时,到底发生了什么?

当年危机的幸存参与者围坐在会议桌旁。这听起来令人难以置信,但他们确实就在那里:肯尼迪和赫鲁晓夫的主要顾问们。罗伯特·麦克纳马拉,他曾是肯尼迪的国防部长,坐在麦乔治·邦迪旁边,后者曾是国家安全顾问。赫鲁晓夫的外交部长安德烈·葛罗米柯坐在桌子对面,旁边是苏联驻美国大使阿纳托利·多勃雷宁。赫鲁晓夫的儿子兼亲密顾问谢尔盖也在场。同样在场的还有古巴武装部队的前指挥官塞尔吉奥·德尔瓦莱。

如果那场危机升级为战争,就不会有会议桌,也不会有这些人。[2] 我们在场的所有人,包括我和我的哈佛同事,很可能已经在原子弹爆炸中被烧成灰烬,或者在其余波中被毒害,与美国、苏联、欧洲乃至世界各地的数亿死者一同丧命。

我和我的哈佛同事们对这场危机的了解是:1962 年 10 月,当肯尼迪总统发表讲话时,美国武装部队正在准备对古巴发动全面入侵,以阻止苏联部署核导弹。佛罗里达州南部看起来像是一个巨大的军事装备停车场。[3] 华盛顿已经做出了一个初步决定,如果美国 U-2 侦察飞机在进行每日飞行以检查核导弹安装进展时受到任何干扰,美国就将发动入侵。[4]

然后,这个情况真的发生了。危机最紧张的时刻——10 月 27 日星期六,这架侦察机在古巴上空被苏联的地对空导弹击落。一场入侵似乎已经箭在弦上。

我和美国同事在那次会议上了解到的情况让我们震惊。苏联人已经秘密地成功将核武器带到古巴，总数为 162 枚。导弹已被激活，处于待发射状态。

"如果美国真的发动了入侵，"罗伯特·麦克纳马拉情绪激动地说，"……那么核战争发生的概率是 99%。"[5]

作为国防部长，麦克纳马拉非常清楚他在说什么。他也知道，唯一阻止了即将到来的入侵和核末日的，是总统的弟弟罗伯特·肯尼迪与阿纳托利·多勃雷宁在最后一刻达成的协议。[6]赫鲁晓夫同意从古巴撤回苏联导弹；作为交换，肯尼迪总统承诺不入侵古巴，并秘密承诺从土耳其撤回美国的核导弹。多勃雷宁向我们朗读了他当时发往莫斯科的电报，详细说明了这笔秘密交易。

正如我们在会议上从谢尔盖·赫鲁晓夫那里了解到的，他的父亲在侦察机被击落时感到极为震惊。赫鲁晓夫并没有下达命令，而华盛顿自然地以为是他下的命令。实际上，驻古巴的两名苏联将军在没有得到莫斯科的指示下，擅自做出了开火的决定。随着会议中更多细节的披露，我们了解到，这只是许多误解和误判中的一个，差点儿引发了不可想象的全球性灾难。

我从莫斯科那段寒冷的日子里走出来时，心中萦绕着我们曾经无比接近共同毁灭的事实，并深深感激我们能在冷战中幸存。我很难完全消化这几乎发生的现实。

幸运的是，正如会议期间坦率的信息交流所显示的那样，冷战即将结束。我们躲过了一劫。但作为一名关心人类长期未来的人类学家，我不禁思考，鉴于我们擅长设计大规模毁灭性武器并且有发动战争的倾向，我们和未来的世代如何能够继续在这个星球上生存？我感到更加迫切地需要回答我长期以来一直问自己的问题：我们如何在不毁灭一切珍贵事物的情况下处理最深刻的分歧？

第三场胜利　引入第三方

在激烈的冲突中，退一步冷静思考并保持清醒并不容易。搭建一座通向和平的金色之桥也不容易。而且，如果在危机中的领导人无法达成协议呢？战争是唯一的选择吗，还是有其他方法？

我们能向谁寻求帮助？

与生俱来的权利

我很快就得到了线索。在前往冰冷的莫斯科之后的几周，我出发前往非洲南部卡拉哈迪沙漠深处，进行人类学研究访问。自大学以来，我一直想访问该地区的原住民，这是世界上最古老的幸存文化之一。

直到最近，这些原住民还生活在半游牧的狩猎采集生活中，这种生活方式在人类历史 99% 以上的时间里一直存在。我研究过他们文化的人类学文献，迫切希望亲身了解他们祖先管理冲突的方式。我有幸访问了两个群体：一个在博茨瓦纳，称自己为夸族；另一个在纳米比亚，称自己为朱/霍安西人（音译）。[7]

"对人类来说，有争端是很自然的。"当我们坐在沙漠中央的篝火旁时，夸族的长者科拉科拉杜告诉我。

"当发生争端时，双方的朋友和亲属都会被请来发言以表安抚。"

夸族的人和我们一样，完全有能力施暴。事实上，每个男人都有涂了致命毒药的狩猎箭。一个人只要对另一个人生气，便可能拿起毒箭射向他。但毒药需要三天时间才能杀死那个人，所以他有足够的时间进行报复。事情很容易从这里升级。

在一个大约 25 人的小规模社会中，只有 5 个活跃的猎人，2~3 人的死亡就能严重破坏这个群体的生存能力。就潜在的影响而言，一支毒箭相当于一颗核弹。我想知道，这样的群体如何在面对随时可用的大型破坏性武器时处理他们的争端。

我了解到，每当情绪高涨、暴力似乎迫在眉睫时，争端双方附近的人就会收集毒箭并将它们藏在远处的灌木丛中。同时，其他人试图分开对立双方。

这时，谈话就会开始。所有的男人和女人，甚至孩子，都会围坐在篝火旁不停地谈话……不停地谈话。没有人被排除在外，每个人都有机会发表自己的看法。这个没有明确时间限制的过程，夸族称之为"科特拉"（音译），它可能会持续几天的时间，直到争端被彻底讨论明白。晚上，社群成员聚集在篝火旁，通过吟唱和跳舞来向神祈求帮助，以便找到解决争端的办法。他们都在努力弄清楚造成这种不和的社会规则是什么，以及需要做些什么来恢复社会和谐。他们不会休息，直到找到一个对每个人都有益的解决方案——不但对争端双方有利，而且对整个群体都有益。他们将冲突视为社群的问题，因为任何冲突都威胁着社群。

仅仅达成协议是不够的。他们清楚地意识到，如果潜在的关系没有被修复，争端很容易再次爆发。必须通过修复、道歉和宽恕来实现双方的和解。

如果情绪过于激烈，长老们会建议双方去其他水源地的亲戚家中度过一段时间。我认出了这个技巧；在我处理过的劳资冲突中，我们称之为"冷却期"。

与夸族相处后，我开始理解第三方的所有威力和影响。他们管理冲突的秘诀是社群的周围成员机警、积极和建设性的参与。

社群的行为是为了全体的利益。整体是社群、孩子、未来的利益。第三方是代表整体的一方。

第三方不仅是一个理想化的愿景，还具有真正的力量。无论一个人有多强大，他都不可能比团结一致的社群更强大。从谈判的角度来看，第三方充当了 BATNA。暴力和战争的替代方案是社群的建设性干预。

通过我对战争与和平的人类学研究，我逐渐明白，第三方是我们处理冲突的最古老的遗产。这是我们与生俱来的权利。

我怀疑，我们许多祖先都是实践可能主义者，这就是我们生存和成长的方式。

我对夸族人和朱/霍安西人的访问，让我想知道第三个方面如何在人口密集的城市社会中发挥作用。几天后，当我前往南非旅行时，我的下一个线索出现了。

所有人的希望

几十年来，南非一直是世界上种族不平等的主要代表，它受制于种族隔离制度——一个以肤色为基础的恶劣和残酷的歧视与隔离系统。经过数十年耐心的非暴力抵抗，非洲人国民大会转向了游击战、爆炸袭击和骚乱，而南非国民党政府以大规模的暴力镇压作为回应，导致成千上万人的死亡。[8]

南非前大主教德斯蒙德·图图描述了这一时刻："我们的土地上发生了可怕的事情。人们就像蝇子一样死去。很多人预测，最可怕的种族对抗即将淹没我们的土地——我们将被种族大屠杀摧毁。我们似乎确实处于大屠杀的边缘，一步步向最可怕的灾难靠近。"[9]

"这种情况可能持续多久？"我问了一位在开普敦遇到的外国大使。他是对冲突了解最深刻、最有洞察力的观察者之一。

"我最乐观的猜测是，我们将在 30 年内看到种族隔离的结束。"

他冒险说道。[10]

我计划与反对种族隔离的人类学家同行和大学教授戴维·韦伯斯特见面，但就在我们预定会面的前几天，他在家门口被政府资助的死亡小队暗杀，死于他的伴侣面前。[11]

冲突看似几乎不可调和。然而，令所有人惊讶的是，在短短五年间，冲突发生了戏剧性的转变，正式的种族隔离制度宣告结束。

1995年1月，当我再次访问南非时，我感觉仿佛进入了一个完全不同的国家。我不得不掐一下自己，确认这一切是真的。纳尔逊·曼德拉曾在我第一次访问时被囚禁了几十年，如今已成为国家总统。前总统 F.W. 德克勒克现在担任曼德拉的第二副总统。在约翰内斯堡的一次晚宴上，我听到了这两位领导人动情地讲述他们的经历。

子弹让位于桥梁。这些巨大的变化对南非人和世界社会来说几乎是奇迹，但正如我所理解的，它们源于我在夸族人当中观察到的完全相同的现象：社群的参与，即第三方的参与。

"你们必须相信，"图图大主教在晚宴上宣称，"如果没有国际社会如此出色地支持我们，这一场反种族隔离的宏大胜利将完全不可能实现。"[12]

图图说得对。在此前的几年里，世界社会团结起来，形成的有说服力的影响达到临界点。联合国为非洲人国民大会提供了政治和经济支持。来自许多国家的杰出政治家提供建议和担任调解员。各国政府达成了金融制裁协议，限制了与南非的贸易往来和对南非的投资。

教会唤醒了公众良知。全球的大学生举行抗议，要求企业和大学从南非撤资。体育联合会投票决定将南非代表队排除在外，拒绝与种族主义制度下的球队合作。

内部第三方即南非内部第三方的工作和外部第三方的工作同样具

有影响力。感受到制裁的经济压力的商业领袖试图说服政府进行谈判。宗教领袖，以及女性和学生公民运动的领导者也动员人们，跨越种族界限，展开行动。

在这些条件下，德克勒克被说服并释放了曼德拉，结束了对他27年的监禁，并与非洲人国民大会开展谈判。

然而，谈判并不容易，政治暴力持续不断。商业、劳工、宗教和公民领导者随后与政府和非洲人国民大会共同合作，制定了《国家和平协议》。该协议建立了一个前所未有的委员会网络，覆盖了所有种族和阶层的公民。这些委员会与警察合作，干预和减少街头暴力，以便能够建立一个真正包容的民主制度。第三方实现了充分的参与。

在坚定支持非洲人国民大会的事业的同时，曼德拉也成了第三方的一位领导者。种族隔离的核心是排斥。具有讽刺意味的是，南非白人也感受到了排斥带来的痛苦，他们背负着战争和被英国统治的创伤。曼德拉的领导才华在于向南非白人和其他白人伸出援手。这是一个大胆的第三方举措。

为了治愈种族隔离留下的深刻创伤，他呼唤传统的非洲精神乌班图。乌班图的意思很简单"我因为你而存在，你因为我们而存在。"

乌班图是第三方的本质，是认识到我们都属于一个更广泛的社群。每个人都被包容，没有人被排斥。[13]

在就职演讲中，曼德拉宣称：

> 我们在植入希望的努力中取得了胜利。我们达成了一项契约，即我们将建设一个所有南非人，无论黑白，都能够昂首阔步、心中无惧，拥有不可剥夺的人类尊严的社会——一个与自己和世界和谐共处的彩虹国家。[14]

在南非，我找到了一个线索，解答了我在莫斯科那次十分引人警醒的会谈后不断思考的问题。传统上，暴力和战争是当双方无法达成一致时的最后手段——有时也是最初手段。是否存在一个可行的替代方案？南非人民及其领导人采用了我们最古老的人类遗产——第三方——并在大规模社会中重新改造了它，以应对深层次、难以解决的冲突。

整个国家见证、创造并采取了新的可能性。它的公民展示了在更大社群的框架内，即使是最困难的冲突也可以被控制并逐渐被转化。他们以最清晰的方式展示了我们今天如何选择中断家庭中、工作中和世界上存在的破坏性斗争的模式。

当我们卷入激烈的冲突时，我们往往会缩小视野，将其简化为两个方面：我们与他们。其他所有人都被期望选择一方或另一方。"你站在哪一边？"成为突出的问句。我们在两面思维的框架中，很容易陷入升级的破坏性权力斗争。

但正如我在卡拉哈迪沙漠和南非观察到的那样，任何冲突，无论大小，都不仅仅是两面之分。永远不存在"我们对他们"的简单对立。每一个冲突都发生在一个更大的社会背景中。无论我们是否意识到，总是存在"我们所有人一起"。这是一个人类学的真理，即我们都在一个无缝的社会网络中相互联系，无论这个网络看起来多么撕裂。

在今天我们面临的看似不可能解决的冲突中，想知道我们可以向哪里寻求帮助是很自然的。我从在非洲以及其他地方的经历中学到，帮助可以来自长期以来参与的社群——第三方。这是避开无尽的毁灭、暴力和战争的建设性选择。

这是人类的一线希望。

第三方就是我们

第三方就是人民的力量——人们利用同伴的力量，采纳整体的视角，支持冲突转化的过程。

在我们周围的冲突中，每个人都是潜在的第三方——作为家庭成员、朋友、同事、邻居或公民。当冲突影响到每个人时，帮助化解冲突是我们的责任。冲突转化不仅是专家的工作，还是每个人的责任。

第三方就是我们——我们每个人齐心协力。

在非洲的经历之前，我对第三方的印象是调解员，一个中立的外部人士，可以协助各方达成互利的协议。调解是我所学到并实践的。调解员确实扮演着重要角色。但现在我明白了，还有一种更广泛、最终更有效的冲突转化方式：借助一个能够调解自身争端的社群。

第三方的一个类比是我们身体的免疫系统。我们体内有数万亿的病毒，比宇宙中的星星还多。绝大多数病毒是无害的，但我们的免疫系统可以控制威胁性的病毒。它赋予我们天然的快速恢复的能力。第三方可以被理解为一种社会免疫系统，有助于抑制暴力和破坏的病毒。

我们不必保持中立才能成为第三方。我们往往不是中立的。对夸族和闪迈人来说，第三方通常是关系密切的亲戚，他们劝说家人冷静下来并进行对话。即使是当事方自己，有时也能成为第三方，只要他们采纳全局的视角。曼德拉在强烈维护自己立场的同时，成了第三方的领导者。他在领导一个特定党派的同时，为整体利益辩护。

第三方的动机不仅仅是出于利他主义。无论我们是家庭成员、朋友还是邻居，冲突都会影响我们自己。我们是在为了集体的自我利益行动，因为这是我们的社群。

当罗杰·费希尔、布鲁斯·巴顿和我一起工作时，我们关注的是互利——经典的"双赢"，也就是对双方都有利的结果。我从非洲和其他地方的经历中学到的是，如果我们要充分动员第三方，我们需要比以往的双赢思维迈出更大的一步。我们需要从双赢转向多赢。我们需要考虑一个"第三赢"——对更大社群、对未来、对我们的孩子都有利的结果。这种"第三赢"能够在长期内催化和维持第三方的努力。

成为能发挥作用的第三方并不容易。我们如果反应过度或干预过度，就可能会使事情变得更糟。作为第三方，我们只有在自己已经进入了"观众席"之后，才能帮助他人进入"观众席"。只有在我们自己与各方构建了信任的桥梁时，我们才能帮助各方构建金色之桥。这就是为什么在实现可能性的逻辑序列中，第三方是最终的胜利，建立在"看台"和"桥梁"工作的基础上。

第三方是我们刚刚开始利用的隐形资源，也许是我们转化冲突的最大的力量。如果我们充分激活它，它有可能成为对当今令人不安的极化、极端主义和妖魔化的急需解药。

释放潜力

如果走向看台可以释放我们内在的潜力，搭建金色之桥可以释放我们之间的潜力，那么引入第三方则可以释放我们周围的潜力。

要想激活第三方，我们需要运用三种天然的力量（见图4）。每种力量都是天生的人类能力，是我们可能已经知道如何做但需要进一步发展和磨炼的东西。

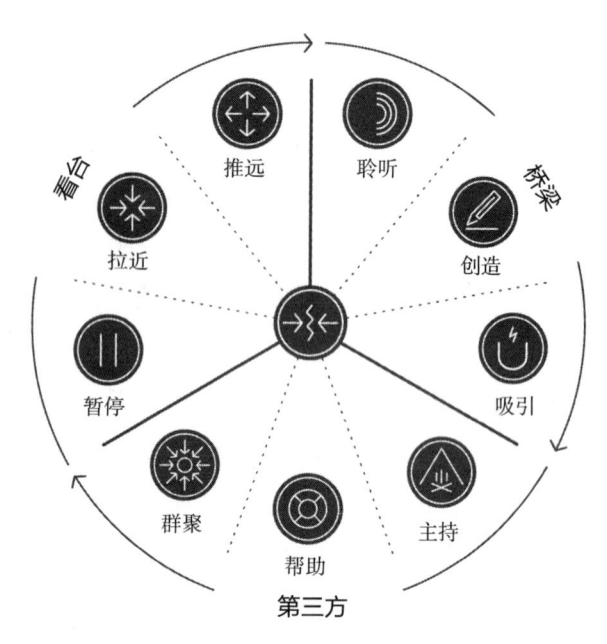

图4　第三场胜利：引入第三方

第一种是主持的力量——欢迎和联结各方。当夸族人在他们的科特拉活动中围坐在篝火旁时，他们实际上是在主持冲突和聚会。没有人被排除在圈外。

第二种是帮助的力量——在各方不容易做到的时候，帮助他们进入"观众席"并构建金色之桥。在夸族部落，朋友、亲戚和长者通过促进问题的解决与和解来帮助各方。

第三种是群聚的力量——施加核心大众的想法和影响力。就像一群鸟围攻攻击巢穴的入侵者一样，第三方可以围攻困难的冲突。在南非，外部第三方与内部第三方结合，形成了强大的影响力和说服力。

这三种力量有一个逻辑顺序。我们首先通过主持来创造有利的心理氛围。我们通过帮助来进一步加深参与，专注于解决实际问题。过

积极谈判

程的高潮是群聚，发挥社群的全部影响力和杠杆作用。这三种力量共同释放了我们周围的全部潜力。

第三方是一个沉睡的巨人。它是一种潜在的"超级力量"，存在于个体和群体之中。我们现在的挑战是找到唤醒它的方法。

第九章

主持：用包容回应排斥

他画了一个圈将我排除在外——
异教徒，反叛者，一个被嘲笑的对象。
但爱与我有足够的智慧去赢：
我们画了一个圈将他包括在内！

——埃德温·马卡姆[1]

"你是威廉·尤里吗？我叫玛丽亚·埃莱娜·马丁内斯。我坐了一整夜12个小时的巴士，从早上6点等你到现在，就想见你一面。"2003年2月，在委内瑞拉首都加拉加斯的阿特内奥剧院门口，一个陌生人对我说。

五名全副武装的国民警卫队员和一位美国大使馆官员正护送我进入剧院。大使馆官员立刻试图赶走这位女士，解释说我们很忙，但我坚持要听她说完。

"我刚从一个原住民领袖的聚会回来，他们在雨林深处举行了一整天的仪式，为国家的和平祈祷。领袖们诵念了许多祈祷文，祝福这条项链，并派我来这里将它送给你，希望它能够保佑今天的会议。我可以给你戴上它吗？"

她伸出手，递给我那条项链。那是一条非常漂亮的项链，用丛林植物的红色和白色的种子制成，项链中心是一颗很大的棕色坚果。

我停顿了片刻，凝视着她的眼睛。

"请吧，"我说，"谢谢。"

我低下头，让她把项链戴在我的脖子上。

一进入剧院的私人房间，大使馆官员就对我说："我建议你把那条项链摘下来。它让你显得有点儿可笑。"

我笑了。"我知道，我的西装和领带搭这条项链看起来确实有点儿奇怪，"我回答，"但原住民领袖和那位女士费了不少劲才把它带过来让我戴着它参加这次会议。我不想让他们失望。"

我没有说的是，作为一个人类学家，这对我来说并不奇怪。大使馆官员深深地看了我一眼，转过身去。

我应卡特中心和联合国的邀请来到委内瑞拉，就如何解决正在撕裂该国的冲突提供建议。在与政府官员和反对派领导人开会的间隙，我的朋友兼卡特中心的同事弗朗西斯科·迭斯邀请我共同主持一个公民会议。主题是"第三方"（El Tercer Lado），这是我一本新书的西班牙语版书名。

"你预计会有多少人参加？"我问。

"我不知道，因为这是对公众开放的。但这是一个工作日的全天会议。可能会有150人，如果幸运的话，可能会有200人。坦白说，这里的情况两极分化，我不确定有多少人对公共对话感兴趣。但以防万一，我们租了一个能容纳500人的剧院。别担心，如果人数少，我们可以都坐在前面。"

但是当弗朗西斯科和我到达剧院时，我们惊讶地发现街上挤了1 000多人，他们争先恐后地想进入剧院，几十名武装士兵在阻止他们。由于查韦斯主义者——总统乌戈·查韦斯的支持者——和反查韦斯主义者从未在抗议和战斗之外的情况下聚集过这么多人，国民警卫队被召唤了出来，因为担心会发生暴力事件。这似乎对于弗朗西斯科打算举办的和平公共研讨会来说并不是一个好兆头。

"我们现在该怎么办？"我问弗朗西斯科，我们在车里看着剧院周围的混乱，"还有没有更大的场地可以容纳所有人？或者我们应该推迟到找到场地为止？"

"很遗憾，在这个时间点我们没有其他选择。我认为我们应该继续，"他回答，"我们今后可以再做一次。一切都已经计划好了。秘书长加维里亚即将到来。"

"好的。"我同意了。我有点儿缺乏信心，因为我从未主持过参会者如此愤怒和两极分化的大型公民会议。"让我们尽力而为。"

当我从车里出来进入混乱的现场时，我回想起在卡拉哈迪的夸族人围绕着篝火聚集的情景，他们称之为科特拉。那是第三方在行动，主持一场现场冲突：照顾各方立场，聆听他们的声音，确保每个人都感到参与其中。我在想，如果我们能在一个非常不同的背景下创造现代版的主持冲突，它会是什么样子？

进入剧院大厅时，我遇到了玛丽亚·埃莱娜·马丁内斯。我感到奇怪的是，她出人意料地赠送的项链让我感到更加坚定，这条项链承载着该国第一批居民的祈祷。这条项链提醒我，所有生活在委内瑞拉的人的生活都深受危险的政治冲突的影响。它让我意识到我为什么在这里。

让第三方的声音被听到

当我进入时，剧院里的每个座位都坐了人，人们站在过道上或坐在楼上的台阶上。许多人的声音听起来很焦虑和害怕。

会议按计划开始，由美洲国家组织秘书长塞萨尔·加维里亚做简短的介绍性发言。当他讲话时，我试图集中注意力，提醒自己要呼吸。然后弗朗西斯科介绍了我。我走上舞台，站在讲台后面，看着剧院里的所有人。许多面孔看起来憔悴又焦虑。

"感谢你们今天有勇气来到这里进行对话。"我开始说，"这是我们人类能做的最艰难的工作——面对我们的恐惧，聆听意见可能和我们不一致的其他人。

"我知道很多人想参加今天的会议，比组织者预期的多得多。我非常抱歉，因为剧院太小，很多今天想来的人没能来。我们会尽快找到一种方法来让他们加入。

"你们今天可能是作为个人公民来到这里的，但你们承载着全国其他许多人的恐惧和希望。你们中有一个人坐了一整夜的巴士才来到这里，她直接从一个原住民领袖的雨林会议赶来。他们昨天举行了一整天的仪式,为委内瑞拉的和平祈祷,并要求她带来一条承载着他们祈祷的项链,以保佑我们今天将举行的对话。她按照指示把项链戴在我的脖子上,让它和我们所有人同在。玛丽亚·埃莱娜,请站起来,我们要感谢你和原住民领袖。"

当玛丽亚·埃莱娜站起来时,人们鼓起了掌。

我继续说:"我必须提前告诉你们,我还在了解委内瑞拉和你们这里的冲突。我还有很多不知道的事情。但我在世界各地的其他许多冲突中工作过,包括许多内战地区。我相信,在委内瑞拉,你们有一个巨大的机会——在内战开始之前阻止它。我可以用自己的经验告诉你们,预防战争比战后中止好得多和容易得多。流血事件一旦发生,再要停止就非常难了。

"在我参与调解的几乎所有冲突中,内战爆发前都有一些常见的预警信号。人们开始购买武器。有关即将发生的暴力的谣言开始传播。人们不仅将对方视为政治对手,而且将其视为邪恶方。他们开始认为存在危险,这些危险威胁到他们所珍视的一切。那时,暴力就开始了。

"让我问你们几个问题:你们中有多少人在最近几个月购买了武器,或者知道有人购买了?"

剧院里几乎所有的人都举手了。

"你们中有多少人听说自己所在的社区将被袭击的谣言?"

同样,许多人举手。

"你们中有多少人听到过将对方称为邪恶方或恶魔的说法?"

再一次,大多数人举起了手。

"在你的冲突中,就像在其他冲突中一样,似乎每个人都必须选择支持一方或另一方。选择不站队的人会受到批评和攻击。我听说在委内瑞拉这里甚至有给那些人起的名字。他们叫作 ni-ni(西班牙语,

积极谈判　　212

意思为既不是这个也不是那个),周围的人会因为他们不站队而批评他们。是这样吗?"

人们点头。

"你们中有多少人被这么称呼过?"

一些人举手。

"有什么可以阻止内战?根据我在其他地方的经验,关键是整个社群联合起来阻止暴力。超越双方,引入第三方。第三方是整个委内瑞拉的一方——你们的孩子和他们未来的一方。第三方是积极参与的社群,反对暴力,支持对话和寻找和平共处的方式,即使存在深刻的政治分歧。

"你们中的任何人都可以成为第三方的一员,无论你们是查韦斯主义者还是反查韦斯主义者,两者都不是也没关系。采取第三方的立场意味着采取整个社群的立场。

"想一想这场冲突如何伤害了你和你爱的人。也许你们中有人认识的人被殴打甚至被杀害。也许你们的家庭成员或朋友不再相互交谈。也许你们或你们周围的人失去了工作。也许你们或你们的孩子做过关于暴力的噩梦。

"在我知道的社群团结起来反对暴力的地方,是第三方在说不。如果你们在委内瑞拉对暴力说不,你们会选择什么词?"

"够了!"有人从远处的一排座位上喊道,"受够了!"

"我想听到委内瑞拉人民对暴力说不的声音。目前为止,第三方的声音一直在被压制。当你们思考这场冲突如何伤害了你和周围的人时,我希望你们一起大声喊出'够了!',投入你们所有的情感。你们愿意照我说的做吗?"

他们点了点头。

"准备好了吗？我数到三。一……二……三。"

"够了！"他们喊道。

"再试一次，这一次再大声一点儿。"

"够了！"这一次声音更大了。

"最后一次。看看你们是否可以用尽全力。"

"够了！"声音震耳欲聋，剧院的屋顶都在震动。

那是我一直想听到的第三方的声音。

在那一刻，房间里的情绪气氛似乎发生了变化。负面的恐惧和愤怒情绪开始让位于结束破坏性冲突的积极意图。似乎剧院里的每个人都突然记起作为委内瑞拉人，作为一个更大家庭的一部分的意义。在那一刻，第三方的潜在力量被激活，中断了暴力的升级。

午饭后，剧院里的参与者分成小组，查韦斯主义者和反查韦斯主义者混在一起，然后聚集成更大的小组，讨论他们如何合作以防止暴力并维护国家的和平。剧院里充满兴奋和创造力。

以包容回应排斥

我在剧院里的经历让我回想起了埃德温·马卡姆的那首短诗，我在本章开头引用过。我是从我的朋友兰德勒姆·博林那里第一次听到这首诗的，他当时已经90多岁了，是一位著名的和平缔造者。兰德勒姆告诉我，他在20世纪20年代田纳西州的一所高中，从诗人本人那里听到了这首诗。

兰德勒姆描述了马卡姆站在舞台上的样子，他有一头浓密的白发，开始背诵"他画了一个圈把我排除在外/异教徒，反叛者，一个被嘲笑的对象"，同时戏剧性地用手指在空中画了一个圈。然后，同样戏剧性地，诗人充分伸展手臂，画了一个更大的圈："但爱与我有足够的智慧去赢／我们画了一个圈将他包括在内！"

在那一节诗中，诗人总结了转化冲突的一个关键障碍，并提供了一个巧妙的策略——用包容来回应排斥，这是一种情感柔术。那首小诗和它的智慧一直伴随着我。

在我处理过的几乎所有深层次冲突的核心，都存在着排斥造成的创伤。巴勒斯坦人和以色列人，北爱尔兰的新教徒和天主教徒，塞尔维亚人和克罗地亚人，肯塔基州的煤矿工人——我聆听了他们长时间讲述的被歧视和被羞辱的故事，这些故事往往可以追溯到许多代人甚至几个世纪之前。这些感受和创伤助长了冲突，经常触发暴力的行为和战争。

在商业上，我见过同事被排除在重要会议之外等感觉受到轻视之事所导致的关系破裂和冲突爆发。我发现，家庭纠纷经常是由一个家庭成员感到被对待的方式不如另一个家庭成员所助长的。

我知道对付排斥创伤的唯一补救办法就是包容。这是满足归属感的普遍需求。这就是夸族人在争议出现时所做的事情。他们首先围绕篝火形成一个圈子，一个每个人都属于其中、每个人都能被听到的圈子。容纳那些感到被排斥的人，是处理差异的一种古老而久经考验的方式。

从排斥到包容的转变，就是我在加拉加斯剧院那天感觉到的变化，提醒我人类在任何时候都有能力改变我们处理冲突的方式，从排斥他人到包容他人。

剧院里的包容对话并没有就此结束。参与者同意第二天再次会面。他们继续在全国范围内组织公共对话。他们上演街头戏剧和开展学校项目。他们在剧院里的对话变成了全国电视广播节目。节目名字是

《第三方》。

参与者创建了一个全国性的公民运动，其目的是提醒委内瑞拉人，他们所共有的东西比分裂他们的东西更重要。组织者称这个运动为"Aquí Cabemos Todos"，意思是"这里能容纳所有人"。每个人在这里都有一席之地。这是第三方的精髓信息。

在此之前，委内瑞拉的政治冲突中只有两个明显的对立方。他们没有给细微差别或复杂性留出空间，也没有留出对话的空间。现在，有了一个第三方可以站立的地方，一个容纳持各种观点的人的社群。在委内瑞拉两极分化的双方彼此强烈排斥的时刻，第三方的家园诞生了。

"Aquí Cabemos Todos"只是一个更大社会中社群建设倡议的一部分，这个社会被破坏性的冲突撕裂了。尽管令人遗憾的是，政治冲突至今仍在继续，但委内瑞拉人能够避免一场人们普遍担忧的内战。要转化整个社会不良冲突的模式，第三方需要变得更强大。如果第三方就像社会免疫系统，那么，就像我们加强个人免疫系统以保持健康一样，我们需要加强社会免疫系统以保持社会健康。

当我在写这一章时，我回想起20年前在委内瑞拉的那家剧院里的对话，然后不禁想到了现在的美国。购买武器？对即将发生的暴力的恐惧？对大量同胞的污名化？如果美国人能够防止许多人担心可能在未来几年发生的内战，那将是因为美国人能够加强社会免疫系统，作为第三方团结在一起，无论我们站在哪个政治立场上。因为最终，每个人在这里都有一席之地。

以人为本

我们大概都知道如何做一名主人。当我们接待客人时，我们会欢迎他们，问他们是否饿了或渴了。我们照顾他们的需求，倾听他们，使他们感到宾至如归。我们会把他们介绍给其他人。我们都能回忆起我们曾作为主人接待某人，或者我们曾作为客人被某人接待的时刻。接待客人也许是我们人性中最基本的行为。照顾有需要的人，也许比其他任何活动都更能体现我们作为人的本质。[2]

主持意味着承担责任。责任意味着响应能力，即有能力建设性地回应冲突。主持意味着我们关注冲突，并有改变它的意图。主持就是照顾各方。当我们周围发生争论时，主持正是所需要的行为。

主持是具有传染性的。在加拉加斯会议的前一天，冲突由热带雨林中的原住民领袖通过举行和平仪式来主持。会议由外部的第三方——美洲国家组织、卡特中心和联合国开发计划署主持。到了下午，公民自己承担起了内部第三方主持者的责任，发起了名为"Aquí Cabemos Todos"的全国性运动来主持冲突。

主持在各方之间创造了更大的社群圈子。通过创造这个圈子（无论是现实的还是隐喻的），主持行为使第三方的作用得以显现。之前，也许似乎只有两方，但现在，由于主持的力量，三方变得显而易见。

主持是包容的。它欢迎每个人，并平等地对待所有人，承认他们的声音值得被倾听，尊重他们的固有尊严。它创造了一个安全的容器，让每个人都有归属感，无论他们是谁或持有何种政治观点。

主持意味着欢迎各方，见证他们的故事，并在他们周围编织一个社群网络。

欢迎

主持的第一步是欢迎各方，以及他们的冲突。我们不是避开他们或加入他们,而是带着好奇心转向他们。我们将他们带入我们的关注圈。我们向他们提供基本的人类尊重。我们让他们知道他们属于这里。

你有没有作为陌生人身处陌生国度的经历?你有没有被几乎不认识的人欢迎,他们还为你提供食物和饮料?你有没有经历过来自陌生人的好客和善良?

多年来,我一直在从事一个独特的项目,致力于在中东地区建立一条长途步行道,这条步行道追溯了4 000年前亚伯拉罕及其家族的传奇旅程,并颂扬他对陌生人的好客精神。

这一切始于2003年8月的一个夏夜,一群朋友在星空下共进晚餐。其中两个人刚从中东回来,我们在不经意间开始讨论将世界撕裂的恐惧和分裂之墙。不到两年前,"9·11恐怖袭击事件"发生,继而引发了针对阿富汗和伊拉克的可怕战争。美国发起的全球"反恐战争"在伊斯兰世界被广泛视为反伊斯兰战争。

我的朋友们和我那天晚上受到了款待,反过来,在某种意义上,我们带着关注和关心,开始"主持"那些分裂性的冲突。

"我们可能面临一场新的世界冲突,有点儿像冷战,世界被分为两个巨大的阵营,宗教也在其中。"我的朋友拉比耶·罗伯茨说。

"在如此多的恐惧和分裂事件中,怎样做才可能让人们聚集?"我的朋友埃利亚斯·阿米登问道。

拉比耶和埃利亚斯刚从带领西方人前往叙利亚的朝圣之旅回来——作为跨越西方人民和中东人民之间的鸿沟的一小步。

他们的旅程引发了我的思考。多年来,我一直在研究中东的冲突,专注于政治谈判,但我想知道是否有其他更接地气的方式可以用来处理这些冲突。作为一个热情的旅行者和徒步爱好者,我说:"这是一个疯狂的想法,但我们为什么不以更大的规模践行你们刚刚做的事情？"

"你的意思是？"我的朋友们问道。

"我不知道。有没有人追溯过亚伯拉罕的脚步？他是中东人民的传奇祖先，也是世界上许多地区人民的祖先。"

大家好奇地看着我。

"当伊拉克战争爆发时，我记得那被认为是亚伯拉罕出生的地方。我知道这听起来很牵强，但作为一名人类学家，我知道重述一个古老的神话故事有一种力量。它激发了我们所有人心中的某种东西。也许一条跟随他的传奇脚步的步行道，可以帮助提醒我们所有人，无论什么把我们分开，我们都共享着更伟大的东西：一个共同的故事，一种共同的人性，一个共同的未来。而且，徒步有某种魔力。谁会在徒步时打架？"

当时我还不知道，野餐会上那个小小的疯狂想法是20年艰苦工作以及长途徒步的开始，目的就是在激烈的政治冲突和战争中实现梦想。

怀疑论者说这做不到，但我的同事和我坚持不懈。我们研究了世界各地的其他长途步行道，特别是世界著名的圣地亚哥朝圣之路，它的终点在西班牙。

2006年10月，我们开始了一次开创性之旅，与来自世界各地的23人一起，包括一位伊玛目、两位牧师、一位拉比，追溯亚伯拉罕或者说易卜拉欣的脚步，后者在该地大部分区域更广为人知。我们的目标是证明这可以做到，并沿途询问不同社群对长途文化路线的看法。在将近两周的时间里，我们乘坐公共汽车，偶尔步行，从土耳其南部的哈兰出发（亚伯拉罕被认为从这里出发南下），到耶路撒冷南方的希伯伦即哈利勒结束——亚伯拉罕被认为最终被埋葬在那里。

为了响应当地社群的兴趣，我和我的同事在2007年启动了亚伯拉罕之路倡议。[3] 该倡议与当地组织合作，绘制了横跨中东6个国家长达数百英里的步行道。该倡议得到了联合国和世界银行的支持,后者有兴趣了解步行道如何为生活在脆弱政治环境中的人们创造就业机会和谋生方式。在短短几年内,亚伯拉罕之路被《国家地理》列为世界上 10 条最佳新步行道之首。[4]

成千上万的人,年轻的和年老的,当地的和外国的,以及许多来自不同文化和民族的人,已经走过了沿着古代文化路线出现的不同国家的步行道。许多人住在沿途人们的家中。步行道可能会比今天占据头条的该地区的当前冲突更持久。它们甚至可能有助于这些冲突的转化。

该步行道的目的是通过邀请人们追随亚伯拉罕的古老脚步,以一种不寻常的方式主持差异,以了解其他民族、文化和信仰。表面上没有解决冲突,但间接地,旧的刻板印象受到挑战,加强了相互理解。正如我的朋友兼同行徒步者戴维·鲍姆喜欢说的,秘诀是在没有对话的情况下进行对话。

亚伯拉罕因许多事情而闻名,但也许最重要的是他对陌生人的好客精神。古老的故事讲述了他如何离开祖先的家,成为陌生土地上的陌生人。他接受了款待,他也给予了款待。据说他把帐篷的四面都敞开,以便能够接待陌生人,并向他们提供食物和照顾。他被视为典型的主人。

我和其他许多人在走遍该地区不同步行道的这些年里,就体验到了这种待客的品质。我们听到和读到的所有东西都让我们以为会收到敌意。相反,我们受到了最惊人的款待。

一个牧羊男孩追上我和我的同伴们,送我们他树上的水果。他什么都没有,但想要给予。一位贝都因妇女和她的女儿坚持要我们 10 个掉队的徒步旅行者进入她的山羊毛帐篷,喝一杯咖啡。在一个村庄里,各个家庭都争相向我们提供款待。

在步行道上，我们经常听到一句对访客表达传统问候的阿拉伯语："放松，就像你和自己的家人在一起一样。"

走在亚伯拉罕之路上，我上了重要一课：联结、给予和欢迎他人是深刻的人类本性。当我们处理差异时，这是我们可以利用的社群隐含力量。主持和被主持的简单行为为转变人际关系开拓了新的可能性。

主持不必是一个大项目。我们每个人都可以主持，无论何时何地，正如我在亚伯拉罕之路上学到的。它可以像邀请一个有冲突的同事喝咖啡，并聆听他们的故事一样简单。

见证

一旦我们欢迎了各方并帮助他们放松，下一步就是见证。它是指深入聆听我们的客人，并承受任何困难冲突所带来的损失和痛苦。

我想起了一个关于亚瑟王的古老传说。[5] 圆桌骑士中的一员出发去寻找圣杯，它是最宝贵的传说中的象征。经过多年的徒劳搜索，骑士最终发现了一座突然出现在雾中的神秘城堡。骑士鼓起勇气进入城堡，在那里他发现了一家巨大的餐厅，一个年迈的国王坐在长桌旁，所有的朝臣都在那里。国王看起来很苦恼。一个美丽的银杯就摆在国王面前的桌子上，那就是圣杯。骑士几乎不敢相信自己的眼睛。但骑士必须问一个神奇的问题，以说服国王把圣杯给他。那个问题是什么？

那个古老的传说表明，这个无所不能的问题是一个简单的问题。年轻的骑士问老国王："你有什么烦恼？"当骑士聆听国王的苦恼并揭示他最深层的需求时，两人之间建立了友谊关系。出人意料，国王慷慨地把圣杯给了年轻的骑士。

我一生中所处理的冲突，以及今天困扰我们最多的冲突，通常深深植根于创伤，无论是个人的还是集体的——巨大的痛苦具有很强的压倒性，以至于人们的神经系统只能冻结以使痛苦的感觉麻木。创伤成为不断滋养恐惧和愤怒的深井，并在很大程度上推动了冲突，通常人们甚至没有意识到这一点。也许释放那种痛苦的唯一方法就是通过同情心，就像年轻骑士给予老国王的那样。

真正的见证是一种同情心的练习。同情心比同理心的含义更丰富。除了理解对方可能的感受，同情心还意味着深深的祝福和帮助的愿望。

当各方有机会真正被听到时，他们可以开始放下过去，更好地专注于现在和未来。我在哥伦比亚和平谈判期间清晰地看到了这种见证的潜力。

政府和游击队之间的谈判在哈瓦那拖延不决，当时桑托斯总统提出了一个激进的建议。他提议在达成协议之前，邀请冲突的受害者在谈判期间公开做证。受害者将前往哈瓦那，谈判代表将听到他们的故事。[6]

我记得各方对总统提议的怀疑和反对。

"这只会使谈判拖延更久。"批评者认为。

"这只会激起过去所有的仇恨与怨恨。"

"受害者会要求施害者受到报应，这将使达成协议更加困难。"

但实际上发生的是相反的情况。

五组受害者由联合国和大学精心挑选，以代表所有冲突方的受害者。他们来到哈瓦那，在大量的媒体报道下，向谈判代表提供了他们生动而痛苦的证词。

谈判代表和哥伦比亚人民共同见证了他们的个人故事，受害者让批评者感到惊讶。他们中的大多数人敦促谈判代表更加努力，表现出更多的灵活性，就一项前所未有的和平协议达成一致。

我从几位谈判代表那里听说，他们被受害者的故事深深感动。他们认为，听证会并没有拖慢谈判的步伐，反而促使他们更加努力地解决分歧。

桑托斯总统本人也被感动了。听到个人故事帮助他继续谈判，尽管他经常感到巨大的压力，想要放弃努力。他告诉我一个触动他的故事，这个故事给了他继续推动和平进程的勇气和能量。这是一个名叫帕斯托拉·米拉的女人的故事，她失去了父亲、母亲和两个兄弟。她的儿子被施以酷刑，然后惨遭杀害。[7]

在她埋葬了她的儿子大约 10 天后，一个受伤的男人来到她家，请求她帮忙。她把他安置在儿子的床上，精心照料他恢复健康。当他要离开时，他看到了这个女人和她儿子的照片。突然，他跪下来哭了。

"请不要告诉我这是你的儿子。"

"是的，这是我的儿子。你为什么这么问？"

"因为我是折磨并杀害你儿子的人，"他哭喊着，并一直重复道，"对不起。我真的很抱歉。"

这位母亲看着杀害她儿子的人，扶他站起来。让他备感震惊的是，她拥抱了他，说："谢谢！"

"你为什么要感谢我？"这个男人惊讶地问。

"因为你承认了你所做的事，并请求我的原谅，你让我从今以后不再怀恨在心。"

桑托斯被帕斯托拉的故事深深感动，当他被授予诺贝尔和平奖时，他邀请她和他一起去奥斯陆。

"这个诺贝尔和平奖不是给我的，"他告诉我，"而是给这场冲突的受害者，比如这位了不起的女士，她给了我勇气和能量，让我继续推动和平进程。"

就我所知，以前没有任何冲突的受害者像在哈瓦那那样正式被纳入谈判进程。这是历史上的第一次,是一次创新,我希望它会激励未来的其他和平谈判,帮助人们学习如何更有效地处理我们最棘手的冲突。

我从自己在哥伦比亚的经历中学到的是:重要的不仅仅是我们彼此的交流方式。我们聆听和见证彼此的方式同样重要。如果我们能够以同理心和同情心见证他人的痛苦,我们就可以改变交流的质量。排斥的感觉可以转变为包容的感觉。分裂可以转变为联系。新的可能性就会出现,以处理哪怕最棘手的冲突。

见证我们周围他人的痛苦,是我们每个人都拥有的力量。

编织

最终,主持冲突意味着编织一个社群网络,联结各方。编织就是将对立的各方聚集,帮助他们意识到他们确实是一个更大的社群的一部分,无论这个社群有多么破碎。编织意味着提醒各方,在任何冲突中,不仅有两方,还有一个更大的第三方,一个共享的社会背景,对未来有共同的利益。编织将框架从"我们对他们"转变为"我们所有人一起"。编织是我们加强社会免疫系统的方式。

很少有冲突像党派政治那样抵制这种编织。20年前,在克林顿总统弹劾案之后,我受邀推动美国国会一小群议员之间的对话,他们是一群民主党人和共和党人,极度两极分化,相互不理睬。

在过去的两年里,美国国会已经发生了过多的人身攻击和侮辱事件。众议院的领导人组织了一次在宾夕法尼亚州赫希的周末静修。大约有200名成员和他们的家人参加了这次活动。

第一晚晚餐后,成员们分成了8人小组,每个小组包括4名共和党人和4名民主党人,带着他们的伴侣。在我的小组中,每个人似乎在一天的工作和旅行后都有些疲倦。我感到空气中弥漫着紧张和不安。

作为"主持人",我将所有的椅子围成了一个圈。比起坐在面对面的长桌旁,就像对立的军队在战场上对峙那样,我更喜欢采用圆圈的形式,因为圆圈微妙地暗示了社群的存在,令人想起了我们祖先围绕篝火聚集的时代。桌子有一个主位,但圆圈没有主位,圈子里的所有人都是平等的。

"我想请大家分享一下过去两年的个人经历。对你们来说,这场冲突的代价是什么?"

"一场猎巫活动!"一位民主党人抱怨道。

"你们的领袖在法庭上撒谎!"一位共和党人厉声说道。

"我的孩子几乎从未在晚餐时见到过他们的父亲,"一位配偶说道,"他总是很晚回家,因为诉讼让他不得不离开——通常还包括周末!"

大家的情绪依然很激动。

然后,突然间,一名成员迟到了。

"对不起,"她说,"我的保姆没有来。你们介意吗?"

她把她6个月大的孩子放在了圈子中间的毛毯上。

婴儿躺在那里,挥动着手臂和腿,并发出咯咯的声音。

所有的注意力一下子都集中到了婴儿身上。

对话的语气突然变得柔和起来。

"这已经不是我刚加入时的国会了,"一位共和党成员说,"我们过去常常彼此交谈。现在我们几乎从未这样做过。我在来这里的火车上与一位民主党人的谈话时间比过去两年还多。"

大家纷纷点头。

"我们得做得更好,"另一位成员说,"我们不能这样对待我们的家人。"

第九章 主持:用包容回应排斥 225

"我们的国家值得变得更好。"

大家都看着那个已经睡着的婴儿。

我突然意识到,躺在我们圈子中间的婴儿,成了第三方。这个婴儿是整体的象征,是代表国家未来的新公民。

这个婴儿是一个无声的见证者,没有说一句话,却重新框定了对话,提醒大家从全局出发。在那一刻,"我们对他们"不再存在,变成了"我们所有人一起"。

这让我想起了我还在上学时读过的一篇人类学研究论文,讲述了两只成年雄性黑猩猩互相打斗并追逐的情景。其中一只雄性黑猩猩走近一只带着幼崽的雌性黑猩猩,温柔地接过幼崽抱了一会儿。当这两只雄性黑猩猩凝视着幼崽时,它们立刻平静下来,打斗也随之结束。[8]

我并不是建议我们在每次发生争执时都需要找一个婴儿。更广泛的问题是:作为第三方,你有什么资源可以帮助当事方重新框定对话,就像那个婴儿所做的那样?

在这种情况下,我抓住了一个机会,提出了一个我感觉能够促使对抗双方的领导者建立更多联系的后续问题。

"请讲述你年轻时的一个故事,"我问,"是什么激励你开始投身于公共服务的?"

参与者开始分享他们的个人故事。随后,每个人暴露的脆弱情感都引起其他人的共鸣。

"有一次,我在高中考试中作弊。"一名成员说,"校长把我叫到办公室,告诉我,我可以选择让这成为我一生中最糟糕的事情,或者通过学到人生一课来让它成为最好的事情。"

"我在青少年时期怀孕了,"另一名成员对大家说,"这促使我梳理了自己的生活,也让我对那些不如我幸运的人产生了同情。"

大家慢慢敞开心扉，猜疑开始减少。参与者们更能认识到他们所共有的东西，而不仅仅是关注分歧。

我们开始在冲突中编织社群的网络。当然，这只是一个开始，但它揭示了创造一个更广泛、更深层次的背景，以减少不良极化的可能性。这是我们现在比以往任何时候都需要记住的一课。

主持一场你身边的冲突

在我准备写这一章的时候，我正在与我的表亲克莱尔共同主持一次大型家庭聚会。家庭聚会常常充满紧张气氛和未说出口的冲突，这次也不例外。

一天午后，我们十几名表亲，年龄从40多岁到70多岁，在密歇根湖畔的古老的家庭夏日别墅外围成圆圈而坐。我们这个家族的这栋老房子已经有近百年历史了。我的母亲和她的6个兄弟姐妹在这里度过了许多夏天。我一生中有许多关于这个美丽地方的温暖童年回忆，我的表亲们也是如此。

大家的心情都很好，放松，身体健康，享受着自然美景。年轻一辈好奇地询问老一辈关于家族历史的问题，尤其是那些发生在近70年前的事件。

"战争结束后，家族生意发生了什么事？"

"为什么长子被要求不插手生意？"

我们每个人从父母那里听到了不同的故事。

这大多与一场关于我外祖父创立的家族生意的争执有关。我的舅舅从二战归来后接管了家族生意，而他的父亲则不再积极参与。10年后，曾经繁荣的生意突然陷入了严重的债务危机，濒临破产。家庭内部发生了严重的冲突,甚至有诉讼的风险。

我的舅舅被要求不再涉足生意,带着家人离开了芝加哥。一道裂痕就这样出现,它在随后的40多年里没有被讨论过,也从未完全愈合。

"真实的故事是什么?"年轻的表亲们问。

"是因为赌博欠债,借用生意的钱来偿还吗?"

我们尝试深入了解故事中的每一个人。

我的表亲琳恩是我舅舅的女儿,开口说话了。

"你们知道吗?在20岁时,我父亲登陆诺曼底,然后在欧洲四处作战,看到他的战友一个个被杀害。你们知道他是解放达豪集中营的军队中的一员吗?想象一下他见到的那些景象。他从未能谈论这些。"

"也许他患有创伤后应激障碍。"一位表亲猜测道。

当我们共同见证了这些痛苦的故事,开始理解创伤的深度时,我们的理解加深了。

"这么多年过去了,大多数的老一辈人已经不在了,但至少让我代表老一辈表达歉意。"我的表亲克莱尔说。

"我会满怀感激地接受这个道歉,并回以歉意。"我的表亲琳恩说。

过去未说出的家庭排斥感开始让位于包容感和更深层次的社群感。

这种愈合并非有意为之。这是从我们在家庭聚会上举行的一次非正式的、看似随意的对话中自然产生的。

在解决这些充满情感的问题时,起作用的是主持的力量。它创造了有利的心理氛围。表亲社群成为一个安全的容器,在这个容器中,讨论微妙且情感复杂的问题感觉是安全的。

第三方——周围的社群——在自然地发挥作用。这让我想起了夸族人,他们围坐在篝火旁,讨论他们族群内部出现的冲突。

主持是我们每个人都可以采取的第一步。我们都知道如何主持在最基本的层面，它意味着关注当事人及其境况，扩大我们的关注圈。它意味着将排斥感转化为包容感。它意味着将态度从"这不是我的事"转化为"这是我的社群"。

这让我思考以下问题。

如果我们重新创造像祖先那样围坐在篝火旁，讨论自然出现的任何社会问题的包容圈子，那会是什么样子？篝火的现代等效物是什么？

如果"主持你身边的冲突"成为常态会怎样？

这是我为我们的后代所梦想的世界。

我相信这在我们的能力范围之内。

第十章

帮助：促进开展真正对话

总有一个广阔的视野……有许多事情需要做……由你来为人类永续的进步计划贡献一分微小的力量。

——弗朗西丝·珀金斯[1]

"总统让我给你打电话。谈判陷入僵局，我们的时间不多了。"

我的朋友塞尔吉奥·哈拉米略，哥伦比亚和平谈判中的和平专员，在电话中听起来很焦虑。

"你能来波哥大帮我们解决这个问题吗？"

我不确定自己能否帮上忙，因为我对争议问题不太了解，但我仍然觉得有必要回应。

"我能帮上什么忙呢？"我问道。

那是2015年4月。为了结束哥伦比亚的内战，和平谈判已经在古巴的哈瓦那进行了三年。[2] 虽然取得了一些进展，但仍有几个重要问题，其中最棘手的是过渡期司法和问责的问题。战争造成了超过800万的受害者。[3] 谁将为众多战争罪行负责，以便国家能够治愈创伤并向前迈进？

"我们代表团内部遇到了一个真正的问题。"塞尔吉奥在电话中解释道，"一个月来，我们一直试图向将军解释为什么关于战争罪行的机构责任的语言是绝对必要的。这是现在的国际法律规范。但是他完全拒绝接受。经过一个月的争论，他离开了哈瓦那，飞回了波哥大。这一切都上了哥伦比亚的新闻，它威胁了整个和平进程。公众怎么会支持一份没有得到军方支持的和平协议呢？"

"我们需要你的帮助，达成一个内部一致的语言方案，以便我们可以提供给对方。"

我整理好行李，第二天一早就出发了。

当我到达波哥大时，已经是深夜，我直接去了塞尔吉奥的家。我发现他焦虑不安——这可以理解，因为他多年辛勤工作的成果现在岌岌可危。他的声音中饱含情绪，他爆发道："如果总统最终站在将军一边，那我显然不得不辞职。"

第二天早上,我和将军进行了早餐会议。他是哥伦比亚武装部队的前总司令,备受尊敬和喜爱。在之前的谈话中,我发现他是正直坦率的。我以好奇的语气试探他:"将军先生,我觉得我理解您的担忧,但我更希望可以从您那里直接听到你的想法,以便更好地理解您。"

"很简单。"他回道。

"我的同事提议的语言规定了'机构行为者'的集体责任。我们都知道那只是军队的一个代号。我们军方和萨尔瓦多、危地马拉的同事谈论过他们国家内战后发生的事情。政治家们最终没有受到惩罚,游击队也没受到惩罚,而军方则被利用,成了替罪羊。"

他停顿了一下。

"我们将陷入无休止的诉讼。有些人会入狱。这极不公平。这也羞辱了那些勇敢地为国家而战的人。我宁愿辞职也不愿接受这样的语言。"

"我理解。"

接下来,我和首席谈判代表会面,他是一位宪法律师,也是这个国家的前副总统。我和他认识多年,一直觉得他是一个思想开明、理性、聪明的人。

"我很想听听你直接说说你对这个问题的看法,以及为什么集体责任的语言如此重要。"我说。

他毫不犹豫地回答:"遗憾的是,各方都犯了战争罪——游击队、军队和准军事部队。实施这些行为的个人并不是单独行动的,而是代表他们的机构。我们不能在全世界面前说我们的机构对发生在这个国家的所有悲惨事件没有集体责任。否则,没人会相信我们的司法系统能解决正义问题。我们必须包含集体责任的语言。"

不同的利益现在对我来说变得更加清晰。

我接下来的会议是与整个代表团一起开的。我请他们为我准备了一块白板,这样整个团队可以将问题可视化。

"很高兴再次见到大家。"我对他们说,"我知道这个问题让大家非常沮丧。我希望大家耐心等待我理解具体的困难所在。"

我请塞尔吉奥告诉我那句造成麻烦的话。我把它写在白板上并大声读了出来:"机构行为者将对任何犯罪行为承担集体责任。"

我请将军解释他的担忧。

"'机构行为者'这个词只是军队的一个代号。"

我转向将军说:"我理解你的担忧是'机构'这个词意味着军队。如果我们找到一种方式,明确表示这个词指代整个政府,包括所有政治领导人,他们承担集体责任,而不仅仅是军队,会怎么样?"

我看着将军,他也好奇地看着我。

"我们还可以用其他什么词?"我问。

"那'国家行为者'怎么样?"塞尔吉奥建议道。

我走到白板前,画掉了"机构"一词,换上了"国家"。

我看着将军,问道:"那'国家行为者'这个词怎么样?"

他稍做沉思,回答道:"嗯……我想'国家'这个词并没有特别指军队,而是包括所有政府决策者。"

"这样能消除你的担忧吗?"

他又停顿了一下。

"我想……这可能会奏效。"

我转向房间里的其他人。

"这个新的措辞对你们来说可以接受吗?"

从首席谈判代表开始,每个人都点了点头。

大家惊讶而不可置信地环顾四周。他们逐渐意识到,使和平谈判停滞了超过一个月的问题，在 20 分钟内就被解决了。我们一起前往总统府向桑托斯总统报告。他面带微笑，立即批准了这个说法，并派遣谈判代表回到哈瓦那。

这对我来说是重要的启示。当我们陷入冲突时，我们的视野往往会变得狭窄。冲突会造成盲点。那些处于冲突之外的人通常能够帮助各方看到在内部难以察觉的可能性。你能看见的取决于你的位置。

我们可能认为，要帮助冲突各方，我们需要有答案。我们需要对如何解决他们的问题提供实质性的建议。但实际上，我们不需要。要帮助他人，我们只需要保持好奇，仔细聆听，提出能够开拓新可能性的问题。

帮助是人类的天性

帮助是一种与生俱来的能力和倾向。当我们认识的人处于困境时，我们自然会提出简单的问题："需要帮助吗？"

那些被困于冲突中的人很难走向看台或构建金色之桥。我们都有需要帮助的时候，即使是那些看起来能够处理冲突的人。当然，我在争执中感到困顿时，也有过这样的经历。

我记得在一个家庭遗产问题上，我的母亲临终时让我担任她遗嘱的执行人。她认为我能够调解涉及的敏感问题，但实际上，当我成为当事人时，我发现我做不到。最终，我的哥哥建议我们请表亲保罗充当非正式调解员，解决了这个问题，大家都满意。

保罗是我们的家庭成员，而不是专业调解员。他有点儿不愿意参与，就像我们在这种情况下可能都会有这种想法，但他同意帮助，因为他在乎我们。这让我深刻体会到寻求和接受帮助的价值。

帮助就在我身边，只要我能看到。对我而言难以解决的问题对我的表亲来说却简单得多。他从未以这种方式调解过，但他能够帮助解决问题，而我尽管有很多调解经验，却做不到。在这个案件中，主要的障碍并不是客观的遗产分割问题，而是情感上的不信任。作为当事人，我自然不会被视为中立方。保罗被信任并被视为中立方，因此一个被阻碍的过程得以顺利进行。

这对我个人来说是巨大的解脱。那时我在处理所有后勤和财务细节方面的能力有限，但更重要的是，我感到完成母亲请求的沉重负担被解除了。而最珍贵的则是我与兄弟姐妹的关系的转变。摆脱这个悬而未决的问题后，我们的创伤开始愈合。

在我写这一章时，我再次见到了保罗，感谢他对我的帮助。

"那是我做过的我自己感到最满意的工作。"他说。

简单而言，帮助就是帮助各方走向看台并构建金色之桥。它意味着帮助他们暂停，拉近以看到他们真正想要的东西，并推远以看到全局。它意味着帮助他们聆听对方的声音，创造可能的选项，并吸引对方达成一致。简而言之，就是帮助各方看到他们也许看不到的可能性。

面对激烈的冲突时，我们作为潜在的第三方可能感到无助，认为自己几乎或完全无能为力。实际上，每个人都可能有能力以某种方式帮助一个或所有当事方。一开始所需要的只是从"我不能"到"我能"的心态转变。

提出明确事实的问题

大多数人不喜欢被告知该做什么，特别是在敏感的情况下。他们往往会觉得自己得出的见解最具说服力。根据我的经验，关键是从提出明确事实的问题开始,这些问题可以引导各方表达自己的见解。明确事实的问题有助于揭示潜在的利益,并生成可能的选项。

这些问题可能非常简单,比如:"你能否解释一下为什么这对你来说很困难?你有什么顾虑?这对你来说为什么重要?""我们如何才能满足双方的利益?""如果现在无法达成一致,那么在什么条件下你可能会同意?""争斗对你来说有什么代价,达成一致又会给你带来什么好处?"

这些是我们任何人都可以提出的问题。

提出这些问题有助于人们在自己身上发现能够帮助他们解决问题的线索。

"我曾有许多顾问来给我提出最好的建议。"阿富汗总统对我和我的同事们说。我们坐在他的花园中的一个圆形露台上,花园位于阿富汗前国王建造的宫殿——阿尔格宫。

色彩斑斓的鹦鹉从我们头顶的花树间飞过。在它们之上,军事直升机在高空盘旋,悲惨的战争还在进行。

"但是,你们这些新朋友,"总统继续说道,"是最先仔细聆听、提出好的问题,并将你们的想法量体裁衣地运用到我们面临的真正问题上的人。"

根据我的经验,建议与顾问是不同的。建议通常从建议者的角度出发:我们可以提供哪些最亮眼的点子?而顾问则从对方的角度出发:如果我们站在他们的立场上,面对他们的困境,那么提出什么问题最有用?

建议是80%的表达,而顾问是80%的聆听。

这是我从自己在哥伦比亚的经历中深刻理解的一课。当我在2011年6月被邀请与桑托斯总统会面时,我以为这只是一次出差。我忙于处理其他冲突，没有时间再去处理一场新的冲突。我会根据我在其他地方的经历提供一些建议，如果需要进一步的工作，我会推荐一个可供参照的案例。然而，当我到那里时，我发现他们需要的是完全不同的东西。内战已经持续了 50 多年，实现和平的任务被广泛认为是不可能的。桑托斯总统需要的不是一般的建议，而是适合他的特定情况的顾问意见。

在接下来的 7 年里，我总共去了哥伦比亚 25 次，与其他冲突顾问密切合作。我们深入探讨了冲突的复杂性，提出了许多问题。我们长时间聆听了许多关键人物的想法，并提出了高度量身定制的顾问意见，符合桑托斯总统的需求和政治现实。

为了提供有用的顾问意见，我发现区分我作为刚崭露头角的人类学家学到的"一般知识"和"特殊知识"是有帮助的。

一般知识是我们通常所说的知识。这是我们在学校里学到的，通常通过阅读图书和文章获得。然而，特殊知识是对人和环境的特写知识，这种知识通常是未被言明的，也很少被记录在纸面上。它是通过经验获得的。它是我们对人及其行为和动机的感知。这是决策实际被做出的方式，无论是正式的还是非正式的程序。我们往往甚至没有意识到我们已经积累了这种关于周围人和情况的知识。

正如我在谈判工作中意识到的那样，仅凭一般知识提出的建议通常不是很有用。人们不知道如何将其应用到他们的特定情况中。它甚至可能不具有可应用性。诀窍是将一般知识与尽可能多的特殊知识结合。

我发现，最好的办法是仔细聆听并向那些拥有特殊知识的人提问。如果你与一个或多个当事方关系密切，你很可能会拥有特殊知识。凭借这种知识，你不仅可以提供一般性的建议，还可以提供真正的顾问意见。

促进真正的对话

如果人们之间的分歧严重到他们甚至无法通过不打架（无论是比喻上的还是实际上的）的方式相互交流，那该怎么办？

这凸显了我们作为第三方的另一个宝贵角色：我们可以促进清晰的沟通和真正的对话。我们可以创造一个安全的环境和包容的过程，使人们能够进行开放的交流，以加深彼此的理解并解决争议问题。

1996年春，我被一个知名的冲突解决组织"寻找共同点"邀请，在法国主持一次土耳其人与库尔德人之间的秘密对话。在土耳其，长期持续的可怕内战导致超过25 000人遇难，并摧毁了3 000个村庄。[4]

组织者戴维·菲利普斯花了几个月，召集了双方来自政界、商界和退役军人队伍的五位杰出领导者。敌意和猜疑如此严重，以至于即使与另一方交谈也会被谴责为叛国行为。这些领导人冒着声誉受损甚至失去生命的风险与另一方进行对话。戴维找到了一个秘密的环境，远离冲突现场，选择将一座古老的城堡作为会议地点，那里还有一条护城河。这个地方被看作"看台"。

会议一开始，两位领导者的观点特别引人注目，他们似乎代表了双方最强烈的观点。我称其中一位领导者为A，他是库尔德民族权利的狂热捍卫者，领导着一个库尔德政党，通过选举成为土耳其大国民议会议员。他曾多次因直率的观点被拘禁，最近刚刚获释。另一位是土耳其民族主义者，我称他为M。上大学时，他曾是一个叫"灰狼"的暴力极端组织的领导者。早餐时，他的一个同事告诉我："M宁愿开枪射击库尔德人，也不愿与他们交谈。"

会议的第一天早上，房间里弥漫着紧张气氛。早些时候，我介绍了立场和潜在利益之间的区别，并问与会者一个基本问题："你们真正想要为你们的人民实现什么？"

A首先发言。他详细谈到普通人在内战中遭受的痛苦，并宣称他想为他的人民实现的目标是"自决"。

听到这个词语，M立即跳起来抗议。

"使用这个词语是叛国行为！我不能待在这个房间里，听这种叛徒的言论！我要收拾行李离开！"

他愤怒地冲出了房间。我让大家休息一下，然后跟在M后面走出去。

"M，"我对他说，"你从远道而来，我们都需要听到你的观点。请再给我们一次机会，回到讨论中。"

他的一个同事用土耳其语与他低声交谈。

"好吧，我会回来再试一次。"他生气地对我说，"但请理解，我和我的同事们参加这个会议是违法的，因为这里使用了那个冒犯的词语。"

当我们再次开始对话时，我对大家解释道："听着，这种对话工作是我们人类能做的最困难的工作。它要求我们聆听我们完全不愿意听到，会让我们生气的观点。"

"当我聆听M发言时，我明白听到A用的那种词语是多么痛苦。对M来说，这意味着土耳其的分裂，并且让人想起了奥斯曼帝国解体后令人难忘的痛苦事件。"

我直视M，他点了点头。

"当我听A发言时，我听到他在谈论过去的深刻创伤和他的人民的剧痛。我听到的是对尊重的需求以及人们对在影响他们生活和命运的决策中拥有发言权的需要。"

A和他的库尔德人同事点了点头。

A 站起来发言，其他人则在椅子上如坐针毡。

"我想继续解释我刚才所说的话。是的，我相信库尔德人和其他所有民族一样，有神赋予的自决权。但我也相信，我们应该通过选择作为平等的公民生活在土耳其来行使我们的自决权。"

他停顿了一下，环顾四周。

"实际上，就个人而言，我愿意用我的鲜血和生命捍卫土耳其，保护它免受外来威胁。"

我看着 M，他似乎非常惊讶，同时也松了一口气。我感到整个房间里的人都放松了一些。

面对紧张、恐惧和不信任，需要努力让各方相聚，并使他们保持团结。这要求建造一个中立的容器，足够坚固，能够容纳各方激烈的情绪。作为第三方，我的工作是维护这个容器，使 M 这样的参与者能够自然地做出反应，但同时不会破坏对话。

A 在紧张的休息后继续发言，他成功地采取了冲突的三方立场。他能够为自己一方辩护，要求自决的权利。他能够构建通往对方的桥梁，选择作为平等的公民生活在土耳其。他还能从第三方的角度出发，宣誓用自己的生命捍卫整个社群。

这给我一个重要的提醒：不仅仅是外部人士可以扮演第三方的角色。A 出色地展示了，即使你是冲突的一方，你也可以在强烈主张自己立场的同时，采取第三方的立场。

我们每个人，即使是当事方，都可以成为潜在的第三方。我们每个人，如果选择的话，都可以站在更大社群的一边。

那天晚上晚餐时，我看到 M、A 和其他人一起长时间地热烈交谈。我想知道他们在激烈讨论什么。

第二天早上，我知道了。当会议开始时，M 举起手要求发言。

"你要发言吗，M？"

我对他可能要说的话感到有点儿紧张。我想其他所有人也有同样的感觉。

M站了起来。

"昨晚，我无法入睡。我无法停止思考A和其他人告诉我们的库尔德人在战争中所经历的痛苦。我完全不知道普通人仅仅因为讲自己的语言或在家里践行自己的习俗而经历了什么，不知道A在监狱里经历了什么。我不断问自己，如果我出生在库尔德家庭，我是否会像他一样为我的权利而战？"

他停顿了一会儿。

"如果几个月前有人告诉我，我会和一群使用'库尔德斯坦'这个词来指代他们生活的土地的库尔德人坐在一起，我会觉得我活在最糟糕的噩梦里。

"然而现在，我觉得我活在一个梦想中。"

他又停顿了一会儿，注视着A。

"我要感谢A帮助我理解。虽然我现在是，将来也永远会是土耳其国家利益的坚定捍卫者，但我在这里要承认，每个人，无论是土耳其人还是库尔德人，都有权利按照他们认为合适的方式表达他们的身份。"

M坐下了。大家瞪大了眼睛看着他，备受震撼。

如果这场看似不可能的冲突中有前进的道路，那将来自当事各方。作为调解员，我的工作只是帮助他们挖掘这种可能性。我启动了对话，但A、M和他们的同事在晚餐时继续对话。他们自己促进了自己冲突的解决。

在我的经验中，最艰难的工作是由当事方完成的。保持距离，向对方投掷石块要容易得多。面对人类差异的痛苦需要真正的勇气。谈论真正重要的事情时展现脆弱需要勇气。

正如我常常在各种大小冲突中见证的那样，对话有改变心灵和思想的力量。各方常常惊讶地发现他们的敌人和他们自己一样同属于人类。他们，比如 M，有时最终会得出结论：站在同样的位置，他们可能会有相同的感受和行为。

目睹这些勇敢的突破让我十分动容。当人们通过冲突不断前行时，他们会变得生动起来，成长为更好的人，正如 A 和 M 那样。这些突破也会结出成果。这些土耳其和库尔德领导者在之后的几年里团结起来，共同推动他们的人民相互理解和进行政治对话。

这一经历生动地展示了真正的魔力来自各方自身。我渐渐领悟到，周围人的任务是帮助促进对话，直到各方能够自行促进自己的对话。我们作为第三方的工作是帮助他们学会在捍卫自己立场的同时，采取第三方的立场。最终，我们的工作就是让自己从这些工作中脱离。

调解以达成令人满意的协议

如果人们真的很难达成一致，怎么办？

这时我们可以通过调解来帮助他们——即使是非正式的，就像我的表亲保罗在帮助我的家人解决家庭遗产问题时那样。他促成了一份互利的协议，公平地分配了我母亲的遗产，并以一种让每个人都感到满意的方式分配了她的艺术品和家具。调解意味着积极协助各方达成一份他们都能接受的协议。调解本质上是辅助性的谈判。

我们常常混淆调解与仲裁，但两者有很大的不同。在调解中，协议属于当事各方。当事各方是核心，而第三方仅仅提供帮助。相比之下，在仲裁中，第三方做出决定。我在肯塔基煤矿完成调解工作后，美国国家工会和雇主协会邀请我在西弗吉尼亚州担任仲裁员，在处理国家劳动合同中出现的争议时，我深刻体会到这个重要区别。

我作为仲裁员的第一个案件是在西弗吉尼亚州查尔斯顿的一家酒店会议室处理的。会议室里有一张长桌。五名工会代表，及一个面临失业的矿工坐在桌子一边。另一边坐着五名管理层代表。气氛严肃。我应该坐在桌子的主位，像法官一样主持会议。我当时只有27岁，但所有代表都把我当作上了年纪的资深人士来对待。

在漫长的一天中，每一方都陈述了自己的观点。管理层想要解雇这名频繁缺勤的矿工。工会对这一决定提出了异议。我问了一些问题，但双方唯一关心的问题是管理层是否完全遵守了合同。管理层的目标是保护其管理权利。工会的目标则是挑战合同中规定的这些权利。

似乎没有人真正关心那个即将失去工作的矿工。我的直觉告诉我，还有一种可能性可以让双方都满意，并挽救矿工的工作。一位管理人员承认矿工的工作表现很好。缺勤似乎有原因，但由于与合同无关，我不能在会议过程中提出这一点。修复这种关系的可能性被忽视了。

作为仲裁员，我只能依据合同来判定谁对谁错。这让我感到非常沮丧。最后，当我需要写出简短的决定时，我不得不根据合同做出裁定。在这种情况下，管理层的立场明显更具说服力。它有权解雇矿工。但是，即使管理层在这一点上赢了，我也觉得最终所有人都输了。矿山失去了一个优秀的工人，工会输了一个案件，每个人浪费了大量的时间和精力，矿工失去了他的工作和生计。

这对我来说是重要一课，我感觉与我以前作为调解员的经历完全不同。作为调解员，我有机会深入探讨真正的问题是什么：各方的根本利益和需求是什么？作为调解员，我可以与各方探讨各种可能性，而不是被迫根据合同做出一个狭隘的是或否的二元性决定。调解可以帮助释放我们内在的、之间的和周围的全部潜力。

仲裁在解决无法通过谈判和调解解决的争议中是有价值的，如果没有仲裁，这些争议可能会演变成昂贵的诉讼。然而，吸引我从事调解的是它允许各方探索互利的选项。调解字面上的意思是坐在中间。

我们可能没有意识到，但在非正式的情况下，每个人都有机会在日常情境中进行调解。父母在争吵的孩子之间调解。经理在员工和老板之间调解。婚姻咨询师在争执的配偶之间调解。

我们可能不中立，但我们有兴趣和动机去帮助周围的人，以一种有利于家庭、职场和社群的方式转化冲突。我们每个人都有机会坐在中间，帮助周围的人达成令人满意的协议并修复他们的关系。

提供帮助

1997年12月，我母亲罹患癌症，我接到了一个紧急请求，需要去主持一场会议，以阻止车臣和俄罗斯之间再次爆发战争。我和同事们帮助谈判达成的停火协议正面临严重的破裂危险。这次会议将在位于乌拉尔山脉的鞑靼斯坦总统府举行。

在我与母亲的日常通话中，我告诉了她这个请求。

"你不去吗？"她问。

"不，我不认为我现在应该离开这个国家，你生病了。我想待在你身边。"

"你必须去。他们需要你的帮助。"

"我知道，但你身体不好。我需要待在这里。"

"我希望你去。看在我的分上，去吧。"母亲坚持道。

"妈……我不确定。"

"去提供帮助！"

她做了最终决定。

也许提供帮助的最大障碍在于我们自身。我们错误地认为自己真的帮不上什么忙。

帮助可能比我们想象的容易得多。我们以为需要有一个答案才能提供帮助，其实不然。我们可以聆听并提出有助于解决问题的基本问题。我们可以提供建议。我们可以促进真正的对话。我们可以帮助调解。最好的答案往往是在各方充分参与的过程中产生的，他们自己创建并拥有协议。

帮助也可能比我们想象的更有用。提出好的问题可以帮助他们拉近并看到真正想要的东西，以及推远并看到全局。将人们聚集在安全的氛围中谈话，可以帮助人们更好地联系和理解彼此。调解可以帮助他们达成一份所有人都能接受、都感到满意的协议。正确的帮助通常可以改变破坏性的僵局，弥合与令人满意的解决方案的差距。

最后，如果我们是冲突中的一方，来自第三方的帮助可能比我们想象的更容易获得。第三方就在我们周围。正如我在处理家庭遗产问题时所学到的，我们可能会比我们想象的更容易找到帮助。

我们每个人都是潜在的第三方，我们每个人在我们周围的冲突中都可以扮演一个支持性的角色。

去提供帮助吧。

第十一章

群聚：应对冲突的关键力量

蛛网积叠，甚至可以拦住狮子。

——埃塞俄比亚谚语[1]

"明天早晨，谁能做些什么来中断朝鲜核战争的升级？"

这是我在 2017 年 10 月对 12 名志愿者提出的问题，他们在科罗拉多州博尔德的出租房里参加为期两周的社会实验。

这一切始于五周前与设计思维的领军实践者帕特里斯·马丁的对话。我当时在寻求她的建议，问她设计思维（一种以人为本的创新方法）如何能够帮助解决看似不可能解决的冲突。

"你的梦想是什么？"她问我。

"在这些冲突中，往往缺少的是创造性合作的临界点。在硅谷，他们会'群聚'力量解决棘手的、看似不可能解决的软件问题。我的梦想是有高效能的团队去应对世界上最棘手的冲突。"

"你觉得'群聚'对你来说意味着什么？"帕特里斯问。

"从各个方面创造性地攻克问题。部署一个具有多样化视角的团队。使用激进的合作方式。持续高强度地工作，直到通过新的可能性破解问题。"

"为什么不直接模拟你想看到的情况呢？"帕特里斯问，"就这样做两周，这会给你一个接下来的行动方案。在设计思维中，我们称之为快速成型。你可以做实验尝试一些基础的东西，并不断改进，直到找到有效的方案。"

"听起来很不错。我们该如何开始？"

"首先，选择一个问题。"

我刚结束与丹尼斯·罗德曼的第二次会面，朝鲜问题盘桓在我的脑海中。

"选择一个看起来更好解决的小问题，还是选择一个看似不可能解决的大问题更好？"我问。

"选择一个你感兴趣的问题。设定日期并开始行动是有魔力的。不要等待。"帕特里斯力劝道。

我的同事莉莎·赫斯特和我选择了五周后的日期。我们向同事网络发出了号召，看看谁能在短时间内腾出两周时间参与这个不寻常的实验。我们面试并选择了12个具有不同视角和背景的人，其中包括一位国际律师、几位训练有素的调解员、一位战略故事讲述者和一位退役军人。虽然没有人对朝鲜有专门的了解，但重点是模拟一种"群聚效应"。

我请我的朋友罗布·埃文斯来提供帮助，他擅长激发集体智慧和创造力，因此欣然接受了。他带来了一位才华横溢的图形艺术家。我们租了附近的一栋房子，房子里摆满了大型展示板、翻页挂图、彩色记号笔、许多便利贴，有许多协作工作区。

社会实验开始了。我们给自己起了个绰号——"和平特警队"。我们的任务是从各个角度"群聚"对美朝冲突的观察，看看能否找出避免灾难性战争的可能方法。

群聚以转化冲突

在科技界，"群聚"是指一个网络以灵活和创新的方式自组织协作以解决问题。[2] 团队成员不再各自为战，而是集中注意力共同攻克一个项目，直到解决问题为止。目标是在规定时间内提供高质量的结果，每个团队成员都发挥自己的优势。

群聚正是我们需要用来转化我们在当今世界面临的挑战性冲突的方法。

面对冲突进行"群聚"意味着用足够的创意和影响力将冲突包围。群聚利用集体的力量，激发社群的潜在潜力。

就像鸟群在面对掠食者时会聚集以保护巢穴，人们也可以通过聚集的方式合作以中断破坏性的冲突，并将其引向一条更具建设性的道路。

卡拉哈迪地区的夸族人通过隐藏毒箭并围绕篝火聚集，就是在"群聚"以解决冲突。当商界、劳动界、宗教和公民领导者聚集，创建南非的国家和平协议时，他们也是在"群聚"以解决冲突，结束种族隔离制度。

"主持"关注人，"帮助"解决问题，"群聚"则加入了一个关键的缺失元素——力量。当冲突升级，一方试图将自己的意志强加于另一方时，往往需要一个团结社群的力量来停止战斗，开始对话。

伴随力量而来的是责任。行使越多力量，就需要越多的尊重，以避免力量反噬。群聚的意图是转化冲突，维护当事方和社群的长远利益。

我理解"群聚"这个词带有一定的强烈色彩，某些人可能会联想到威胁，如蜜蜂或昆虫的群体行为。我们可以记住的是，群聚的对象是冲突，而不是人。攻击问题，而不是人。

带着想法群聚

群聚是通往可能之路上的最后一步。它整合了看台（从高处俯瞰全局）、金色之桥（建立联结）和第三方（更广泛的社群关注）。

我告诉"和平特警队"的志愿者们："我们现在在看台上，可以看到全局，专注于真正重要的东西。我们正在尝试为双方构建一座金色之桥。我们都属于第三方，即关注当下威胁我们世界的冲突的更大社群。"你们的任务就是弄明白明天早晨谁能做些什么来中断朝鲜核战争的升级。这是我希望你们在接下来的两周内全身心投入的工作。阅读尽可能多的有用资料，联系并采访专家，保持开放的思维，看看你们能得出什么结论。

"我们希望写一个脚本，让这两位掌握核按钮的领导人最终找到更好的方式来解决分歧。他们的胜利演讲是什么样的？

"我们的座右铭是'谦逊的大胆'。让我们大胆相信自己可能有所贡献。同时，也要谦逊地认识到我们所知道的有限，这样我们就能以初学者的心态聆听所有的知识和经验。"

我们分成小组，设立了"特朗普团队"和"金正恩团队"。团队的任务是尽可能多地了解这两位领导人，既要了解他们作为人的方面，也要了解他们作为决策者的方面。他们的动机是什么？他们的童年经历如何？他们如何看待世界？他们如何做决策——谁影响他们，什么能改变他们的想法？

"即使你不同意对方的观点，也要尝试站在他们的角度思考。身处他们的位置是什么感觉？练习战略性同理心——有目的的同理心。只有通过理解他们，我们才有机会影响他们做出正确的决策。"

"特朗普团队"研究了特朗普过去 25 年在朝鲜问题上的每一则声明和推文。他们将每一则写在便利贴上，连续地贴在展示板上，以寻找其中的模式。

团队还研究了特朗普在政治决策上改变主意的一个实例。这是如何发生的？他听取了谁的意见？哪些因素对他影响最大？我们逐渐认识到特朗普不寻常的灵活性——他如何迅速改变主意，并仍然将其定义为胜利。

团队成员贾·梅代罗斯，一位从事市场营销和战略沟通的专家，联系了一位曾与特朗普在《学徒》中合作过的真人秀制片人。

"如果这是一档真人秀节目，它能如何以好的方式结束？"她问。

"好吧，真人秀的第一条规则是'无论你做什么，都不要无聊'。同一个人不能总是扮演反派。你总是需要惊喜或情节的反转。"

这对我们来说是一个顿悟时刻，我们开始思考如何为特朗普找到出路。

我们还通过 Zoom（一款会议软件）联系了专家：研究过该冲突的教授、与朝鲜打过交道的前外交官、前情报分析师，任何能提供见解的人。我们还寻求了意想不到的观点，比如一位前帮派成员讲述了有效中断帮派首领之间暴力事件的方法。团队认真聆听并记录了所有见解，将其写在便利贴上。我们把它们贴在翻页挂图上，对其进行分析以寻找线索和有待进一步探讨的问题。

整个房间里摆满了展示板，大张的纸上记录着我们了解到所有信息，就好像我们在努力破解一个案件，追踪所有遗漏的数据。我们列出了戏剧中的所有关键角色——从美国到朝鲜，再到韩国、中国、俄罗斯、日本及其他地方。团队还撰写了关键决策者的背景资料。这就是 12 个人花了两周全神贯注地聚焦于一个问题的价值，这个问题就是：谁可以在明天早晨做些什么来降低核战争的风险？

每天结束时，我们会聚集在客厅，在墙上列出："我们今天了解到了什么？""什么能奏效？""明天需要改变什么？"

每天早上，我们也会再次集合，问自己是否有任何新的见解或问题，并据此规划当天的工作。我们对学习和改进当下的做法保持不懈的专注。我们在实践"快速成型"。

我们的目标是聚在一起，用多重视角和创意"包围"问题，并寻找多个接触点，以便开启富有成效的谈判。许多创造性的可能性涌现，并被张贴在墙上。

"让创意不断涌现，"我告诉团队，"但要保持轻松，记住：我们知道的很有限。对我们来说，关键是更加仔细地聆听那些有30年经验的人的想法。没有根基的创意是无用的，没有创意的经验无法带来新的方法。我们需要的是创意与经验的结合。根基扎实的想象产物是关键。"

我们理解，克服艰难挑战需要紧密的团队合作，因此我们进行了激进的协作，自由分享我们的想法和观点，鼓励他人的创意，每前进一步都相互支持。每个人都感到被鼓励充分发挥自己的潜力。我们的集体智慧远远超过了任何一个人的智慧。

工作节奏非常紧张。同时，能处理如此危险的问题而不是仅仅担忧它，感觉很令人满足。而且奇怪的是，因为话题的严肃性，这段经历很有趣。我们一起用餐、散步、在花园里做运动休息。我们的主持人罗布在休息时播放音乐，鼓励我们活动身体，跳舞，摆脱担忧。

我们尝试了任何可以开启思维、锐化创意、提高合作能力的方法；在探索不同角度的过程中，我们坚持不懈。

正如我们从运动和音乐中了解到的，玩乐精神可以激发我们的最佳表现和最大潜力。在这个实验中，我得以窥见将玩乐的力量应用于转化危险冲突的严肃任务的情景。

这次模拟是我梦想中的一幕：一个专注的团队群聚以解决一场艰难的冲突。但这不仅仅是模拟，世界上确实存在一个实时的紧急情况。当我们与知情者交谈时，从前外交官到学术专家，我们分别从三个人那里听到了同一个意见："这种情况真的很危险。我们很高兴有人在做点儿什么。"

这让我们感到忧虑。毕竟，我们的两周模拟本来是一个社会实验。我们中的任何一个人都不是朝鲜问题的专家。考虑到情况的极度严峻性和紧迫性，认为应该有真实的专业团队在如何实际避免潜在的灾难战争上夜以继日地努力，是可以理解的。然而，令我们失望的是，我们与之交谈的许多朝鲜专家中没有一个能提出有效的解决方案。

大量的智力投入集中在分析危险上，但对避免危险所付出的努力较少。预测很多，但预防很少。

因此，尽管我们最初计划的只是一次为期两周的模拟，但团队和我做了一个决定：我们会找到办法坚持做下去。我们会尝试将我们的模拟群聚转变为真正的群聚。

建立行动策略

良好的想法至关重要，但除非有办法将它们呈现给关键决策者，否则这些想法就是无用的。为此，我们需要ACT：A代表触达，C代表信誉，T代表信任。

触达指的是与冲突双方的联系。信誉是基于能力和过往记录的可信度，它是根据理性判定的，来源于头脑。信任是基于意图和正直的可信度，它是根据感性判定的，来源于内心。

在夸族的案例中，冲突者的家人和朋友会共同努力说服双方坐下来，相互聆听，最终和解。社群实际上汇聚了其触达、信誉和信任，以影响冲突双方的想法。

ACT是第三方的基本货币，使社群能够影响冲突双方停止争斗，开始对话。

如果我们没有触达、信誉和信任，那我们就需要构建这些要素或与其他具备这些要素的人合作。当我对美朝战争的风险感到担忧时，我联系了我认识的少数去过朝鲜的人之一，我的老同事乔纳森·鲍威尔。我记得在哥伦比亚的一次晚餐时，他曾向我解释，作为定期的欧洲政治交流的一部分，他每年都去朝鲜。我打电话向乔纳森请教建议。

"我对朝鲜的情况感到担忧。特朗普和金正恩对峙，是否有缓解的出路？你什么时候再去朝鲜？"

"很快。目前我们的谈话还没有产生什么有用的成果。我们只是得到了一些官方说辞，但这次可能会有所不同。巧合的是，我们的新对话者是李洙墉。他在20世纪90年代是朝鲜驻瑞士大使，当时金正恩化名在瑞士寄宿学校学习。"

"这听起来像是一个机会。"

"让我们看看。"乔纳森说，"同时，你不妨跟格林·福特谈谈，他和我一起去。他是工党前议员和欧洲议会前议员，25年来多次到访朝鲜。他去了近40次。"

我联系了格林，他告诉我："与李洙墉会面是一个真正的机会。他是朝鲜最高级别的外交政策官员。我猜金正恩会认真听他的意见，因为他们有长期的关系。"

我安排乔纳森和格林通过Zoom与在科罗拉多州的"和平特警队"分别交流，提供他们的看法和关于谈判出路的想法。我给团队布置了一个任务："乔纳森和格林已经与朝鲜人建立了一些ACT——触达、信誉和信任，这可能会有用。但他们应该如何充分利用这些资源？假设他们在平壤只有一个小时的实质性谈话时间，如何向李洙墉提出问题和传达主要观点？他们可以对李洙墉说哪些可能有助于缓解局势的话？"

从那开始，乔纳森、格林和我紧密合作，我们的工作得到了一个由研究人员和分析师组成的团队的支持。在接下来的一年里，我们前往华盛顿、首尔和平壤，进行了共21次访问。我是美国公民，不能去朝鲜，但他们作为英国公民可以去，他们也确实去了。通过汇集和构建我们的触达，我们最终与三个首都的关键政策官员开了超过85次会。

举行这些会议并不容易——尤其是最初的那些。构建最初的触达需要大量的关系网络和推荐。但一旦开始，一次会议就打开了通往下一次会议的大门。每位官员对我们从其他地方学到的内容感到好奇。由于他们发现我们的对话有帮助，我们的信誉也逐渐提升。当我们跟进这些关系，保持持续的积极联系并做好保密工作时，我们建立了信任。

我们在这些会议中仔细聆听他们的关注点和问题，根据听到的内容发送了跟进的建议备忘录。这些简短的备忘录，长度为2~3页，由乔纳森熟练地撰写，他借鉴了自己长期担任英国首相托尼·布莱尔的幕僚长的经验。在那一年，共有48份这样的备忘录，它们的撰写基础是在群聚实验中成长起来的团队准备的200多份背景资料和问题文件，我们称之为"获取智慧"。

我们永远无法完全确定这些集体努力的具体影响。不过，我接到了一位《华盛顿邮报》记者的电话，他以深入的白宫访问报道著称。他告诉我："我真的相信，你们的努力影响了谈判进程，并促使美国总统和朝鲜领导人首次坐到一起。"[3]

这个朝鲜案例的群聚行动让我得以一窥我梦想的景象：团队使用集体智慧和ACT来应对我们今天面临的最艰难的冲突。

群聚是人类的本能

动员周围的社群通过群聚来中断破坏性的冲突并不是新鲜事。正如我通过关于战争与和平的人类学研究所了解到的那样，群聚可能是我们处理争议冲突的最古老的人类遗产之一。

"如果有人在未经允许的情况下进入他人的领地狩猎，会发生什么？"我曾问夸族长者科拉科拉杜。

"受害方会召集三个人作为证人。他们会展示入侵者的足迹，然后大家一起去找入侵者，告诫他不要再这样做。"

"如果入侵者忽视了他们，再次在未经允许的情况下狩猎怎么办？"

"这次，受害方会召集四个证人。这次他们会大声对入侵者说，不要再这样做。"

我忍不住继续问道："如果入侵者第三次重复冒犯怎么办？"科拉科拉杜盯着我，慢慢说道："没有人胆敢再次违反规定！"

社群调动了足够大的集体影响力。尽管入侵者可能比受害者更有权力，但始终没有整个社群联合起来那么强大。群聚是集体力量的实施，我们需要利用它以应对不公平。

"你看到我手中的这些棍子了吗？"来自纳米比亚朱/霍安西人社群的察姆科曾问我，"一根棍子容易折断，但你如果拿起很多棍子，就无法折断它们。"

当我深入马来西亚雨林访问闪迈人时，我发现他们使用类似的方法来处理冲突情况。

"我们不能选择立场，"一位闪迈长者向我解释，"正确的做法是每个人都鼓励他们的亲戚和朋友解决争端。"

每个人都被期望站在整个社群——第三方的立场上。站在第三方并不意味着忽视你的家人或朋友的需求。它意味着避免使争端变得更糟。它意味着利用你的建设性影响来帮助争端双方走到看台上，关注真正重要的事情。

闪迈人从小就开始学习站在第三方。当一个孩子打另一个孩子时，成年人不会惩罚那个孩子，而是会召集一个儿童委员会。所有孩子坐在一起，讨论发生了什么，谈论如何解决问题和修复受伤的关系。通过学习如何和平地处理挫折和差异，每个人都从争端中获益。闪迈人调动了同龄人的力量来转化冲突。

群聚是我们可以应用于任何冲突的内在能力。我们可能已经在无意识中这么做了。下面是我几年前在家庭矛盾中的经历。

我的儿子当时 19 岁。他回到家里，计划大学休学一年。他一直与一群在生活中迷失的高中朋友混在一起，这些朋友漂泊不定和酗酒。像许多青少年一样，他变得冷淡和不愿意沟通。那个我认识的善解人意的、喜欢用钢琴即兴演奏音乐的男孩似乎消失了，取而代之的是一个爱惹麻烦的年轻人，他撞坏了家里不止一辆汽车，他觉得整个世界似乎都与他为敌。

这些行为自然导致了家人的紧张、焦虑和担忧。这一切在有一天达到高潮，当时丽赞妮和我外出探望家人，要求我们的儿子不要在家里接待他的朋友。他答应了我们。但当我们从旅行中回来时，我们雇的帮我们照看房子的人来找我们，眼含泪水。

"我怕告诉你们不好，但我看得出来，你们的儿子上周请了朋友来家里，他们在家里开了派对，房子充满烟味和酒味。当我问他时，他威胁要告诉你们我没有做好我的工作，但我还是需要告诉你们。"她颤抖着说道。

"作为母亲，这让我心碎，"我妻子丽赞妮那天晚些时候对我喊道，"但我不能再和他共处一室。我无法忍受他现在的样子。"

在此之前，我对儿子的行为还比较宽容，理解他正在经历人生的一个困难阶段。但此时我感到一股愤怒从心底涌上来。这种情况不能再继续了。

我去了家附近的峡谷，开始我最喜欢的独自散步。这是我的看台。在自然美景中漫步，我能够更好地倾听自己的愤怒。我停下来，开始仔细思考。为什么我会生气？我的愤怒想要告诉我什么？部分原因是承诺和信任的破裂，但这一次，激怒我的不仅仅是这些。我的家庭成员滥用权力，对一位尽职尽责的员工施加压力。他威胁她的生计，让她感到害怕和流泪。这对我来说是一条鲜红的底线。

我问自己：我们该如何开始扭转这种多年来不断引发家庭争吵的破坏性行为模式？我意识到我们陷入了困境，我和妻子单独的力量还不足以阻止儿子的破坏性行为。我们需要帮助。我们需要一个社群。简而言之，我们需要群聚。

那天晚些时候，我和丽赞妮召集了我们的儿子到家中的办公室开会。丽赞妮开始说："我以前一直喜欢和你住在一起。我希望你随时可以回来。但是，事实上，现在我不喜欢和你一起生活。说出这些话让我很伤心，但事实就是如此。"

她眼含泪水。

然后我开口了。

"你的母亲和我非常爱你，我希望你知道这一点。我很严肃地告诉你，你违背了对我们的承诺，这是错误的。你还威胁和恐吓一个依赖我们以谋求生计的人，更是让我非常生气。"

我看着他。他一声不吭，看上去受到了惊吓，眼睛瞪得大大的。

"这是我和你母亲的建议：我们希望你向她（我们雇的管理员）诚恳地道歉。我们还希望你离开家，用两个月去解决你的问题。我们想到了一个项目，在那里你会和一个咨询顾问以及其他同龄人待在一起。我们希望他们能帮助你记起我们认识的那个真正的你。"

我儿子的自愈旅程从一个我们认识的咨询顾问所主持的高强度研讨

会开始。这个研讨会聚焦于自我理解，让人看到自己的优点和缺陷，学习对自己的人生负责。研讨会中的20个人彼此间建立紧密的联系，相互给予支持。我儿子在这个社群中度过了整整两个月，专注于自我学习和结交新朋友。他重新发现了音乐的乐趣，还学习了冥想。他定期与咨询顾问进行交谈，并与他的两个叔叔共度了相当多的时间，在他们的支持下实现了个人转变。这是一种完全沉浸在支持性社群中的经历。

两个月后他回来时，他的行为已经有了显著的变化。他开始能完全为自己的行为负责，向我和他的母亲真诚地道歉。他重拾了对音乐的热情，后来组建了一个乐队，并继续大学学业。关于他行为的破坏性争论完全消散了，取而代之的是关于其他问题的建设性对话，比如他的新乐队可以在哪里练习。

我并不是说这种过程在任何情况下都是容易的，或者它一定能见效。每个人的情况都不同。然而，这对我来说是一个重要的启示。这曾是一场让我个人感到困惑和迷失的冲突。最终，正是整个社群的介入帮助我们的儿子转化了这种破坏性的行为模式。

15年后，当我正写下这些文字时，我刚结束对我儿子及其妻子的探望，我儿子的孩子刚出生不久。见证他成了一名父亲，我深感欣慰——他已经是一名对他的小宝宝充满爱心、善良，又富有玩乐精神的父亲。我也看到他在丈夫的角色中是如何欣然分担照看孩子的工作以及家庭琐事的责任的。同时，我也对他在工作中所展现的领导力感到印象深刻——在与他相处的那一周里，他以智慧、支持和同理心帮助他的团队应对了全世界最有压力的高科技公司之一的一次裁员行动。对我来说，他现在是发挥自己作为人的最大潜力的一个闪闪发光的例子。

当我回头去看当时那段处理令人刺痛的、可能导致灾难性冲突的家庭矛盾的经历，我意识到这正是第三方群聚的一个例子。我和妻子、我儿子的咨询顾问、研讨会中的同龄人、新朋友以及他的叔叔们组成了一个动态社群，围绕着他，支持他的个人尝试和转变，给予他鼓励、反馈和支持。只有通过我们所有人的共同努力，我们才能帮助他解锁他自己的潜力。我们中的任何一个人都无法仅靠个人力量帮助他实现这次突破。我们所有人必须一起行动才能成功。

正如谚语所说："养活一个孩子需要举全村之力。"

组建团队

群聚是一项团队运动。

许多年来，我一直对人质谈判团队的创新案例感到印象深刻。我曾有机会向警察人质谈判专家授课，并且总是发现他们的故事非常鼓舞人心。

一两代人之前，美国的人质谈判通常通过暴力手段解决。警察会拿出扩音器，大喊："你有五分钟的时间举起双手走出来！"

如果人质劫持者没有投降，警察就会用催泪瓦斯，接着开枪。结果不仅劫持者会死，人质和警察往往也可能丧命。一个悲惨的例子是1993年4月得克萨斯州韦科的事件，FBI（美国联邦调查局）的催泪瓦斯攻击导致了火灾，最终造成许多人死亡，其中包括许多孩子。[4]

随着时间的推移，警察部门学会了更好的方法：由训练有素的谈判团队开展安静、持久的谈判。警察包围现场以防止任何人逃脱，然后开始谈话。

"当我和一个持枪犯罪嫌疑人对话时，我的第一个原则就是要礼貌。"纽约市警察局的多米尼克·米西诺解释道。他在职业生涯中与同事一起参与了 200 多起人质劫持事件的谈判，包括一次劫机事件，过程中从未让任何一个人丧生。[5]

"这听起来可能有点儿老套，但非常重要。很多时候，我遇到的人都非常粗鲁、凶狠。这是因为他们的焦虑水平很高：一个携带武器并被围困在银行的人处于'战或逃'模式。为了缓解局势，我必须尝试理解他的内心。进入他内心的第一步就是尊重他，这表明了我的真诚和可靠。"

成功的秘诀在于在极短的时间内建立信誉和信任。

警察人质谈判专家通常是以团队形式合作的。12 个人甚至更多人一起试图理解劫持者的想法，并试图搞清楚如何能够平静地说服他和平投降，这种情况并不罕见。

某人可能正在与劫持者对话，而其他 11 个人则在看台上。有的人可能在给谈判者传递信息，有的人可能在寻找能够与劫持者对话并使其冷静下来的亲友，有的人则负责与待命的特警队协调，以备不时之需。

这是真正的群聚团队努力，并且这种方式已经被证明取得了惊人的成功。正如我的谈判同事乔治·科尔里瑟所解释的："人质劫持的情况可能会很戏剧化和高度紧张，但大多数情况你都不会在新闻中听到。这是因为超过 95% 的案件都能被和平解决，没有人员伤亡，而劫持者接受了最终的后果。"[6]

我从类似的群聚团队合作以减少大城市帮派暴力的案例中受到启发。我还从我的朋友加里·斯卢特金博士那里学到了很多东西。加里花了 20 年，以公共卫生医生的身份专注于阻止全球的流行病，后来他回到他的家乡芝加哥，却发现了帮派枪击的"大流行"。他创立了一个叫"停火"的组织（现在这个组织已经是一个全球范围内的倡议

第十一章　群聚：应对冲突的关键力量

团队,名为"国际治愈暴力")。[7]

加里想要运用在中断疾病传播中有效的公共卫生工具,来中断暴力"病毒"的传播。正如在公共卫生运动中,我们会招募当地市民向他们身边的人宣传,以改变传播疾病的行为,加里尝试引入社区干预者。

"我们的暴力干预工作者来自和帮派成员相同的社群,实际上常常是前帮派成员。"加里向我们参与解决美朝争端的群聚团队解释道。

"每周三,我们会相聚,检查社群的情况,比较我们的笔记,看看需要做什么。我们称之为'干预桌'。"

我鼓励美朝争端干预群聚团队观看了一部关于加里的杰出纪录片,影片由亚历克斯·科特洛维茨制作,名为《干预者》。[8] 在影片中,亚历克斯展示了干预桌的工作情况。12个人或更多的人围坐在会议桌周围,大家激动地交谈着,在会议开始时才安静下来。

"好了,我们开门见山吧。各位,现在情况很严重,我们需要大家坐在这张桌子旁边提出超越常规的想法。人们因各种事情被杀害。从上周到这周,有没有任何冲突得到调解?"

其他干预者静默片刻。然后有一个人发言:"有两个家伙在争吵。一个家伙威胁要把另一个人揍一顿。我让他冷静下来,告诉他,另一个人没有开枪,只是在说话。我们在一线阻止了这场冲突。"

一位主要干预者解释道:"在桌子上的是我们'脏十二人'。我们一直有外围工作人员,但那时暴力并没有立刻减少。所以在2004年,我们提出了一个新的概念,叫作'暴力干预者'。大多数暴力干预者是这些帮派中有一定地位的人。因为没有人能随随便便地告诉一个人放下枪。暴力干预者有一个明确的目标:阻止杀戮。他们不是试图瓦解帮派,而是试图挽救生命。"

积极谈判

我有幸见过其中一位最有效的干预者，一位名叫阿米娜的鼓舞人心的年轻女性——她也曾是帮派成员。正如她的一位同事所说："作为暴力干预者，阿米娜·马修斯是天选之女。她能进入很多人无法接触的地方。她知道如何与这些高危年轻人交谈。我认识的很多背景中有大量谋杀经历的人都尊重她。"

阿米娜说，她能与他们建立联结是因为她也曾经历那一切："我经历过那样的生活，我参加过枪战，直面过魔鬼……现在我看着我的姐妹们和兄弟们，你们要知道，他们就是曾经的我。"

她是真正的第三方，从社群内部诞生的第三方。

在截然不同的背景中，我在与哥伦比亚总统胡安·曼努埃尔·桑托斯合作结束内战的工作中，见证了另一种形式的群聚团队合作。如前所述，桑托斯组建了一个由五位关键谈判顾问组成的团队。我们带来了来自世界不同地区的广泛视角和经验。

我们共有的特点是对和平的热情和对帮助总统的渴望。我们都具有成为团队成员的意愿。我们尊重另一方的长处和技能，也具备长时间坚持下去的意愿。虽然我们是其中一方的顾问，但我们也是第三方，为整体的利益而工作。我们的角色在于站在看台上，关注大局，帮助桑托斯构建一座可以结束战争的金色之桥。

我们通常在接到通知后的一天内，就要从世界不同地方聚集。我们会迅速通过机场安检，以避免自己被发现。我们会近距离共事三天，与总统和政府谈判团队一起工作。我们会与官员会面，并接收特别的情报简报。然后，我们会与总统共进晚餐。我们的工作是认真聆听总统的想法，理解他的困境，并给出最佳建议。

我们在 7 年间重复了 25 次这个程序。

我们合作得非常默契，互相取长补短。我们各司其职。乔纳森·鲍威尔极具才华，擅长综合信息和撰写备忘录。由于他曾担任英国首相的首席幕僚，他对政治和政府运作有深入的了解。华金·维拉洛沃斯作为前游击队指挥官，对游击队领导者的心理有深刻的理解。什洛莫·本-阿米凭借他在阿以冲突中的丰富经验，证明了自己是一位非常出色的战略家。达德利·安克森对拉丁美洲的政治了如指掌。我则更多地专注于谈判策略和心理学。我还帮助协调战略会议，并偶尔在政府谈判代表之间进行调解。

我们之间的合作天衣无缝，形成了所谓的群聚智慧，即远大于我们任何一个人的智慧的集体智慧。

"你和其他几位一起充当了我的看台。"总统桑托斯曾在和平谈判的危急时刻这样对我说。后来，当所有的事情结束后，他在哈佛大学的演讲中说道："我们的冲突如此难以处理，我意识到我们需要帮助，寻找最好的帮助，借鉴其他地方成功的经验和失败的教训。如果我要对另一个国家元首在面临具有挑战性的和平进程时提一条建议，那就是组建一个世界级的谈判顾问团队，就像我拥有的那种。"[9]

建立制胜联盟

"群聚"以解决冲突的成功依赖于足够大的群体。群体提供了克服抵抗和权力不平衡所需的说服力。个体可能影响力不足，但群体的影响力可能比任何冲突方都要强大。

作为我研究人类冲突演变的一部分，我前往著名的灵长类动物学家弗朗斯·德瓦尔的研究中心拜访了他。德瓦尔正在开展关于我们最亲近的灵长类亲戚——倭黑猩猩的广泛研究。我对倭黑猩猩如何处理冲突充满好奇。[10]

我们漫步的时候,德瓦尔向我解释道:"当雄性倭黑猩猩对雌性表现出攻击性时,我经常观察到其他雌性会形成联盟。雌性倭黑猩猩们会像足球队的后卫一样肩并肩排成一排,慢慢地将冒犯的雄性逼退。它们就好像在说,'退下,大块头。你做得太过分了。现在,规矩点儿!'"

这就是第三方在一个制胜联盟形式下的力量,一个团结社群的力量强大到能够带来和平的结果。虽然任何一方都可能很强大,但他们永远不会比社群共同作用时更强大。

那么,如何建立一个第三方的制胜联盟呢?这就是桑托斯总统面临的巨大挑战,因为他面对的是结束长达近50年的战争这个看似不可能完成的任务。

游击队组织FARC潜伏在丛林中,其成员几十年来只知道战斗,靠毒品贸易和绑架来获得资金。他们在邻国委内瑞拉有避难所。许多年轻的战士不愿意放下武器。许多领导人从毒品贸易中获得了可观的物质利益。在30年前的一次谈判中,游击队领导人参与了选举,结果连同数百名支持者一起被暗杀了。他们为什么要冒一切风险与一个不可相信的政府谈判,以求得极其不确定的和平?

此前已经有许多谈判尝试,但都失败了,最后一次尝试也在10年前当着公众的面灾难性地失败了。桑托斯的前任乌里韦总统取得了很多成功,桑托斯作为国防部长参与了对FARC在其根据地的打击,并使其战士陷入防御状态。人们对FARC的敌意很大。[11]大家支持和平,但大多数人对任何现实的和平前景都深感怀疑。为什么要冒极大的风险与一个不可相信的团体谈判?

让形势变得更复杂的是,乌里韦反对和平协议,认为FARC可以通过军事行动被击败。他游历全国,动员反对派,特别是在军事和商业领域。他在每天的推文中指责桑托斯对恐怖分子态度软弱。

实际上，桑托斯面临的挑战是战胜一个强大的阻挠联盟——那些反对可能达成的协议的力量。这在我处理的许多棘手冲突中都是一个严重的问题：那些人努力阻止可能达成的协议，或许是因为他们感到被排斥，或许是因为他们能从冲突中获益，又或许仅仅是因为他们相信协议会违背他们的利益。

桑托斯在上任的头几周采取的第一个令人惊讶的举动是接触哥伦比亚的邻国和难对付的对手——委内瑞拉总统乌戈·查韦斯。[12]一个月前，乌里韦总统公开指责查韦斯庇护FARC。愤怒的查韦斯断绝了与哥伦比亚的外交关系，指责哥伦比亚有攻击委内瑞拉的计划。

在一次拉丁美洲领导人会议上，桑托斯会见了查韦斯，试图让两国关系回到正轨，并大胆请求他帮助将FARC领导人带到谈判桌旁。原本以为要面对敌意，查韦斯自然感到惊讶。将主持促成历史性的和平作为他的政治遗产的想法吸引了他。他随后说服了FARC领导层，认为如同他一样赢得选举，而不是持续游击战斗，将是推进他们事业的最佳途径。

不久之后，桑托斯又大胆地接触了FARC最重要的导师和革命榜样——古巴领导人菲德尔·卡斯特罗。桑托斯让卡斯特罗感到惊讶，因为桑托斯请求他来主持秘密谈判。被邀请主持会议，卡斯特罗欣然同意。他还在说服FARC领导人走出丛林参与谈判方面发挥了关键作用。

令外界观察者惊讶的是，桑托斯成功地将查韦斯和卡斯特罗从阻挠联盟转移到了制胜联盟。两个革命领导人成为积极的第三方。当公开谈判在哈瓦那开始时，桑托斯又请来了挪威和智利的代表，以平衡各方，使每一方都有两个友好的政府来帮助促成协议。

哥伦比亚国内的第三方与国外的第三方同样重要。和平进程需要许多国内选民的支持，特别是军事和商业领域。为了减轻他们的担忧，桑托斯任命一个受欢迎的武装部队前首领和一个商业贸易协会的前负责人作为谈判代表。

所有这些内外部的第三方组成了一个制胜联盟，对结束长达50年的内战起了关键作用。多亏了第三方的动员，制胜联盟被证明比阻挠联盟更强大。启示是明确的：要转化一场困难的冲突，至关重要的是识别并争取潜在的阻挠者的支持，以及招募新的盟友。足够大的群体很重要。

群聚以化解危机

历史性的和平协议签署仪式由桑托斯总统和季莫琴科在卡塔赫纳的海边举行。[13] 大家都穿着白色衣服。我坐在失去孩子和亲人的母亲们身边，她们掩饰不了自己的哭泣。我听着FARC指挥官向受害者们道歉。曾经在战场上相遇的人们，现在在和平中重聚。

我和我认识的一位高级政府官员路易斯·卡洛斯·比列加斯交谈，他向我介绍了他的女儿朱丽安娜。多年前，她在17岁时被游击队绑架，有一段骇人的经历。她被押着穿越山区和丛林，并被囚禁了三个多月。对她和她的父母来说，这绝对是一段地狱般的回忆。

我记得路易斯告诉我，当桑托斯总统邀请他加入谈判代表团时，他因为妻子和自己的强烈个人情感而犹豫不决，但朱丽安娜坚持说："父亲，我们必须尽一切可能结束这场战争。"现在，他们一同庆祝这意外的和平——就在几年前，这一切还被广泛认为不可能实现。我感受到了这对父女的情感，那种情感是如此真切和感染人心。

然而，正如战争中一样，和平进程中的一切并不会按计划进行。

一周后，发生了巨大的意外。

作为争取对和平进程的支持的一部分，桑托斯总统承诺让哥伦比亚人民进行公投。他们将对任何达成的协议拥有最终决定权。

不幸的是，公投遭遇了低投票率的困扰。一场飓风阻碍了在那些战争损失最严重、对和平支持最强烈的沿海地区的投票。社交媒体上出现了影响力很大且错综复杂的虚假信息宣传活动。最终，公投以0.2%的微小差距失败。

大家都震惊了。现在该怎么办？和平进程是否已经结束？

我的朋友兼和平专员塞尔吉奥给我打了电话："威廉，现在怎么办？"

是时候动员第三方开展另一场群聚行动了。第二天，和平顾问团队出现，帮助桑托斯总统想办法挽救协议。所有外部的朋友和支持者都施加了影响：委内瑞拉、古巴、挪威、智利，以及美国、欧洲和联合国。巧合的是，就在那一周，桑托斯总统被授予诺贝尔和平奖，提高了国际社会对和平协议的认可度。

同样重要的是，在哥伦比亚国内，一场强大的支持和平协议的社会运动出现了。哥伦比亚公民占满了主要的公共广场，宣誓要待在那里，直到达成新的协议。我永远不会忘记有一天深夜，我离开总统府，看到一片巨大的营地，总统府外搭起数百顶帐篷，公民们从全国各地赶来，以确保不会错过这一历史性的机会。营地充满生命和活力。[14]

这构成了一场真正的第三方群聚行动——参与者同时来自国内和国外。经过一系列密集的聆听会议，与那些反对协议的人的接触，以及另一轮艰难的重新谈判，政府和FARC领导人在2016年11月12日于波哥大的科隆剧院签署了一份修订协议。随后，协议被提交哥伦比亚国会批准。那一次，令所有人舒心的是，努力成功了。

在接下来的几个月里，游击队做了出乎所有人意料的事情：在联合国的监督下，他们聚集在营地中，放下了武器。一些领导人开始参政。尽管政治冲突还在继续，但战争结束了。和平进程虽然是混乱、缓慢且不平衡的，但这往往就是转化的本质。

群聚是下一个前沿

"6年前，"在最终的和平协议被签署几周后，桑托斯总统在奥斯陆接受诺贝尔和平奖的演讲中说道，"我们哥伦比亚人很难想象一场持续了半个世纪的战争会结束。对我们绝大多数人来说，和平似乎是一个不可能的梦想——这也是有原因的。我们几乎没有人能回忆起一个和平的国家。

"今天，在经历了6年严肃且时常紧张、艰难的谈判后，我站在你们面前，向世界宣布，哥伦比亚人民在世界各国朋友的帮助下，正在将不可能变为可能。"[15]

一次同时来自内部和外部的非凡社群群聚行动成功地结束了世界上最长的战争之一。在这些动荡的时期，我们过于关注那些不奏效的东西，常常忽视了那些有效的东西。我们现在可以允许自己提出一个大胆的问题：如果我们人类能够开始在世界的一个半球结束战争，那么为何不在未来的某一天在两个半球都做到呢？

正如我的老同事肯尼思·博尔丁常说的："存在的就是可能的。"

如果我们要成功地转化今天的冲突，没有比群聚更重要的力量了。群聚行动是通往可能之路的终极体现。它结合了我们所有的自然力量，发挥了我们全部的人类潜力。如果这条路开始于安静的暂停，那么它会以群聚的喧闹和创造性的协作结束。

群聚是对足够大的群体耐心、持久的应用。它是在行动中的激进协作。群聚集合了触达、信誉和信任来建立一个制胜联盟。它代表了我们社会免疫系统的全面激活。

群聚是下一个前沿，这是我个人认为当下最令人兴奋的工作。我们今天的挑战是，在如今非常不同的条件下，重新创造我相信能使我们的远古祖先生存和繁荣的强大的第三方。我们必须学会利用我们周围社群的创造力。

有一句古老的爱尔兰谚语："这是私人打斗，还是任何人都可以加入？"实际上，现在很少有私人打斗，因为破坏性冲突总是会直接和间接地影响围绕冲突各方的人。我们受到了影响，因此每个人都有权"参与"——以一种好奇心、有同情心的和建设性的方式。我们可以展现回应的能力。

每当我听到某冲突被认为不可能解决时，我就会问：我们真的努力尝试过吗？换句话说，我们是否进行过群聚？我们是否在与冲突的棘手程度相称的规模上应用了我们的集体智慧和影响力？

"蛛网积叠，甚至可以拦住狮子。"这是这一章开头的埃塞俄比亚谚语。当我们能够作为第三方联合起来时，即使是最棘手的冲突——无论是工作中的、家庭中的还是在世界上的——最终也会屈服于我们共同努力的力量。

结　　论
积极谈判：令一切成为可能

> 希望不是一张你觉得自己运气好，就可以坐在沙发上抓中的彩票。希望是一把在紧急情况下用来砸破门的斧子……希望是将自己交托给未来，而对未来的这种献身使得现在的生活变得可以承受。
>
> ——丽贝卡·索尔尼[1]

"这里有谁做过平板支撑吗？"[2]

我的女儿加比，当时16岁，站在圣迭戈科普利交响音乐厅的大舞台上，她正在做TEDx演讲，向数千名观众提问。正如你所知，平板支撑是一种腹部练习，你需要用前臂和脚趾支撑起自己，保持身体像木板一样笔直。我和家人坐在观众席上，看着加比讲述她的故事。

"在我出生之前，我的父母期待着一个完全正常的小女孩。然后我出生了。你们看，所有人，包括医生，都没意识到我是每年出生时患有VATER联合征的4万名宝宝中的1名。对我个人来说，它影响了我的脊柱、脊髓、腿、脚以及一些器官。对于一个小宝宝来说，这些问题真是太多了。医生们不确定我以后是否会走路，甚至是否会活下来，而现在……我好好地站在这里！"

"为了修复这些问题，我不得不接受大约 15 次大手术，两条腿和背上打了 11 年石膏，每天进行物理治疗，还要成百上千次去找医生面诊。

"我从小就有一个基本的理念：抱怨我的情况是没有用的，那干吗抱怨呢？我不在乎自己是否比朋友们瘦小，或者跑得不如他们快，其他人也不在乎。在我看来，唯一的错误是人们认为有些事是我做不到的。

"当我 15 岁的时候，我曾在校排球队试训。当大家都要出去跑步时，我告诉教练我不能跑，因为我天生没有小腿肌肉，说实话，跑步也不是我的强项。于是她让我趴在地上尽可能长时间地做平板支撑。

"当大家回来时，我已经坚持了 12 分钟。当我看到大家对我坚持那么长时间感到惊讶时，我立刻想到：哇，吉尼斯世界纪录。"

观众都笑了。

"那天我回家后申请了纪录。"

我记得加比回家后兴奋而决心满满地告诉我们她的计划。我和妻子虽然惊讶，但也不意外，因为我们知道加比一直有一个梦想，就是创造一个世界纪录。不管她的梦想是什么，我们都想支持她实现。但私底下，我们担心如果她没有达到这个看似不可能的目标，她可能会感到失望。

加比等了两个月，直到另一场大手术后才开始训练。她在放学后回家在卧室地板上练习，借助 YouTube（优兔）视频和她的小狗米娅来分散注意力。那时的世界纪录是 40 分 1 秒。在第一次训练中，加比坚持了整整 20 分钟。然后她逐渐地增加了时间。她决定在自己 16 岁生日那天尝试打破纪录，并请我的妻子和我做必要的准备。

终于，到了大日子。我和妻子醒来时感到比以往任何时候都更紧张。但加比似乎对此既冷静又兴奋。在她的生日派对上，朋友和家人相聚以观看她进行尝试。

加比摆好姿势，我们都看着她，她惊人地坚持了30分钟的平板支撑。但随后她开始感到不适，她的手臂开始有些颤抖。她的眼泪滴落在垫子上。我的心提到了嗓子眼儿。

幸运的是，加比的朋友利娅和她的姐妹们站了出来，开始唱歌和逗她，以分散她对疼痛的注意。随着时间缓慢地流逝，大家开始鼓掌，我的朋友罗伯特充满活力地弹起了钢琴。社群的力量是显而易见的。

40分钟到了，加比打破了世界纪录。我们都开始鼓掌。我感到如释重负，惊奇不已。

然后，令人难以置信的是，她继续坚持。最终，在1小时20分钟时，她要求我将她从僵硬的姿势中解救出来，放到垫子上。她接着像其他16岁的孩子一样，和朋友们一起吃起了生日蛋糕。

接下来的星期二，她受邀参加了纽约市的全国电视节目《早安美国》，在节目中，一位吉尼斯官方人员为她颁发了世界纪录奖。

"感觉太棒了，"加比在圣迭戈的观众面前说道，"尤其是当我说我想打破平板支撑世界纪录时，那些人，包括我的家人，给了我一个奇怪的眼神——现在他们知道我做到了。每当我看到这种奇怪的眼神时，我就会对自己说：一切都不可能，直到有人做到。"

我微笑着，感受到了我的祖父埃迪和他的座右铭"需要一份艰难的工作"的回响。加比也是一个可能主义者。

作为父亲，我看到了她的坚持、勇气和坚韧不拔，这些精神让我感到敬畏并热泪盈眶。我从她身上学到了关于可能性的精神。看到她实现看似不可能的目标，重燃了我对人类精神的坚定信念，证明我们可以在最初看似无望的情况下开拓新的可能性。

在其他人看到障碍的地方，加比看到了机会。

她是这么说的："我以不同的方式看待这一切，这就改变了一切。"

人类需要可能主义者

我们每个人出生时都是可能主义者。我只需观察我刚出生的孙子迭戈就能判断。他整天在探索和惊叹于周围的所有可能性——无论是触摸植物还是敲打盆盆罐罐。我能看到他眼中的喜悦。他提醒了我，我们并不需要学习成为可能主义者。这是与生俱来的。我们只需要重新开启这个开关。

人类比以往任何时候都需要可能主义者来转化各种冲突，无论是个人的、职业的还是政治的。

破坏性的冲突似乎在我们周围越来越多，威胁着我们珍视的一切，从我们的家庭到我们的民主，从我们的职场到我们的世界。

我们生活在一个变化和破坏加速的时代，无论是在经济和环境中，还是在政治和社会中。新的技术，从基因工程到人工智能，都在改变我们生活的基本模式，包括作为人类意味着什么。更多的变化自然带来了更多的冲突。

在过去的一年里，当我写这本书时，我越来越担心世界正倒退到我童年和青年期的冷战时代。乌克兰战争使俄罗斯和美国（及其北约盟国）再次危险地接近了核冲突。同时，在亚洲，中美紧张关系加剧，存在着如果我们不加以注意，可能升级为后果不可想象的冲突的风险。

我们需要可能主义者来转化这些破坏性的冲突，并在所有地方制止战争。

在自然界方面，政治僵局往往阻碍了我们为自己和子孙后代保护环境的努力。在新技术承诺提供丰富的清洁能源的同时，我们面临能源习惯对气候的严重影响。极端天气越来越多地袭击各地社区。

我们需要可能主义者帮助我们转化政治和经济冲突，以便我们能够迅速过渡到全民享用清洁能源。

与此同时，全球政治两极化现象日益严重。在这里，我们也需要可能主义者来转化我们不良的政治。

在我完成这本书的时候，我和老朋友马克·盖尔宗在我家前面的湖边散步。他和我多年来一直密切合作，致力于弥合美国的政治分歧。

"我读了你的书，"马克说，"我很喜欢，但我读完有一个问题。你邀请我们做出选择。当我们选择看台、桥梁和第三方时，我们会放弃什么？"

"这是一个很好的问题，"我回答，"了解事物的对立面通常会让事情变得更清楚。你怎么看？"

"看看美国今天的一些阴沟政治——对对立方的辱骂和妖魔化。去看台与去阴沟正好相反。"

"你说得对。你还看到了什么？"

"现在，我们正在摧毁曾经联结我们的关系。我们在烧毁桥梁。"

"正是这样。构建桥梁正好与烧毁桥梁相反。"

"而且情况变得完全对立，没有共同的立场。"马克补充道，"我们迫使每个人选择一方。"

"确实如此。把一切都简化为两个方面就像是一件紧身衣。它让我们没有喘息的空间。相反的是为第三方——整体的一方——留出空间。"

"所以，"马克总结道，"总结一下，我们今天面临的选择是：我们是要去阴沟还是去看台？我们是在烧毁桥梁还是构建桥梁？我们是要迫使每个人选择立场还是要为第三方留出空间？"

"正是这样,马克。关键是选择。"

如果我作为未来的一个人类学家回顾这个时代,我会把它视为人类历史上伟大的过渡时期之一,与农业革命和工业革命一样重要,甚至可能更重要。我会注意到不仅有巨大的危险,还有同样巨大的机会。

感谢我们的集体智慧和合作,我们生活在一个充满非凡潜力的时代。虽然我们今天的世界被高度不平等、高度贫困和无休止的战争困扰,但事实是,得益于知识革命,我们有足够的资源来满足每个人的需求。我们正在快速学习如何结束饥饿,如何治愈以前无法治愈的疾病,以及如何利用清洁能源来推动我们的活动而不破坏环境。我们甚至在学习如何预防战争。

我们生活在一个充满可能性的世界,一些可能性非常鼓舞人心,一些则令人担忧。最终,我们的未来取决于我们自己。几乎没有什么问题是我们不能解决的,也没有什么机会是我们不能实现的,只要我们能够团结合作。阻碍我们的是破坏性的冲突。幸运的是,我们创造的东西也可以由我们改变。选择在我们手中。

通往可能之路

自我来到哈佛大学,开始学习人类学和谈判以寻找从我小时候起就困扰我的问题的答案以来,已过去近半个世纪。[3] 那个问题是:我们人类如何才能在不破坏我们所珍视的一切的情况下学会处理最深层次的分歧?

从那以后,我有了许多机会,在世界各地的各种困难环境中测试什么有效、什么无效。我的经历充分证明了我儿时的直觉:确实存在一种更好的方式来处理我们的分歧,而我们每个人随时都可以采用这种方式。那条道路就是通往可能之路。

秘诀是问题不在于冲突。冲突是自然的，如果我们要学习、成长和进化，我们实际上需要更多的冲突，而非更少的冲突。问题在于我们处理冲突的破坏性方式，它摧毁关系、生活和资源。幸运的是，我们有选择。

我们无法消除冲突，但我们可以拥抱它并转化它。我们可以选择以建设性的方式处理冲突，利用我们的天生好奇心、创造力和合作精神。虽然冲突显然会暴露我们最糟糕的一面，但它也可以激发我们最好的部分——如果我们能释放我们的全部潜力。我们能够做到的远远超过我们可能想象的。关键是"以不同的方式看待它"。

你可能还记得，这本书的开头是我朋友吉姆·柯林斯在我们家附近的山上徒步时提出的挑战。吉姆让我用一句话总结我在谈判困难冲突方面学到的所有经验，这些经验可以在如今这些动荡的时代中发挥作用。在思考了一两个月后，在我们的下一次徒步中，我给了他一个答案："通往可能之路就是走向看台，构建一座金色之桥，并引入第三方——这一切同时进行。"

在这本书中，我们沿着这条道路前行。我们从走向看台开始，这解锁了我们内在的潜力。走向看台专注于"我"——自我。我们接着来到了金色之桥，它解锁了我们之间的潜力。金色之桥专注于"你"——另一方。最后，我们讲述了第三方，它解锁了我们周围的潜力。第三方专注于"我们"——社群。通过这种方式，我们释放了我们处理最深刻分歧的全部人类潜力。

自40年前写下《谈判力》以来，我最大的领悟或许就是，虽然在冲突各方之间构建桥梁是必要的，但这还远远不够。桥梁是这条道路的中间部分，但如果没有开始和结束，中间部分又算什么呢？如果我们在处理冲突时遇到了如此多的问题，那往往是因为我们跳过了关于"我"——看台——的必要工作，并且忽略了从"我们"——第三方——那里寻求足够的帮助。如果我们想要转化今天的冲突，我们需要同时关注"我"、"你"和"我们"。桥梁需要得到看台和第三方的支持。

当你面对周围的冲突时，无论你是作为当事人还是第三方，我都希望看台、桥梁和第三方会成为你的朋友和盟友，成为你日常用语中的一部分。它们是我们天生的"超能力"——每个人都可以激活的自然能力，以实现通向可能性的三场胜利。

正如我们所见，每一种"超能力"由我们每个人都能获得的三种力量组成。看台由暂停、拉近和推远这三种力量组成。金色之桥由聆听、创造和吸引这三种力量组成。第三方由主持、帮助和群聚这三种力量组成。当这些力量一起被激活时，就像灯光同时打开一样，它们会创造一个充满可能性的动态协同圈，在这个圈子里，即使是最棘手的冲突也可以逐渐得到转化。

通往可能之路简单但远非容易。我丝毫不想低估人类冲突及其转化的难度和复杂性，特别是在今天。近 50 年，在一些世界上最难解决和最危险的冲突中工作，我学到了实事求是、谦逊和耐心。

尽管可能主义者的任务很艰难，但我觉得找不到比这更令人满足的工作了。帮助那些陷入困境的人，包括我自己，是一件令人满足的事。当人们跨越与对手之间的鸿沟时，当敌人以一种意想不到的方式和解时，我感受到了深深的喜悦。初始的差异越大，你在冲突被转化时感受到的完整性和满足感就越强。

这项工作常常带给我像登山时的那种喜悦。一路上，我发现我遇到的伙伴们激励并支持着我。即使任务看似不可能，陪伴也始终对我有益。

我们即将结束我在第一章中邀请你们一起走的通往可能之路的想象之旅。我写这本书的唯一目的是传递我在困难情况下寻找新可能性的艺术。通往可能之路不仅是一种方法，还是一种心态。这是一种在这些充满挑战的时代生活的方式，我们现在比以往任何时候都更需要这种生活方式。

我有一个请求：请你尝试这种可能主义者的心态，看看它对你有什么帮助。根据你的需要加以调整。如果你发现它有用，请以适合你的方式将它传递给其他人，让他们也能受益。这就是我们一步一步地、一个一个地重新获得我们的力量，发挥我们的潜力，并开始创造我们想要的世界的方式。

通往可能之路是我们在这个冲突时代生存和繁荣的方式。

我的梦想

50年前，一位佛教僧侣来到科罗拉多州，带来了来自他那雪山高耸的家乡的一个古老预言，这个预言已有1 000多年的历史。预言是这样的：在遥远的未来，整个世界将面临危险。在那个时刻，在危险的地方会出现一种新的战士。

这些勇敢的战士将携带两种特殊的武器。第一种是同情心。第二种是洞察力——理解将我们所有人联系起来的关系。

以下是我对未来几代人的梦想。

我梦想着一个世界，其中充满勇敢、富有同情心和洞察力的可能主义者，他们无畏地迎接挑战，聆听新的可能性。

我梦想着一个世界，每个人都能发展自己天生的能力，在家庭、工作和更大的社群中走向看台、构建金色之桥、引入第三方。

我梦想着一个世界，我们能释放我们完整的人类潜力，建设性地处理我们的差异。

我梦想着一个世界，每个人都能在任何时刻将我们的基本选择付诸实践，转化我们的冲突，从而学习、成长和进化。

我梦想着一位1 000年后的考古学家，他在回顾之前的几代人时，看见他们抓住了进化的机会，运用了人类天生的能力，创造了一个适合所有人的未来。

在冲突真正棘手的地方，我梦想着勇敢的可能主义者团队群聚其力，以谦逊的胆略激发斗志。

我梦想着一个新兴的社群，一个全球的可能主义者联盟，人们在其中相互学习和激励。

我有一种预感，你可能是其中一员。

所以我问你：如果不是你，那会是谁？如果不是现在，那会是什么时候？[4]

致　　谢

在这本书中，我努力提炼出我在处理世界冲突的过程中浸淫一生所获得的经验和教训——它们是我从他人那里学到的，包括导师、同事、客户和冲突中的各方。对他们每一个人，我都十分感激。

合作与社群——本书的核心主题——在写作过程中至关重要。这是一次协作的努力，得到了一个同事社群的大力支持和建议。对于书中所有有价值的内容，我与他们共同分享荣誉，而所有在表达和构思上的不足，都是我自己的责任。

正如我在第一章和第二章中所述，这本书的灵感源于我与朋友吉姆·柯林斯在我家附近山中徒步的一次对话。对吉姆提出的启发性问题，我永远感激不已，他慷慨地为本书撰写了有说服力的序言。

既然这本书总结了我一生的工作，我首先要感谢在两个领域引导我做这项工作的两位老师。我在加州大学本科课程的第一篇论文结束时，特里洛基·潘迪给了我一个令人惊喜的评价："你必须成为一名人类学家！"特里洛基对这一领域的热情是非常具有感染力的。

罗杰·费希尔慷慨地引导我进入了调解和谈判的理论与实践。他是一个典型的可能主义者。面对任何冲突，他总是乐意在他那台老旧的史密斯-科罗纳打字机上敲出一个实用的提案，眼中闪烁着光芒。我深深感激罗杰，他让我走上了如今的道路。

我有幸参与创立的哈佛法学院的谈判项目，自始至终都是我的知识社区。弗兰克·桑德尔、霍华德·雷法、托马斯·谢林、劳伦斯·萨斯坎德、杰弗里·鲁宾、德博拉·科尔布、杰斯瓦尔德·萨拉丘斯和罗伯特·姆努金等人是谈判领域的一些杰出人物，我乐于向这些同人学习。戴维·拉克斯、詹姆斯·塞贝纽斯和布鲁斯·巴顿则是我的同辈，我从他们的友谊和想法中受益匪浅。

书中的核心课程是从我在全球冲突中的经历中学到的。我想感谢我的老朋友斯蒂芬·戈德堡，一位杰出的仲裁员，他将我带到了肯塔基州的煤矿，并给予我作为调解员处理复杂争端的第一份真正工作。我对前总统吉米·卡特深表感激，他是一位真正的可能主义者和无私的和平使者，他将我委派到委内瑞拉等地。对于我在哥伦比亚的经历，我要感谢哥伦比亚前总统胡安·曼努埃尔·桑托斯，他是另一位有献身精神且英勇无畏的可能主义者，即使在最黑暗的时刻也未曾失去希望。

故事是这本书的核心，对传递核心经验来说是必需的。有一些人在故事中扮演了关键角色，我要感谢弗朗西斯科·迭斯、丹尼斯·罗德曼、德怀特·曼利、阿比利奥和盖扎·迪尼兹、阿纳·玛利亚·迪尼兹、塞尔吉奥·哈拉米洛、恩里克·桑托斯、乔纳森·鲍威尔、路易斯·卡洛斯·比列加斯和他的女儿朱丽安娜、格林·福特以及罗伯特·卡林。对于个人故事，我要感谢我的家人：丽赞妮·尤里、梅尔文·格雷、克莱尔·利伯曼、古尔丁·琳恩·格雷、加尔曼、保罗·格雷、托马斯·莫登和加比·尤里。

我在写这本书时，从我的人类学访问和采访中收获良多。我对卡拉哈迪地区的夸族和朱/霍安西人以及马来西亚的闪迈人的长者们深表感激，他们与我分享了他们那永恒的智慧。从他们身上，我开始认识到第三方的真正力量。

没有朋友的支持，这本书的写作将会非常艰难。我对我的亲密朋友们表示衷心的感谢，他们的热情鼓励和宝贵反馈使我受益无穷：戴维·弗里德曼、罗伯特·加斯、戴维·鲍姆、戴维·拉克斯、吉尔·博尔特·泰勒、马克·盖尔宗、安妮·西尔弗、葆拉·罗查、乔希·韦斯、亚历克斯·沙德、尼古拉斯·邓洛普、卡罗琳·巴克-卢斯和罗布·埃文斯。

我还要对我的老朋友马塞尔·阿瑟诺和辛达·柯林斯·阿瑟诺表达我深厚的感激之情，他们与我共同分享了创造一个没有战争的世界的热情。他们对我的冲突工作提供了慷慨的支持和长期的慈善资助，使这本书成为可能。我还要感谢我的同事乔恩·贝利什，OEF 的执行董事和首席运营官，他在实现这项工作和孵化 side3（一个旨在支持可能主义者工作的非营利组织）上发挥了关键作用。

我很幸运有一个杰出的团队从头到尾地支持我的写作。我深深感激贾·梅德罗斯，她始终充满创意和积极性，巧妙地引导了整个过程，塑造了这本书的框架，并在每一稿中都提供了宝贵的修改意见。海文·艾弗森精明干练且见解独到，将她卓越的编辑眼光和敏锐的听觉应用于每一页，使故事栩栩如生。丹尼尔·梅迪纳聪明且热情，始终支持我，提供建议和每日鼓励。他负责注释的编写，得到了奥利维娅·格罗腾霍伊斯细致的帮助。

里克·博尔顿和凯·彭纳-霍威尔作为顾问，提供了如何构设本书信息的宝贵意见。杰西卡·帕拉迪诺和克里斯汀·韦伯设计了优雅的图书图形和创意图标，为"通往可能之路"提供了地图。在这本书的孕育过程中，我七年的亲密同事莉莎·赫斯特，以及戴维·兰德和伊恩·斯科特有见地的反馈对这本书帮助极大。我们的side3团队的其他成员也提出了有用的意见，包括罗布·索科尔、奥利维娅·格罗腾霍伊斯、玛丽·登蒙和希尔迪·凯恩。希尔迪还提供了重要的行政支持。对他们每一个人，我表示深深的感激。

这本书还受益于其他细心的读者，他们慷慨地提供了建设性的建议。我非常感谢阿底提·君杰亚、亚历克西斯·桑福德、阿梅亚·基拉拉、艾米·莱文塔尔、克里斯蒂安·莫登、克莱尔·哈贾杰、克劳迪亚·马费托内、科迪·史密斯、黛安娜·汤普金斯、JB.莱昂、金·西曼、乔纳森·鲍威尔、利奥尔、弗兰基恩斯坦、丽赞妮、尤里、皮特·迪格南、里克·博尔顿、萨米尔·卡桑、汤姆·巴塞特和维多利亚·凯齐亚。

我的朋友吉姆·莱文在整个过程中担任了完美的代理人和宝贵的顾问。我感到非常幸运能有霍利斯·海姆布赫作为我的编辑，她从这本书开始时就接受了它，并提供了明智的建议。詹姆斯·奈德哈特巧妙地引导我完成了这本书的出版过程。

最后，我要对我的父母和祖父母，以及我的直系家属——丽赞妮和我们的孩子们，克里斯蒂安、托马斯和加比表示深深的感激。家庭对我的意义超出了我的表达能力。在写这本书的过程中，我还非常幸运地成了祖父。我亲切地称我刚出生的孙子迭戈为"我的新老板"。我真诚希望我做的这项工作能服务于他这一代人。

我对每一位心地善良且才华横溢的团队成员感到非常感激，因为正是他们使这本书成为现实。

威廉·尤里
科罗拉多州博尔德
2023年7月

注　释

第一章　谈判：从可能性开始

1. 第一章的引文来自人类学家玛格丽特·米德。Quote Park, https://quotepark. com/quotes/702384-margaret-mead-we-are-continually-faced-with-great-opportunities/.
2. "Two in Five Americans Say a Civil War Is at Least Somewhat Likely in the Next Decade," YouGov, August 20, 2022, https://today.yougov.com/topics/politics/articles-reports/2022/08/26/two-in-five-americans-civil-war-somewhat-likely; "Survey Finds Alarming Trend Toward Political Violence," UC Davis Violence Prevention Research Program, July 20, 2022, https://health.ucdavis.edu/news/headlines/survey-finds-alarming-trend-toward-political-violence/2022/07.
3. 有关全球冲突趋势的更多信息，请参阅："A New Era of Conflict and Violence," United Nations, https://www.un.org/en/un75/new-era-conflict-and-violence#:~:text=ENTRENCHED%20CONFLICT,criminal%2C%20and%20international%20ter rorist%20groups。
4. 我建议进一步阅读 John Paul Lederach, *The Little Book of Conflict Transformation:Clear Articulation of the Guiding Principles by a Pioneer in the Field* (New York: Good Books, 2003); Georg Simmel, *Conflict and the Web of Group Affiliation* (Glencoe, IL: The Free Press, 1955); and Lewis Coser, *The Functions of Social Conflict* (New York: The Free Press, 1956)。

5. "Hay Futuro, Si Hay Verdad. Hallazgos y Recomendaciones para la No Repetición." *Comisión de la Verdad* 127 (August 2022), https://www.comisiondelaverdad.co/hallazgos-y-recomendaciones.
6. 有关闪迈的更多信息，请参阅：Clayton A. Robarchek and Carole J. Robarchek, "Cultures of War and Peace: A Comparative Study of Waorani and Semai," in *Aggression and Peacefulness in Humans and Other Primates*, edited by James Silverberg and J. Patrick Gray (New York: Oxford University Press, 1992), 189–213.
7. 我强烈推荐吉姆·柯林斯的领导力相关图书。

第二章 有效谈判：构建可能性循环

1. 要阅读完整的诗作，请参见：Emily Dickinson, "The Gleam of an Heroic Act," in *The Complete Poems of Emily Dickinson* (Boston: Little, Brown, 1960), 688。
2. "Brokering Peace," John F. Kennedy Presidential Library and Museum, https://www.jfklibrary.org/events-and-awards/forums/past-forums/transcripts/brokering-peace.
3. 关于17头骆驼的故事有几种不同的版本。已知的第一个书面版本来源于伊朗哲学家穆拉·穆罕默德·马赫迪·纳拉基。Pierre Ageron, "Le Partage des dix-sept chameaux et autres exploits arithmétiques attribués à l'imam 'Alî: Mouvance et circulation de récits de la tradition musulmane chiite," *Société Mathématique de France* 19, no. 1 (2013): 13–14.
4. Donald J. Trump (@realDonaldTrump), Twitter, January 2, 2017, https://twitter.com/realDonaldTrump/status/816057920223846400?lang=en.

第一场胜利 走向看台

1. "Sistema de Información de Eventos de Violencia del Conflicto Armado Colombiano," Centro Nacional de Memoria Histórica y Observatorio de Memoria y Conflicto, https://micrositios.centrodememoriahistorica.gov.co/observatorio/sievcac/.
2. 如果你想了解我在委内瑞拉与弗朗西斯科·迭斯和卡特中心的工作（我在书中多次提及），我建议阅读这份报告：*The Carter Center and the Peace-*

building *Process in Venezuela: June 2002–February 2005,* The Carter Center, February 2005, https://www.cartercenter.org/resources/pdfs/news/peace_publications/americas/peacebuilding_venzuela_feb05.pdf。要深入阅读，我推荐这本优秀的书：Jennifer McCoy and Francisco Diez, *International Mediation in Venezuela* (Washington, DC: The United States Institute of Peace, 2011)。
3. 一年前有人曾提出一个圣诞停火议案，但被反对派拒绝了。See "Venezuelan Strikers Reject a Truce Call," *New York Times*, December 24, 2002, https://www.nytimes.com/2002/12/24/world/venezuelan-strikers-reject-a-truce-call.html.

第三章　暂停：成功的谈判需要冷静

1. Lao Tzu, *Tao Te Ching*, translated by Stephen Mitchell (New York: Harper Perennial, 1991), 63.
2. "Recollections of Vadim Orlov (USSR Submarine B-59), 'We Will Sink Them All, but We Will Not Disgrace Our Navy,'" National Security Archive, The George Washington University, January 1, 2002, https://nsarchive.gwu.edu/document/29066-7-recollections-vadim-orlov-ussr-submarine-b-59-we-will-sink-them-all-we-will-not.
3. B-59艇员的对话重现自：Svetlana V. Savranskaya, "New Sources on the Role of Soviet Submarines in the Cuban Missile Crisis," *Journal of Strategic Studies* 28, no. 2 (2005): 233–59, https://doi.org/10.1080/01402390500088312; Marion Lloyd, "Soviets Close to Using A-bomb in 1962 Crisis, Forum Is Told," *Boston Globe*, October 13, 2002; Robert Krulwich, "You (and Almost Everyone You Know) Owe Your Life to This Man," *National Geographic*, March 25, 2016, https://www.nationalgeographic.com/culture/article/you-and-almost-everyone-you-know-owe-your-life-to-this-man。
4. Gary Marx, "Old Foes Recall '62 Scare," *Chicago Tribune*, October 14, 2002, https://www.chicagotribune.com/news/ct-xpm-2002-10-14-0210140181-story.html.
5. Ryurik Ketov in "Secrets of the Dead: The Man Who Saved the World," PBS, video, 45:15, premiered October 22, 2012, https://www.pbs.org/wnet/secrets/the-man-who-saved-the-world-about-this-episode/871/.
6. 要了解恐惧的科学知识，请参阅：Arash Javanbakht and Linda Saab, "What Happens in the Brain When We Feel Fear," *Smithsonian Magazine*, October 27,

2017, https://www.smithsonianmag.com/science-nature/what-happens-brain-feel-fear-180966992//.
7. 这个引述来源于安布罗斯·比尔斯。See Goodreads, https://www.goodreads.com/quotes/9909-speak-when-you-are-angry-and-you-will-make-the.
8. 你可以在这里阅读这个神话的一个版本："Hercules and Pallas," Original Sources, https://www.originalsources.com/Document.aspx?DocID=QN9XAAIDT2VCV1Z。
9. 我参与的谈判工作是在哈佛大学加强民主机构项目（SDI）和冲突管理小组的主持下进行的。你可以在这里了解更多内容："BCSIA Annual Report, 1996–1997: Strengthening Democratic Institutions Project," Harvard Kennedy School Belfer Center for Science and International Affairs, https://www.belfercenter.org/publication/bcsia-annual-report-1996-1997。
10. "Official: Chechen Wars Killed 300,000," Aljazeera, June 26, 2005, https://www.aljazeera.com/news/2005/6/26/official-chechen-wars-killed-300000.
11. 有关谈判的生动描述，请参见：Doug Stewart, "Expand the Pie Before You Divvy It Up," *Smithsonian Magazine*, November 1, 1997, https://www.williamury.com/smithsonian/。
12. 有关集体创伤的进一步阅读，我推荐我的朋友托马斯·赫布尔的书，尤其是他与朱莉·乔丹·阿夫里特合著的书：*Healing Collective Trauma: A Process for Integrating Our Intergenerational and Cultural Wounds* (Boulder, CO: Sounds True, 2020). 我还推荐贝瑟尔·范德科克的书：*The Body Keeps the Score: Brain, Mind, and Body in the Healing of Trauma* (New York: Penguin Books, 2015)。
13. 关于呼吸对压力的影响，请参见：Christopher Bergland, "Diaphragmatic Breathing Exercises and Your Vagus Nerve," *Psychology Today*, May 16, 2017, https://www.psychologytoday.com/us/blog/the-athletes-way/201705/diaphragmatic-breathing-exercises-and-your-vagus-nerve。
14. 要进一步了解我们如何控制自然反应，我强烈推荐：Dr. Jill Bolte Taylor's book *Whole Brain Living: The Anatomy of Choice and the Four Characters That Drive Our Life* (Carlsbad, CA: Hay House, 2021.)。
15. Jared Curhan et al., "Silence Is Golden: Silence, Deliberative Mindset, and Value Creation in Negotiation," *Journal of Applied Psychology* 107, no. 1 (2022): 78–94, https://doi.org/10.1037/apl0000877.

16. C. W. Headley, "MIT Researchers Say This Is the Ultimate Power Move in a Negotiation," *Ladders*, March 29, 2021, https://www.theladders.com/career-advice/mit-researchers-say-this-is-the-ultimate-power-move-in-a-negotiation.
17. This quote is on Brainy Quote at https://www.brainyquote.com/quotes/benjamin_franklin_151641.
18. Daniel J. Siegel, *The Developing Mind: How Relationships and the Brain Interact to Shape Who We Are* (New York: The Guilford Press, 2012).
19. Nelson Mandela, *Conversations with Myself* (New York: Macmillan, 2010), 7.
20. Nelson Mandela, *Long Walk to Freedom* (New York: Little, Brown, 1994).

第四章　拉近：挖掘各方核心利益诉求

1. 这个引述来源于卡尔·荣格。See Goodreads, https://www.goodreads.com/quotes/492843-who-looks-outside-dreams-who-looks-inside-awakes.
2. Mary Parker Follett, *Dynamic Administration: The Collected Papers of Mary Parker Follett,* edited by Henry Metcalf and Lyndall Urwick (London: Harper, 1942).
3. "Wise Words from an (Almost) Unknown Guru," BBC, December 18, 2013, https://www.bbc.com/news/business-25428092.
4. 有关谈判的分析，请参见：Konrad Huber, *The HDC in Aceh: Promises and Pitfalls of NGO Mediation and Implementation*, Policy Studies 9 (Washington, DC: East-West Center, 2004)。
5. James K. Sebenius and Alex Green, "Everything or Nothing: Martti Ahtisaari and the Aceh Negotiations," HBS Case Collection, Harvard Business School, December 2010, https://www.hbs.edu/faculty/Pages/item.aspx?num=39807.
6. "Resounding Victory for Democracy in Aceh," Tapol, January 14, 2014, https://www.tapol.org/briefings/resounding-victory-democracy-aceh.
7. Joe Leahy and Samantha Pearson, "Brazil's Billionaire Baker Who Came of Age in Captivity," *Financial Times*, July 4, 2011, https://www.financialexpress.com/archive/brazils-billionaire-baker-who-came-of-age-in-captivity/812359/.
8. 有关争议的更多信息，请参见：Samantha Pearson, "Brazil Tycoon Closes Lid on Supermarket Feud," *Financial Times*, September 6, 2013, https://www.ft.com/content/9e9f8280-175e-11e3-bced-00144feabdc0。
9. 有关圣丽塔的更多信息，请参见："The Story of Saint Rita of Cascia," The

National Shrine of Santa Rita of Cascia, https://www.saintritashrine.org/saint-rita-of-cascia.

第五章 推远：从全局洞悉更多可能性

1. See Goodreads, https://www.goodreads.com/quotes/472665-the-garden-of-the-world-has-no-limits-except-in.
2. 本故事中的名字如迈克·约翰逊，是为保护个人身份而使用的化名。
3. 那次谈判是我人类学博士论文的主题。*Talk Out or Walk Out: The Role and Control of Conflict in a Kentucky Coal Mine*, Harvard University Graduate School of Arts and Sciences, July 22, 1982.
4. William Langer Ury and Richard Smoke, *Beyond the Hotline: Controlling a Nuclear Crisis: A Report to the United States Arms Control and Disarmament Agency by the Nuclear Negotiation Project* (Cambridge, MA: Nuclear Negotiation Project, Harvard Law School, 1984). See also a short follow-up article I wrote in 1985: William Ury, "Beyond the Hotline," *Washington Post*, February 24, 1985, https://www.washingtonpost.com/archive/lifestyle/magazine/1985/02/24/beyond-the-hotline/9eac0f91-73a4-495c-937da7235f8bc1e0/.
5. William Ury, *Beyond the Hotline: How Crisis Control Can Prevent Nuclear War* (Boston: Penguin Books, 1986).
6. Ronald Reagan, "'Evil Empire Speech,' March 8, 1983," Voices of Democracy, The U.S. Oratory Project, https://voicesofdemocracy.umd.edu/reagan-evil-empire-speech-text/.
7. Thom Patterson, "The Downing of Flight 007: 30 Years Later, a Cold War Tragedy Still Seems Surreal," CNN, August 31, 2013, https://www.cnn.com/2013/08/31/us/kal-fight-007-anniversary/index.html.
8. William L. Ury, "What We Can Do to Avert Nuclear War," *Parade*, March 25, 1984, 15–16.
9. "All-Time 100 TV Shows," *Time*, https://time.com/collection/all-time-100-tv-shows/.
10. "Diary Entry—Monday, October 10, 1983," Ronald Reagan Presidential Foundation & Institute, https://www.reaganfoundation.org/ronald-reagan/white-house-diaries/diary-entry-10101983/.
11. "Joint Soviet–United States Statement on the Summit Meeting in Geneva,"

Ronald Reagan Presidential Library & Museum, November 21, 1985, https://www.reaganlibrary.gov/archives/speech/joint-soviet-united-states-statement-summit-meeting-geneva.

12. 你可以在这里阅读里根总统和谢瓦尔德纳泽部长的声明："Remarks on Signing the Soviet–United States Nuclear Risk Reduction Centers Agreement," Ronald Reagan Presidential Library & Museum, September 15, 1987, https://www.reaganlibrary.gov/archives/speech/remarks-signing-soviet-united-states-nuclear-risk-reduction-centers-agreement。

13. 要了解应对气候变化的创新举措，请参见：the Climate Parliament, https://www.climateparl.net/。

14. "I never sought": Nelson Mandela, *Long Walk to Freedom* (New York: Little, Brown, 1994), 1132.

15. "Address by Nelson Mandela at Opening of Nobel Square, Cape Town," December 14, 2003, Nelson Rolihlahla Mandela, http://www.mandela.gov.za/mandela_speeches /2003/031214_nobelsquare.htm.

第二场胜利　构建金色之桥

1. "Lawrence Wright, *Thirteen Days in September: The Dramatic Story of the Struggle for Peace* (New York: Alfred A. Knopf, 2014). 此引述在第 312 页。后续的引述均来自赖特的书，并根据与参与者的个人沟通进行重新编写。

2. Ibid., 155.

3. "Camp David Accords and the Arab-Israeli Peace Process," Office of the Historian, United States Department of State, https://history.state.gov/milestones/1977-1980/camp-david.

4. "Devise Definition & Meaning," Merriam-Webster, https://www.merriam-webster.com/dictionary/devise.

5. Wright, *Thirteen Days in September*, 388.

6. "President Carter to President Sadat," September 17, 1978, The Jimmy Carter Presidential Library and Museum, https://www.jimmycarterlibrary.gov/research/camp_david_accords_related_correspondence.

7. Wright, *Thirteen Days in September*, 391.

8. Sun Tzu, *The Art of War: Complete Texts and Commentaries*, translated by Thomas Cleary (Boston: Shambhala, 2003).

9. Wright, *Thirteen Days in September*, 77.

第六章 聆听：积极谈判的重要环节

1. See Goodreads, https://www.goodreads.com/quotes/24180-if-we-could-read-the-secret-history-of-our-enemies.
2. Nelson Mandela, *Long Walk to Freedom* (New York: Little, Brown, 1994), 1004.
3. 这些访谈是在哈佛-NUPI-三一叙利亚研究项目的主持下进行的，并被编纂成报告：*Obstacles to a Resolution of the Syrian Conflict* by David W. Lesch with Frida Nome, George Saghir, William Ury, and Matthew Waldman (Oslo: Norwegian Institute of International Affairs, 2013), https://nupi.brage.unit.no/nupi-xmlui/bitstream/handle/11250/284440/NUPI%20rapport%202013-Nome.pdf?sequence=3&isAllowed=y。
4. Personal communication with Father Luís Ugalde, October 2002.

第七章 创造：颠覆零和博弈思维

1. Mary Parker Follett, *Dynamic Administration: The Collected Papers of Mary Parker Follett*, edited by Henry Metcalf and Lyndall Urwick (London: Harper, 1942), 49.
2. Andrés Bermúdez Liévano, ed., *La Fase Exploratoria del Proceso de Paz: Una Mirada desde Adentro*, Institute for Integrated Transitions, 2019, https://ifit-transitions.org/wp-content/uploads/2021/03/La-fase-exploratoria-del-proceso-de-paz.pdf, 58.
3. "Víctimas del Conflicto Armado en Colombia Ya son ocho Millones." *El Tiempo*, April, 2016, https://www.eltiempo.com/archivo/documento/CMS-16565045.
4. "Previous Peace Negotiations Attempts with the FARC-EP," Open Library of the Colombian Peace Process, https://bapp.com.co/en/previous-peace-negotiations-attempts-with-the-farc-ep/.
5. "Colombia's Peace Process Through 2016," Congressional Research Service, December 31, 2016, https://crsreports.congress.gov/product/pdf/R/R42982/16; "Auto No. 075 de 2022," Jurisdicción Especial para la Paz, April 22, 2022, https://jurinfo.jep.gov.co/normograma/compilacion/docs/pdf/Auto_SRVR-075_07-

abril-2022.pdf.
6. Camilo González Posso, "El Caguán Irrepetible," Indepaz, July 2009, https://www.indepaz.org.co/wp-content/uploads/2012/03/721_EL-CAGUAN-IRREPETIBLE.pdf.
7. William Zartman and Maureen Berman, *The Practical Negotiator* (New Haven, CT: Yale University Press, 1982), 89.
8. 《终结冲突与建立持久和平的总体协议》于 2012 年 8 月 26 日签署。如需阅读英文和西班牙文协议，请参见："Acuerdo General para la Terminación del Conflicto y la Construcción de una Paz Estable y Duradera," United Nations Peacemaker, https://peacemaker.un.org/colombia-generalaccordendconflict2012。
9. "Alocución del Presidente Santos sobre el Acuerdo General para la Terminación del Conflicto," The Open Library of the Colombian Peace Process, September 4, 2012, https://www.bapp.com.co/documento/alocucion-del-presidente-santos-sobre-el-acuerdo-general-para-la-terminacion-del-conflicto-2/.
10. "Final Agreement to End the Armed Conflict and Build a Stable and Lasting Peace," The Open Library of the Colombian Peace Process, November 24, 2016, https://bapp.com.co/en/final-agreement-to-end-the-armed-conflict-and-build-a-stable-and-lasting-peace/. For a summary, see "Summary of Colombia's Agreement to End Conflict and Build Peace," OCHA, September 30, 2016, https://reliefweb.int/attachments/bfc0aafb-a534-3c75-9c26-30e9b2c367c8/summary-of-colombias-peace-agreement.pdf.
11. Allison Sparks, *Tomorrow Is Another Country: The Inside Story of South Africa's Road to Change* (Chicago: University of Chicago Press, 1996), 4.
12. 我强烈推荐阿里安的书：*The Four-Fold Way: Walking the Paths of the Warrior, Teacher, Healer, and Visionary* (San Francisco: HarperSanFrancisco, 1993)。

第八章 吸引：信任让谈判各方建立联系

1. See Goodreads, https://www.goodreads.com/quotes/36606-it-always-seems-impossible-until-it-s-done.
2. William Ury, *Talk Out or Walk Out: The Role and Control of Conflict in a Kentucky Coal Mine*, Harvard University Graduate School of Arts and Sciences, July 22, 1982.

3. 你可以在美国国会图书馆网站上阅读完整的寓言：https://read.gov/aesop/143.html。
4. See "Security Council Resolution 242: The Situation in the Middle East," United Nations Peacemaker, https://peacemaker.un.org/middle-east-resolution242.
5. "Chronology of U.S.-North Korean Nuclear and Missile Diplomacy," Arms Control Association, April 2022, https://www.armscontrol.org/factsheets/dprkchron.
6. John Bolton, *The Room Where It Happened: A White House Memoir* (New York: Simon & Schuster, 2020), 56.
7. Bruce Harrison et al., "Kim Jong Un Highlights His 'Nuclear Button,' Offers Olympic Talks," NBC News, December 31, 2017, https://www.nbcnews.com/news/north-korea/kim-says-north-korea-s-nuclear-weapons-will-prevent-war-n833781.
8. Donald J. Trump (@realDonaldTrump), Twitter, January 2, 2018, https://twitter.com/realDonaldTrump/status/948355557022420992.
9. David A. Graham, "Trump's Effusive, Unsettling Flattery of Kim Jong Un," *Atlantic*, June 12, 2018, https://www.theatlantic.com/politics/archive/2018/06/trumps-effusive-unsettling-flattery-of-kim-jong-un/562619/.
10. Donald J. Trump (@realDonaldTrump), Twitter, June 13, 2018, https://twitter.com/realDonaldTrump/status/1006694541083021312.
11. Donald J. Trump (@realDonaldTrump), Twitter, June 13, 2018, https://twitter.com/realDonaldTrump/status/1006837823469735936.

第三场胜利　引入第三方

1. "Address During the Cuban Missile Crisis," October 22, 1962, John F. Kennedy Presidential Library and Museum, https://www.jfklibrary.org/archives/other-resources/john-f-kennedy-speeches/cuba-radio-and-television-report-19621022.
2. William Burr, "Cold War Estimates of Deaths in Nuclear Conflict," *Bulletin of the Atomic Scientists*, January 4, 2023, https://thebulletin.org/2023/01/cold-war-estimates-of-deaths-in-nuclear-conflict/.
3. Christopher Woody, "56 Years Ago, the Cuban Missile Crisis Took the World to the Brink of Nuclear War—Here's What It Looked Like from Sunny Florida

Beaches," Business Insider, October 28, 2018, https://www.businessinsider.com/iconic-photos-of-the-cuban-missile-crisis-from-florida-beaches-2018-10.
4. Robert McNamara et al., *Argument Without End: In Search of Answers to the Vietnam Tragedy* (New York: Public Affairs, 1999); "The Cuban Missile Crisis," Arms Control Association, https://www.armscontrol.org/act/2002-11/features/cuban-missile-crisis.
5. Martin Tolchin, "U.S. Underestimated Soviet Force in Cuba During '62 Missile Crisis," *New York Times*, January 15, 1992, https://www.nytimes.com/1992/01/15/world/us-underestimated-soviet-force-in-cuba-during-62-missile-crisis.html?.
6. "The Cuban Missile Crisis, October 1962," Office of the Historian, United States Department of State, https://history.state.gov/milestones/1961-1968/cuban-missile-crisis.
7. 我与夸族人的访谈于1989年5月在博茨瓦纳博塔帕提乌进行。
8. 关于非洲人国民大会的更多信息，包括目击者访谈，请参见："South Africa: Overcoming Apartheid, Building Democracy," Michigan State University, https://overcomingapartheid.msu.edu/multimedia.php?kid=163-582-27。
9. "Tutus [*sic*] Message Forgiveness Peace," Crain's Grand Rapids Business, March 28, 2003, https://grbj.com/uncategorized/tutus-message-forgiveness-peace/.
10. 来源于我与英国驻南非大使罗宾·伦威克的个人交流，1989年5月。
11. 关于戴维·韦伯斯特的简短传记，请参见："David Joseph Webster," South African History Online, https://www.sahistory.org.za/people/david-joseph-webster.
12. 我记得在1995年1月听到图图大主教在演讲中说过这句话。
13. 在1997年的一次讲座中，纳尔逊·曼德拉解释了乌班图的概念："乌班图精神是一种深刻的非洲意识，即我们只有通过他人的人性才能成为人类。这不是一种狭隘的现象，而是在全球范围内为我们对更美好世界的共同追求做出了贡献。" See "Renewal and Renaissance—Towards a New World Order: Lecture by President Nelson Mandela at the Oxford Centre for Islamic Studies," Nelson Mandela Foundation, July 11, 1997, http://www.mandela.gov.za/mandela_speeches/1997/970711_oxford.htm.
14. Nelson Mandela, "Nelson Mandela's Inaugural Speech—Pretoria, 10 May 1994," University of Pennsylvania, https://www.africa.upenn.edu/Articles_Gen/Inaugural_Speech_17984.html.

第九章 主持：用包容回应排斥

1. *The Shoes of Happiness and Other Poems* (New York: The Century Company, 1913).
2. 要深入了解主持的哲学概念，我推荐：Emmanuel Levinas, *Totality and Infinity: An Essay on Exteriority*, 4th ed., trans. Alphonso Lingis (Pittsburgh, PA: Springer Nature, 2011); David J. Gauthier, "Levinas and the Politics of Hospitality," *History of Political Thought* 28, no. 1 (spring 2007), Exeter, England: 158–80, https://www.jstor.org/stable/26222669。
3. 要了解更多关于亚伯拉罕之路倡议的信息，请访问 www.abrahampath.org/。
4. Ben Lerwill, "10 of the Best New Walking Trails," *National Geographic*, April 8, 2019, https://www.nationalgeographic.co.uk/travel/2019/04/10-best-new-walking-trails.
5. 我是从埃利亚斯·阿米登那里第一次听到这个故事的，原始故事来源于：Chrétien de Troyes, *Perceval: The Story of the Grail*, translated by Burton Raffel (New Haven, CT: Yale University Press, 1999)。
6. "Colombia Conflict Victims Join FARC Peace Talks in Cuba," BBC, August 17, 2014, https://www.bbc.com/news/world-latin-america-28822683.
7. "Superando el Dolor: Reconciliación | Pastora Mira | TEDxBogotá," YouTube, September 23, 2019, https://www.youtube.com/watch?v=2SPaS_C1PXU.
8. *Peacemaking Among Primates* (Cambridge, MA: Harvard University Press, 1990). Date per https://www.hup.harvard.edu/catalog.php?isbn=9780674659216.

第十章 帮助：促进开展真正对话

1. 弗朗西丝·珀金斯是首名担任美国内阁秘书的女性，任期为1933年到1945年。该引文的文本及有关她生活的更多信息，请见："The Woman Behind the New Deal," Frances Perkins Center, https:// francesperkinscenter.org/life-new/。
2. Andrés Bermúdez Liévano, ed., *Los Debates de la Habana, una Mirada desde Adentro*, Institute for Integrated Transitions, 2018, https://ifit-transitions.org/wp-content/uploads/2021/03/Los-debates-de-La-Habana-Una-mirada-desde-adentro.pdf.

3. "Víctimas Conflicto Armado," Unidad para las Víctimas, https://www.unidadvictimas.gov.co/es/registro-unico-de-victimas-ruv/37394.
4. "Conflict Between Turkey and Armed Kurdish Groups," Center for Preventative Action, Council on Foreign Relations, April 25, 2023, https://www.cfr.org/global-conflict-tracker/conflict/conflict-between-turkey-and-armed-kurdish-groups.

第十一章　群聚：应对冲突的关键力量

1. "Africa's Proverb of the Day," BBC, January 1, 2013, https://www.bbc.com/news/world-africa-20884831.
2. 要了解"群聚"在科技行业中的使用，请见：Marty Cagan, "Milestone Swarming," Silicon Valley Product Group, May 21, 2014, https://www.svpg.com/milestone-swarming/; Toby McClean, "The Collective Power of Swarm Intelligence in AI and Robotics," *Forbes*, May 13, 2021, https://www.forbes.com/sites/forbestechcouncil/2021/05/13/the-collective-power-of-swarm-intelligence-in-ai-and-robotics/?sh=266c2beb252f。
3. 私人交流，2018 年 6 月 26 日。
4. Dave Davies, "30 Years After the Siege, 'Waco' Examines What Led to the Catastrophe," NPR, January 25, 2023, https://www.npr.org/2023/01/25/1151283229/waco-branch-davidian-david-koresh-jeff-guinn. For an in-depth analysis of the nego-tiations, see Malcolm Gladwell, "Sacred and Profane," *New Yorker*, March 24, 2014, https://www.newyorker.com/magazine/2014/03/31/sacred-and-profane-4.
5. Diane Coutu, "Negotiating Without a Net: A Conversation with the NYPD's Dominick J. Misino," *Harvard Business Review*, October 2002, https://hbr.org/2002/10/negotiating-without-a-net-a-conversation-with-the-nypds-dominick-j-misino.
6. George Kohlrieser, "How to Manage Conflict: Six Essentials from Hostage Negotiations to the Boardroom," LinkedIn, April 26, 2018, https://www.linkedin.com/pulse/how-manage-conflict-six-essentials-from-george-kohlrieser.
7. 要了解更多关于"国际治愈暴力"的信息，请参见 www.cvg.org。我要感谢加里·斯卢特金博士向我介绍了触达、信誉和信任的概念。

8. 你可以在 PBS 网站上观看《干预者》，它于 2012 年 2 月 14 日在 PBS 播出，网址为 https://www.pbs.org/wgbh/frontline/documentary/interrupters/transcript/。
9. 桑托斯总统在 2017 年获得谈判项目（PON）伟大谈判者奖时发表了这番言论。虽然没有该活动的记录，但你可以观看一场类似的圆桌会议："Advice for Peace: Ending Civil War in Colombia," Harvard Law School, October 11, 2012, https://www.pon.harvard.edu/daily/teaching-negotiation-daily/advice-for-peace-ending-civil-war-in-colombia/。
10. *Peacemaking Among Primates* (Cambridge, MA: Harvard University Press, 1990); *The Bonobo and the Atheist: In Search of Humanism Among the Primates* (New York: W. W. Norton, 2013); and *Mama's Last Hug: Animal Emotions and What They Tell Us About Ourselve*s (New York: W. W. Norton, 2019). Date per https://www.hup.harvard.edu/catalog.php?isbn=9780674659216.
11. 哥伦比亚近代历史上规模最大的一次游行发生在 2008 年，当时超过 100 万人在波哥大游行，反对哥伦比亚革命武装力量。"Colombians in Huge FARC Protest," BBC, February 4, 2008, http://news.bbc.co.uk/2/hi/americas/7225824.stm.
12. "Colombia and Venezuela Restore Diplomatic Relations," BBC, August 11, 2010, https://www.bbc.com /news/world-latin-america-10926003.
13. "Colombia Peace Deal: Historic Agreement Is Signed," BBC, September 27, 2016, https://www.bbc.com/news/world-latin-america-37477202.
14. "Thousands March in Support of Colombia Peace Deal," Deutsche Welle, October 13, 2016, https://www.dw.com/en/thousands-march-in-support-of-colombia-peace-deal/a -36028584.
15. Juan Manuel Santos, Nobel Lecture, "Peace in Colombia: From the Impossible to the Possible," The Nobel Prize, December 10, 2016, https://www.nobelprize.org/prizes/peace/2016 /santos/lecture/.

结论　积极谈判：令一切成为可能

1. Rebecca Solnit, *Hope in the Dark: Untold Histories, Wild Possibilities* (Edinburgh: Canongate Books, 2016). Available at: https://www.perlego.com/book/1456880/hope-in-the-dark-the-untold-history-of-people-power-pdf.
2. TEDx Talks, "What's Wrong with Me? Absolutely Nothing | Gabi Ury | TEDxSanDiago," YouTube, December 31, 2014, at https://www.youtube.com/

watch?v=bDbN8R6Gb6Q.
3. Live, Learn, Evolve, "The Ancient Shambhala Warrior Prophecy," YouTube, May 9, 2020, https://www.youtube.com/watch?v=hWJWZd2UMKw.
4. *Pirke Avot: The Sayings of the Jewish Fathers*, trans. Joseph I. Gorfinkle, Project Gutenberg: 50, https://www.gutenberg.org/ebooks/8547.